Allgemeine Kenntnisse über die

中国历史常识

（中德对照）

国务院侨务办公室
The Overseas Chinese Affairs Office of
the State Council

国家汉语国际推广领导小组办公室
The Office of Chinese Language
Council International

高等教育出版社
Higher Education Press

前 言

《中国文化常识》、《中国历史常识》和《中国地理常识》是由中华人民共和国国务院侨务办公室组织北京华文学院、南京师范大学和安徽师范大学编写的一套汉语教学辅助读物，供海外华裔青少年通过课堂学习或自学的方式了解中国文化、历史、地理常识，同时供家长辅导孩子学习使用，在海外反响很好。

近年来，随着中国经济社会的迅速发展和国际影响的不断扩大，海外学习汉语的人数，尤其是非华裔汉语学习者人数大幅度增加。为了进一步适应广大海外汉语学习者了解中国文化的需求，促进中外文化交流，中华人民共和国国务院侨务办公室授权中国国家汉语国际推广领导小组办公室对《中国文化常识》、《中国历史常识》和《中国地理常识》进行改编。

《中国文化常识》、《中国历史常识》和《中国地理常识》改编本是一套面向世界各国汉语学习者的普及型、口语化的文化辅助读物，适用于海外对中国文化和汉语感兴趣的各类人员。在中华人民共和国国务院侨务办公室编写的中英文对照版基础上，此次改编增加了中文与德、法、日、韩、俄、泰、西班牙、阿拉伯语的对照版本。

中国国家汉语国际推广领导小组办公室委托高等教育出版社对《中国文化常识》、《中国历史常识》和《中国地理常识》进行改编，高等教育出版社对原书的部分内容进行了增删，修订了部分数据，重新遴选和修改了插图，并翻译出版英、德、泰语版本；外语教学与研究出版社翻译出版法、日、韩语版本；华语教学出版社翻译出版俄、西班牙、阿拉伯语版本。此次改编力求在原书强调科学性、思想性和实用性的基础上做进一步创新。希望本系列读物成为您了解中国的窗口，成为您通向汉语世界的桥梁。

此次改编得到了海内外诸多专家、学者和教师的关心与支持，他们提出了许多中肯的建议，在此向他们表示诚挚的谢意。

由于时间所限，书中不免会有疏漏和不当之处，希望使用者和专家学者不吝赐正，以供今后修订时改正。

中国国家汉语国际推广领导小组办公室

2006 年 11 月

Vorwort

Die drei Bücher *Allgemeine Kenntnisse über die Chinesische Kultur, Allgemeine Kenntnisse über die Chinesische Geschichte* und *Allgemeine Kenntnisse über die Chinesische Geographie* wurden gemeinsam von der Beijinger Hochschule für chinesische Sprache und Kultur, der Nanjing Pädagogischen Universität und der Anhui Pädagogischen Universität im Auftrage des Amtes das für Angelegenheiten der im Ausland lebenden Uberseechinesen Zustandig ist zusammengestellt. Sie sollen ausländischen Kindern und Jugendlichen chinesischer Abstammung als Ergänzungslektüre für den Unterricht in chinesischer Sprache dienen. Dadurch können im Unterricht oder auch durch Selbststudium allgemeine Kenntnisse über chinesische Kultur, Geschichte und Geographie erworben werden. Zugleich können Eltern mit diesen Büchern ihren Kindern Nachhilfeunterricht erteilen. Aus diesem Grund haben diese drei Bücher im Ausland ein großes Echo gefunden.

In den letzten Jahren hat mit der schnellen Entwicklung der Wirtschaft wie der Gesellschaft Chinas und dem ständig wachsenden chinesischen Einfluss in der internationalen Gemeinschaft die Zahl der die chinesische Sprache Lernenden in Übersee stark zugenommen, insbesondere auch die Zahl der Menschen nicht-chinesischer Abstammung. Um den Bedürfnissen der überseeischen Chinesischlernenden entgegenzukommen, die die chinesische Kultur näher kennen lernen wollen, um den Kulturaustausch zwischen China und dem Ausland zu fördern, hat das Amt des Staatsrates der Volksrepublik China, das für Angelegenheiten der im Ausland lebenden Uberseechinesen Zustandig ist das Staatliche Büro der Leitungsgruppe für die internationale Verbreitung des Chinesischen damit beauftragt, die drei Bücher *Allgemeine Kenntnisse über die Chinesische Kultur, Allgemeine Kenntnisse über die Chinesische Geschichte* und *Allgemeine Kenntnisse über die Chinesische Geographie* zu bearbeiten.

Die bearbeiteten Ausgaben von *Allgemeine Kenntnisse über die Chinesische Kultur, Allgemeine Kenntnisse über die Chinesische Geschichte* und *Allgemeine Kenntnisse über die Chinesische Geographie* richten sich an Chinesischlernende in aller Welt und an alle Menschen im Ausland, die sich für die chinesische Kultur und Sprache interessieren. Das Ziel ist, Kenntnisse über China im Stil der Umgangssprache zu verbreiten. Basierend auf der zweisprachigen chinesisch-englischen Ausgabe, die vom Amt des Staatsrates der Volksrepublik China, das für Angelegenheiten der im Ausland lebenden Uberseechinesen Zustandig ist zusammengestellt wurde, wurden nun weitere acht zweisprachige Ausgaben erarbeitet, nämlich eine chinesisch-deutsche, eine chinesisch-französische, eine chinesisch-japanische, eine chinesisch-koreanische, eine chinesisch-russische, eine chinesisch-thailändische, eine chinesisch-spanische sowie eine chinesisch-arabische.

Das Staatliche Büro der Leitungsgruppe für die internationale Verbreitung des Chinesischen hat den Verlag der Hochschulbildung beauftragt, die drei Bücher *Allgemeine Kenntnisse über die Chinesische Kultur*, *Allgemeine Kenntnisse über die Chinesische Geschichte* und *Allgemeine Kenntnisse über die Chinesische Geographie* zu bearbeiten. Der Verlag der Hochschulbildung hat den Inhalt ergänzt bzw. überarbeitet, Daten überprüft und wo notwendig korrigiert, Abbildungen verbessert und teils neu ausgewählt. Darüber hinaus wurden durch den Verlag die drei Bücher ins Englische, Deutsche und Thailändische übersetzt und veröffentlicht. Gleichzeitig ist der Verlag für den Fremdsprachenunterricht und-forschung zuständig für die Übersetzung ins Französische, Japanische und Koreanische sowie die Herausgabe der drei Bücher. Der Sinolingua-Verlag wurde mit der Arbeit an der chinesisch-russischen, chinesisch-spanischen und chinesisch-arabischen Ausgabe beauftragt. Bei der Bearbeitung bemühten sich die Verlage, auf der Grundlage alter Ausgaben, die Wissenschaft und Zweckmäßigkeit zu betonen, noch neuere Aspekte zu berücksichtigen. Wir wünschen, mit dieser Buchserie Ihnen ein Fenster nach China zu öffnen und so für Sie eine Brücke zur chinesischen Welt zu bauen.

Viele in- und ausländische Experten, Gelehrte und Lehrer haben sich um die Bearbeitungsarbeit an den drei Büchern gekümmert und sie unterstützt. Dabei haben sie viele treffende Vorschläge gemacht. Hiermit wollen wir ihnen unseren herzlichen Dank aussprechen.

Da die Arbeit in relativ kurzer Frist erfolgte, waren Flüchtigkeitsfehler und Versäumnisse sicher unvermeidlich. Wir bitten, dies zu entschuldigen, und hoffen, dass Benutzer, Experten und Gelehrte mit ihrer Kritik nicht zurückhalten, damit wir die folgenden Auflagen dieser drei Bücher korrigieren und überarbeiten können.

Staatliches Chinesisches Büro der Leitungsgruppe für die internationale Verbreitung des Chinesischen
November 2006

目 录
Inhaltsverzeichnis

中国古代史
Chinas Frühgeschichte

中国历史的开篇 —— 先秦

Anfang der chinesischen Geschichte — Zeit vor der Qin

封建大一统时期 —— 秦、汉
Zeit der großen feudalen Einheit — Qin und Han

封建国家的分裂和民族大融合时期
　　—— 三国、两晋、南北朝
Zeiten der Zersplitterung des Feudalstaates und
　　der Integration der Völker — Die Drei Reiche,
　　die zwei Jin-Dynastien und die Südlichen
　　und Nördlichen Dynastien

封建社会的繁荣时期 —— 隋、唐
Die Blütezeit der Feudalgesellschaft: Sui- und
Tang-Dynastie

封建社会的继续发展和民族政权并立时期
——五代、辽、宋、夏、金、元
Weiterentwicklung der Feudalgesellschaft und Zusammenschließung nationaler Staatsmächte — Fünf Dynastien, Liao, Song, Xia, Jin, Yuan

统一的多民族国家进一步发展和封建社会由盛而衰时期
——明、清（鸦片战争以前）

Die Weiterentwicklung des geeinten Nationalitätenstaates und der Übergang der feudalen Gesellschaft vom Gedeihen zum Verderben — Ming- und Qing-Dynastie (bis zum Opiumkrieg)

中国近代史
Geschichte der chinesischen Neuzeit

现代中国
Die moderne Geschichte Chinas

中国古代史
Chinas Frühgeschichte

中国历史的开篇——

先 秦

Anfang der chinesischen Geschichte —
Zeit vor der Qin

概述
Überblick

"先秦"指的是中国历史上秦始皇统一中国以前的漫长的历史时期。

大约在170万年以前，中国人的祖先就生活在云南的元谋县境内，我们把这作为原始社会的开端。约公元前2070年，中国第一个王朝夏朝建立，其统治时间长达400多年。

第二个王朝是商朝，也叫殷（Yīn）朝（因为商朝初年，多次迁都，最后迁到殷——今河南安阳，并在那里统治了300多年）。商朝是当时世界上的一个大国，统治时间长达500多年，留下了甲骨文、青铜器等许多极其珍贵的史料和文物。

第三个统一的王朝是西周，都城在今天的西安。后来西周的都城被少数民族攻占，周王室被迫迁都到今天的洛阳，历史上叫做东周，西周与东周的时间共约800年。东周分为春秋和战国两个时期。春秋时期，国家分裂成许多小国；到了战国时期，形成了7个力量强大的国家，这些国家通过改革进入了封建社会，并为后来秦国的统一打下了基础。

与世界历史对照，当古埃及、古巴比伦、古印度文明发展进步之时，中国正经历文明勃兴的夏、商、西周王朝。当欧洲希腊、罗马城邦国家繁荣之时，正是中国春秋战国思想文化昌盛的时代。东西方文明交相辉映，地中海地区和中国，逐渐形成世界两大文明的中心。

Anfang der chinesischen Geschichte —
Zeit vor der Qin

Überblick

Die „Zeit vor der Qin" bedeutet in der chinesischen Geschichte die lange historische Zeitperiode vor der Einigung des chinesischen Territoriums durch den ersten Kaiser der Qin-Dynastie, Shi Huang Di.

Vor circa 1,7 Millionen Jahren lebten die Vorfahren der Chinesen im Kreis Yuanmou in der Provinz Yunnan. Der Ort gilt heute als die Wiege der chinesischen Urgesellschaft. Etwa im Jahr 2070 v. Chr. wurde die erste chinesische Dynastie, die Xia, gegründet, die mehr als 400 Jahre herrschte.

Die zweite Dynastie war die Shang-Dynastie, auch Yin-Dynastie genannt. (Die Shang-Dynastie verlegte in den ersten Jahren ihrer Regierungszeit des öftern ihre Hauptstadt. Zuletzt ernannte die Shang Dynastie die Stadt Yin zu ihrem Hauptsitz, heute Anyang in der Provinz Henan, und regierte dort mehr als 300 Jahre lang.) Zu

jener Zeit zählte die Shang Dynastie zu den größten Staaten der Welt. Die mehr als 500 Jahre dauernde Herrschaft der Shang Dynastie hinterließ uns Orakelknocheninschriften, Bronzen und andere äußerst wertvolle geschichtliche Dokumente und Kulturgegenstände.

Die Westliche Zhou-Dynastie, die dritte vereinte Dynastie Chinas, hatte ihre Hauptstadt im heutigen Xi'an in der Provinz Shaanxi. Später wurde die Hauptstadt von nationalen Minderheiten eingenommen. So sah sich der Kaiserhof der Zhou gezwungen, ihre Hauptstadt in die Stadt Luoyang in der Provinz Henan zu verlegen. Aus diesem Grund wurde die Zhou-Dynastie in der Geschichte als die Östliche Zhou bezeichnet. Die Westliche- und die Östliche Zhou Dynastie herrschten gemeinsam ca. 800 Jahre lang. Die Östliche Zhou-Dynastie war in 2 Zeitperioden geteilt; die Frühlings- und Herbstperiode und die Periode der Streitenden Reiche. Zu Zeiten der Frühlings- und Herbstperiode war China in zahlreiche kleine Staaten aufgespaltet. In der Periode der Streitenden Reiche entstanden sieben mächtige Staaten. Nach inneren Reformen entstand in diesen Staaten eine Feudalgesellschaft, die die Grundlagen für die spätere Einigung Chinas durch den Staat Qin schuf.

China war gerade im Aufschwung der Zivilisation mit den Dynastien Xia-, Shang-und der Westlichen Zhou-Dynastie, während sich die Zivilisation im alten Ägypten, Babylon und Indien schwunghaft entwickelte. Zur Zeit, als in Europa die Stadtstaaten Griechenland und Rom aufblühten, befand sich China in einem kultur- und ideenreichen Zeitalter der Frühlings- und Herbstperiode sowie der Periode der Streitenden Reiche. Die zwei Zentren der Weltzivilisation entstanden, die westliche Kultur fand ihre Entwicklung im Mittelmeergebiet, während in China die östliche Kultur ihre Blütezeit hatte.

中国境内最早的 人类

Die frühesten Menschen in China

元谋人（距今约170万年，目前中国境内发现的最早的直立人）

Der Yuanmou-Mensch (lebte etwa vor 1,7 Millionen Jahren und gilt bis heute als der älteste in China entdeckte Urzeitmensch, der aufrecht gehen konnte)

→

蓝田人（距今约100万～50万年，已经完全直立行走）

Der Lantian-Mensch (lebte vor ca. 1 bis 0,5 Million Jahren und konnte vollständig aufrecht gehen)

→

北京人（距今约70万～20万年，懂得用火和制作、使用石器）

Der Peking-Mensch (lebte vor etwa 700 000 bis 200 000 Jahren und verstand es, Feuer zu gebrauchen, Steinwaren herzustellen und anzuwenden)

↓

山顶洞人（距今约18 000年，相貌已经和现代人没有明显区别，"假若给他们穿戴上现代人的服饰和我们站在一起，谁也不会用奇异的眼光多看他们一眼。"）

Der Oberhöhlen-Mensch (lebte ca. vor 18 000 Jahren und unterschied sich im Aussehen kaum vom modernen Menschen. „Würde er moderne Kleidung und Schmuck von heute tragen, würde er niemandem auffallen. ")

←

大荔人（距今约30万～20万年，是由猿人向古人过渡的典型）

Der Dali-Mensch (lebte etwa vor 300 000 bis 200 000 Jahren und war ein typischer Urzeitmensch im Übergang vom Affenmenschen zum Menschen)

中国是世界文明古国，也是人类的发源地之一。中国到目前为止是世界上发现旧石器时代的人类化石和文化遗址最多的国家，其中重要的有元谋人、蓝田人、北京人、山顶洞人等。

1987年12月，发现北京人头盖骨的周口店北京猿人遗址被联合国教科文组织列入世界文化遗产名录。

Die frühesten Menschen in China

China ist eines der ältesten Länder der Weltzivilisation und zählt zu den Wiegen der Menschheit. In China wurden die bis zur heutigen Zeit größte Anzahl menschlicher Fossilien und die meisten Kulturruinen aus der Altsteinzeit gefunden. Besonders nennenswerte Funde sind der Yuanmou-, der Lantian-, der Peking- und der Oberhöhlen-Mensch.

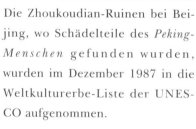

Die Zhoukoudian-Ruinen bei Beijing, wo Schädelteile des *Peking-Menschen* gefunden wurden, wurden im Dezember 1987 in die Weltkulturerbe-Liste der UNESCO aufgenommen.

	2
1	3

1. 北京人头盖骨和元谋人牙齿
   Schädel des Peking-Menschen und Zähne des Yuanmou-Menschen
2. 山顶洞人头部复原图
   Restaurierter Kopf des Oberhöhlen-Menschen
3. 北京人头部复原图
   Restaurierter Kopf des Peking-Menschen

▶ 小资料 Kurzinformation

旧石器时代

原始人用石块敲打出来的石器叫打制石器，使用这种石器的时代就叫做旧石器时代。旧石器时代经历了二三百万年，那时人们过着采集和渔猎的生活。

Altsteinzeit

Die Zeit, in der der primitive Mensch gehauene Steinwaren gebrauchte, bezeichnet man als die Altsteinzeit (Paläolithikum), die 2 bis 3 Millionen Jahre dauerte. Die Menschen lebten vom Sammlertum, Fischfang und von der Jagd.

新石器时代

大约从八九千年前开始，原始人已经普遍使用磨制石器。使用磨制石器的时代叫新石器时代。磨制石器更为先进和好用，能够提高原始人的生产水平和生活水平。新石器时代已出现农业和牧业。

Jungsteinzeit

Vor ca. 8000 / 9000 Jahren gebrauchte der primitive Mensch im Allgemeinen aus Stein gemeißelte Werkzeuge. Man bezeichnet diese Zeit als die Jungsteinzeit (Neolithikum). Da die gemeißelten Steinwerkzeuge fortschrittlicher und leichter zu gebrauchen waren, wurden dadurch die Produktivität und der Lebensstandard deutlich verbessert. In der Jungsteinzeit entstanden ebenfalls der Ackerbau und die Viehzucht.

开天辟地 的创世神话

Mythos von der Entstehung der Welt

1	2
	3

1. 神农氏像
   Porträt von Shennong
2. 伏羲氏像
   Porträt von Fuxi
3. 伏羲六十四卦方圆图
   Das von Fuxi erfundene Bagua
   (Acht Diagramme)

我们人类的祖先究竟是从哪里来的？

据说在很久很久以前，天和地是混混沌沌的一团气，像个大鸡蛋。有个叫盘古（Pángǔ）的人，用巨斧把天地劈开，他站在天地中间，手托着天，脚踩着地，他不断地长高，把天托得越来越高，把地踩得越来越低。这样过了一万八千年，天和地相隔九万里，盘古也成了顶天立地的巨人。盘古死后，他的眼睛变成了太阳和月亮，四肢变成了山脉，血液变成了江河湖海，筋脉变成了道路，肌肉变成了田土，头发和胡须变成了天上的星星，皮肤和汗毛变成了花草树木，牙齿和骨头变成闪光的金属、坚硬的石头和圆亮的珍珠玉石，他流出的汗水变成了雨露。特别是他身上的许多小虫子，变成了人类。这就是盘古开天地的传说，是中国人世代流传下来的创世神话。

还有很多神话传说是古人根据原始人的生活想像出来的。比如教人在树上造屋的有巢氏（Yǒucháoshì），钻木取火的燧人氏（Suìrénshì），教会人们打猎、发明了"八卦"的伏羲氏（Fúxīshì），种植五谷、品尝百草寻找药材的神农氏等等。他们是远古人战胜自然、改造自然的象征，是勤劳智慧的古代中国人的代表。

Mythos von der Entstehung der Welt

Woher stammen unsere Vorfahren?

Nach der chinesischen Volkssage war der Weltraum in der Urzeit ein riesiges Ei. In dem Ei war es vollkommen dunkel, es herrschte völlige Orientierungslosigkeit.. Ein Held namens Pan Gu entzweite dieses „Ei" mit einer riesigen Axt und stellte sich zwischen Himmel und Erde, indem er den Himmel mit den Händen trug und die Füße gegen die Erde stemmte. Pan Gu wurde immer größer. Der Himmel reichte immer höher und die Erde immer tiefer, bis unzählige Jahre später der Himmel und die Erde schließlich 90 000 Li voneinander entfernt lagen, und Pan Gu zum Riesen geworden war. Nach seinem Tod verwandelte sich sein linkes Auge in die Sonne und sein rechtes Auge in den Mond. Aus seinen Gliedmaßen entstanden Berge und sein Blut ergoss sich als Wasser in Flüsse, Seen und Meere. Die Sehnen verwandelten sich in Wege und Straßen und die Muskeln in Erde und Boden. Aus seinen Haaren und seinem Bart entstanden die leuchtenden Sterne am Himmel und aus seiner Haut wuchsen Blumen, Gräser und Bäume. Seine Zähne und Knochen wurden zu glänzenden Gesteinen und runden Perlen und sein Schweiß wurde zu Regen und Tau. Die zahlreichen Würmer an seinem Körper verwandelten sich in Menschen. Das ist der Mythos der Trennung von Erde und Himmel durch Pan Gu, ein in China Jahrhunderte lang überlieferter Mythos von der Entstehung der Welt.

Darüber hinaus bestehen zahlreiche Mythen und Legenden, die auf imaginären Vorstellungen vom Leben der primitiven Menschen basieren. Ein Beispiel ist die Legende von Cao. Er hat den Menschen das Bauen der Baumhäuser beigebracht . Ein weiteres Beispiel ist Suiren, der den Menschen das Feuermachen durch Reiben des Holzes beigebracht hat und Fuxi, der den Menschen die Kunst der Jagd beigebracht hat. Fuxi wird heute auch als Erfinder des Bagua (Acht Diagramme) bezeichnet. Nicht zuletzt ist Shennong zu nennen, der nicht nur den Ackerbau eingeführt, sondern auch selbst hunderte von Kräutern gekostet und Heilmittel gegen Krankheiten gefunden haben soll. Diese Legenden symbolisieren den Sieg des Menschen über die Natur und die Umgestaltung der Natur durch die Menschen der Urzeit. Sie verkörpern die weisen und klugen Chinesen aus alten Zeiten.

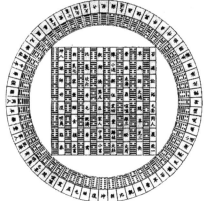

华夏之祖

Herkunft der „Nachkommen von Yan und Huang"

黄帝和禹传说时期地域示意图
Landkarte während der Periode von Huangdi
und Yu nach der Überlieferung

- - - - 传说中八大部落集团的分布地区
　　　　Distribution area of the eight legendary tribal groups
——— 黄帝氏族东移路线
　　　　Eastward migration route of Huangdi's tribe
——— 炎帝氏族部分东移路线
　　　　Eastward migration route of part of Yandi's tribe
　　　　传说中洪水泛滥的地区
　　　　Legendary flooded area
✕　　主要战场 Main battle site

```
  1
 ─
  2
 ─
  3
```

1. 湖南株洲炎帝陵
   Mausoleum von Yandi in Zhuzhou,
   Provinz Hunan
2. 贵州镇远蚩尤陵
   Mausoleum von Chiyou in Zhenyuan,
   Provinz Guizhou
3. 指南车
   Altes chinesisches Gefährt mit einer
   hölzernen Figur, deren Finger stets
   nach Süden weisen

　　中国人常说自己是"炎黄子孙"，这个说法跟传说中的人物黄帝和炎帝有关。大约4 000多年以前，中国黄河流域一带生活着许多氏族和部落，黄帝、炎帝就是两个最有名的部落的首领。

　　当时在东方还有一个叫九黎的势力强大的部落，九黎部落的首领叫蚩尤（Chīyóu），十分强悍。九黎族人会制造各式各样的兵器，打起仗来非常勇猛，常常进攻别的部落。

　　传说蚩尤部落为了扩大自己的地盘，同炎帝部落发生了战争。炎帝部落被杀得一败涂地，向黄帝求援。黄帝早想除掉蚩尤，就与炎帝联合起来，在涿鹿（Zhuōlù，今河北省境内）的广阔原野上与蚩尤展开了大决战。激战之中，忽然天昏地暗，大雾弥漫，连对面的人也看不见。黄帝使用指南车，帮助士兵识别方向，追击蚩尤，结果蚩尤被捉住杀死。

　　涿鹿之战后，黄帝和炎帝两个部落为了争夺对其他各部落的领导地位，又发生了冲突，炎帝部落大败，从此黄帝成了中原地区部落联盟的首领。中原地区各部落在语言、习惯、生产、生活等各方面的交流逐渐加强，经过长期的融合和发展，形成了华夏族的主体。

　　华夏族是汉族的前身，是中华民族的主要组成部分。华夏族把黄帝、炎帝看做自己的祖先，称自己为"炎黄子孙"。直到今天，汉族人和许多兄弟民族还习惯这么说。

Herkunft der
„Nachkommen von Yan und Huang"

Chinesen nennen sich „Nachkommen von Yan und Huang". Diese Bezeichnung stammt von den legendären Kaiser Huangdi und Yandi. Vor mehr als 4000 Jahren lebten im Einzugsgebiet des Gelben Flusses unzählige Clans und Volksstämme. Huangdi und Yandi waren die Führer der beiden bekanntesten Stämme.

Zu jener Zeit gab es im Osten einen ebenfalls mächtigen und tapferen Stamm namens Jiuli, der von *Chiyou* angeführt wurde. Die kampflustigen Jiuli stellten selbst ihre Kriegswaffen her und gebrauchten sie bei den häufigen Kämpfen gegen andere Stämme.

Gemäß Überlieferungen aus jener Zeit zettelte *Chiyous* Stamm, um seine Gebiete auszudehnen, einen Krieg gegen *Yandis* Stamm an. *Yandis* Stamm wurde bitter geschlagen und bat Huangdi um Hilfe. Dieser hatte längst die Absicht gehabt, Chiyou zu vernichten, und kämpfte im Bund mit Yandi gegen Chiyou. Die Entscheidungsschlacht wurde im Gebiet von Zhuolu, heute in der Provinz Hebei, ausgetragen. Während des Kampfes wurde der Himmel plötzlich schwarz und die Erde von dickem Nebel eingehüllt. Huangdi saß auf einem Kompasswagen und verfolgte mit seinen Soldaten *Chiyou*. Sie fassten ihn und tötete ihn auf der Stelle.

Nach der Schlacht bei Zhuolu rangen die beiden Siegerstämme jedoch um die Herrschaft über die anderen Stämme. Bei dem darauffolgenden Kampf unterlag schließlich *Yandis* Stamm. So wurde *Huangdi* Führer des Stammesbündnisses in der Zentralchinesischen Ebene. Die Beziehungen der verschiedenen Stämme der Zentralchinesischen Ebene vermehrten sich. Sie passten ihre Sprachen an, übernahmen Gewohnheiten, tauschten ihre Produkte aus und kamen sich im Alltagsleben immer näher. Nach langjähriger und gemeinsamer Entwicklung bildete sich die Huaxia- heraus.

Die Menschen der Huaxia-Nationalität sind die heutigen Han - Chinesen, die größte der 56 Nationalitäten. Die chinesische Nation betrachtet Huangdi und Yandi als ihre Vorfahren und bis heute die Chinesen, nicht nur die Han-Nationalität sondern auch die nationalen Minderheiten Chinas, die „ Nachkommen von Yan und Huang".

kamen sich in Verbindung Nationalität

Vorfahren der chinesischen die Kaiser nennen sich

> ▶ 小资料　Kurzinformation

三皇五帝

中国古代传说中远古时期的帝王，三皇通常是指燧人、伏羲、神农；五帝比三皇略晚，通常指黄帝、颛顼(Zhuānxū)、帝喾(Dìkù)、尧(Yáo)和舜(Shùn)。

San Huang Wu Di

San Huang (Drei Kaiser) sind drei legendäre Kaiser aus der Urzeit Chinas, allgemein bekannt unter den Namen Suiren, Fuxi und Shennong.

Wu Di (Fünf Kaiser) sind ebenfalls legendäre Kaiser aus der chinesischen Urzeit, sie lebten jedoch etwas später als die Drei Kaiser und sind unter den Namen Huangdi, Zhuanxu, Diku, Yao und Shun bekannt.

大禹治水

Flussregulierung durch Yu den Großen

传说黄帝以后，先后出了三个著名的部落联盟首领，名叫尧、舜和禹。传说尧的时候，黄河发大水，洪水冲毁了村庄和房屋，人们只能住到树上和山顶上。洪水给人民带来了极大的灾害。那时，炎黄部落联盟的首领尧任用鲧（Gǔn）治理洪水，鲧采用筑堤堵水的办法治水，遭到了失败。尧之后，担任部落联盟首领的舜杀死了鲧，然后命令鲧的儿子禹继续治水。禹吸取了鲧的教训，改用疏导的方法治水，让洪水顺河道流向大海。禹辛勤地工作，传说他在外面治水13年，三次经过家门都没有抽时间进去看看。最后，禹终于制服了水患。人们颂扬禹治水的功绩，尊称他是大禹。

由于禹治水成功，深受人民的爱戴，舜推举禹为自己的继承人，得到各部落首领的响应。舜死后，禹便成为部落联盟的首领。那时洪水刚刚平息，草木茂盛，野兽危害人民，禹派人教百姓开辟耕地；还派人教导人民耕种田地，收获粮食。人民的生活渐渐安定下来了。禹又对苗族发动战争，阻止他们进入黄河流域，巩固了华夏族在中原地区的地位。禹之后，部落联盟首领的权力大大加强了。

约公元前2070年，禹建立夏朝，是中国历史上第一个王朝。后来禹死了，他的儿子启继承了禹的位置，引起有扈氏部落的反抗。启打败了有扈氏（Yǒuhùshì）以后，他的地位得到了各部落的承认。从此世袭制代替了禅让（shànràng）制。

夏朝从禹到桀（Jié），一共有17个国君，延续了471年。夏朝人制订的适合农业生产需要的历法使用了很长时间。夏人还模仿动物的形象铸造铜鼎（dǐng），使中国历史从石器时代进入到了铜器时代。夏朝最后一个王叫桀，他是个暴君，人民都非常痛恨他。那时黄河下游的商国强大起来，起兵灭夏，大约在公元前1600年建立了商朝。

Flussregulierung durch
Yu den Großen

Überlieferungen zufolge traten nach Huangdi nacheinander drei berühmte Anführer des Stammesbündnisses hervor, Yao, Shun und Yu.

Der Gelbe Fluss trat zu *Yus* Regierungszeit häufig über die Ufer. Als bei einer Überschwemmung das Hochwasser die Dörfer und Häuser überschwemmte, sahen sich die Dorfbewohner gezwungen, auf Bäumen und Dächern Zuflucht zu suchen. Die Überschwemmung richtete großen Schaden an. *Yao*, der Häuptling des Stammesbündnisses von Yan und Huang, beauftragte *Gun*, die Flut zu bezwingen. *Gun* ließ Dämme bauen, um das Wasser zu stauen, was aber fehlschlug. Nach Yaos Tode ließ sein Nachfolger *Shun Gun* hinrichten und befahl Yu, Guns Sohn, den Fluss weiter zu regulieren. Aus früheren Fehlern lernend praktizierte Yu das Ausbaggern von Wasserwegen zur Ableitung des Flutwassers ins Meer. *Yu* arbeitete hart. Der Legende zufolge leitete er während 13 Jahren die Wasserregulierung. In dieser Zeit soll er nur dreimal an seinem Heim vorbei gekommen sein, habe sich jedoch keine Minute für seine Familie gewährt. Schließlich wurden die Fluten bezwungen. Das Volk pries seine großen Leistungen und verehrte ihn als „Yu den Großen".

Dank seiner erfolgreichen Flussregulierung fand *Yu* beim Volk Anerkennung und große Beliebtheit. *Shun* schlug Yu als seinen Nachfolger vor, was die Zustimmung der Häuptlinge der angeschlossenen Stämme erntete. So wurde *Yu* nach *Shuns* Tod zum Häuptling des Stammesbündnisses. Die Fluten waren gebändigt, Bäume und andere Pflanzen wuchsen üppiger denn je, nur Wildtiere richteten weiterhin Schäden an. Yu sandte Leute aus, dem Volk die Landgewinnung sowie den Ackerbau und die Getreideernte beizubringen. So konnte das Volk langsam ein gesichertes Leben führen. *Yu* führte einen Krieg gegen die Miao-Nationalität, um deren Eindringen ins Einzugsgebiet des Gelben Flusses zu verhindern. So wurde die Stellung der Huaxia-Nationalität auf der zentralchinesischen Ebene gefestigt. Dank Yu dem Großen wurde die Macht der Häuptlinge des Stammesbündnisses erheblich gestärkt.

Um 2070 v. Chr. gründete Yu der Große die Xia, die erste Dynastie in der chinesischen Geschichte. Nach Yus Tode trat sein Sohn Qi seine Nachfolge an, was aber Widerstand im Stamm Youhu hervorrief. Qi besiegte Youhu, und seine Stellung wurde von verschiedenen Stämmen anerkannt. Damit trat das System der Erbmonarchie an die Stelle des *Systems zum Verzicht auf den Thron*.

Die Xia-Dynastie hatte von Yu bis Jie insgesamt 17 Herrscher, und ihre Herrschaft dehnte sich über 471 Jahre hinweg. Während der Xia-Dynastie wurde ein lange Zeit verwendeter Bauernkalender entwickelt, der den Bedürfnissen des Ackerbaus entsprach. Die Xia stellten anhand von Tierfiguren den Bronze-Dreifuß her, womit die chinesische Geschichte da aus der Jungsteinzeit in die Bronze-Zeit eintrat.

Jie, der letzte König der Xia, war ein Tyrann und führte eine korrupte Herrschaft. Der stark gewordene Staat Shang, am Unterlauf des Gelben Flusses, schickte Truppen aus, um die Xia zu vernichten. Ca. 1600 v. Chr. wurde die Shang-Dynastie gegründet.

1

2

1. 大禹像
   Statue von Yu dem Großen

2. 浙江绍兴大禹陵
   Mausoleum von Yu dem Großen in Shaoxing, Provinz Zhejiang

▶ 小资料　Kurzinformation

禅让制
古代部落联盟推选领袖的制度。相传尧在位时，各个部落推选声望很高、能力很强的舜为继承人，尧对舜进行考核以后，认为舜确实是一个能干的人，就把首领的位子让给了他。

System des Verzichts auf den Thron
Das System des Verzichts auf den Thron diente in den alten Stämmen zur Auswahl ihrer Häuptlinge. Überlieferungen zufolge wählten verschiedene Stämme den hoch angesehenen tüchtigen Shun bereits zu Lebzeiten von Yao als dessen Nachfolger aus. Nach Überprüfung sah Yao in Shun einen tüchtigen, kompetenten Mann und verzichtete zu dessen Gunst auf den Thron.

武王伐纣

Vernichtung der Shang durch König Wu

商是黄河中下游的一个古老部落。商的祖先叫契（Xiè），传说他的妈妈吞吃了玄鸟的蛋之后生下了契。商部落早期经常迁徙（qiānxǐ），自从盘庚（Pángēng）把国都搬迁到殷（今河南安阳西北）之后，商朝出现复兴的局面。在武丁做国君的五十几年间，商朝进入了最强盛的时期。

商朝的最后一个王叫纣（Zhòu），只知道自己享乐，根本不管人民的死活，是个残暴的君主。商纣王养着各地送来的珍贵的鸟兽；修建鹿台，用来存放无数的珍宝财物；他把酒倒进池中，把肉挂在树上。他还是个残暴的君主，用各种残酷的刑罚对付反对他的人。他发明一种刑罚叫"炮烙

武王伐纣路线图
Route des von König Wu geleiteten Feldzuges
gegen König Zhou

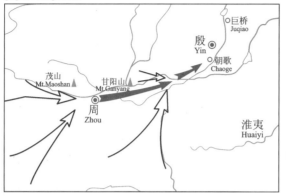

周武王进攻商纣的方向
King Wu's route of advance

进攻商纣的各部落
的会兵方向
Tribal reinforcements' route
of advance

（páoluò）之刑"，就是把涂满膏脂的铜柱放在燃烧的炭火上，强迫犯人在上面行走，犯人站不住，就掉在炭火中活活烧死。

商纣王的残暴加速了商朝的灭亡。这时，渭水流域的周部落一天天地强大起来了。周原来是商的属国。周文王一心要治理好自己的国家，重视农业生产，待人宽厚，重用人才。在姜太公的辅佐下，周文王和周武王整顿政治和军事，对内发展生产，使人民安居乐业；对外征服各部族，不断扩大疆土。

公元前11世纪中期，周武王联合西方和南方的部落，进攻商纣王。双方在牧野（今河南省境内）展开大战。商朝的军队中大部分是奴隶，他们平时恨透了纣王，不但不抵抗，还纷纷起义，引导周军攻入商朝首都。商纣王自焚而死，商朝终于灭亡。周武王得到了很多部落和小国家的拥护，于公元前1046年建立了周朝，定都镐京（Hàojīng，今陕西西安西南），历史上称为西周。

1 2

1. 陕西岐山周公庙
   Tempel für Zhou Gong, Qishan,
   Provinz Shaanxi
2. 商纣王像
   Porträt des Königs Zhou

Vernichtung
der Shang durch König Wu

Shang war ein uralter Stamm am Mittel- und Unterlauf des Gelben Flusses. Überlieferungen zufolge war Xie ein Vorfahre des Shang-Stammes. Die Mutter von Xie soll ihn geboren haben, nachdem sie ein Ei vom Xuan-Vogel verschluckt hatte. Der Shang-Stamm zog in seiner frühen Herrscher - Periode oft um. In den 300 Jahren nach der Gründung der Shang-Dynastie durch Tang wurde die Hauptstadt fünfmal verlegt. Nachdem *Pan Gen* die Hauptstadt nach Yin verlegte, heute nordwestlich von Anyang in der Provinz Henan, erhielt die Shang-Dynastie einen Aufschwung. In den mehr als 50 Jahren Herrschaft unter Wu Ding erlebte die Shang-Dynastie ihre stärkste und erfolgreichste Periode.

Der letzte König der Shang war Zhou, der nur an sein eigenes Vergnügen dachte, und sich keineswegs um sein Volk kümmerte. König Zhou hielt seltene Tiere, hergebracht aus allen Ecken des Landes und ließ ein Depot zur Aufbewahrung unzähliger Kostbarkeiten bauen. Er ließ Wein in Teiche gießen und Fleisch an Bäume hängen. Außerdem war er ein brutaler Herrscher und ließ mit grausamen Foltertechniken seine Widersacher bestrafen. Er erfand eine Foltermethode, bei der die Verbrecher gezwungen wurden, auf mit Salben geschmierten Bronzebalken über Feuer zu gehen. Wer nicht standhalten konnte, fiel runter und verbrannte lebenden Leibes im Feuer.

Die Grausamkeit des Königs Zhou beschleunigte den Fall der Dynastie Shang.

Gleichzeitig wurde der im Einzugsgebiet des Flusses Weishui lebende Stamm Zhou immer stärker. Der Stamm Zhou war eigentlich ein Vasallenstaat von Shang. Der Zhou - König Wen war bestrebt, seinen Staat gut zu verwalten, und legte großen Wert auf den Ackerbau. Er war tolerant und setzte tüchtige Personen auf wichtigen Posten ein. Unter Jiang Taigongs Assistenz stärkten die Könige Wen und Wu die Politik und das Militär ihres Staates. Die Produktion entwickelt sich rasch, das Leben der Bevölkerung wurde immer besser und sicherer. Andere Stämme wurden erobert und das Territorium immer mehr ausgedehnt.

Mitte des 11. Jahrhunderts v. Chr. verbündete sich Zhou-König Wu mit Stämmen im Osten und Westen und griff die Shang unter dem König Zhou an. Die Entscheidungsschlacht wurde in Muye ausgetragen, in der heutigen Provinz Henan. Die Truppen der Shang bestanden zum größten Teil aus Sklaven, die den König Zhou hassten und nun revoltierten, anstatt zu kämpfen. Die Truppen des Staates Zhou nahmen unter ihrer Anleitung die Hauptstadt der Shang ein. Der Shang-König Zhou nahm sich das Leben im Feuer. So wurden die Shang vernichtet. Zhou-König Wu fand Unterstützung von Seiten verschiedener Stämme sowie kleiner Staaten und gründete im Jahr 1046 v. Chr. die Zhou-Dynastie, die in der Geschichte als die Westliche Zhou bezeichnet wurde, weil sie in *Gaojing*, heute südwestlich von Xi'an in der Provinz Shaanxi, ihre Hauptstadt hatte.

2

1

1. 姜太公像
   Porträt von Jiang Taigong

2. 河南洛阳周公庙
   Tempel für Zhou Gong, Luoyang, Provinz Henan

▶ 小资料 Kurzinformation

姜太公钓鱼，愿者上钩

姜太公，姜姓，吕氏，名尚，字子牙，又称太公望。传说他曾经在渭水边钓鱼，希望看到从这里经过的周文王。他的鱼钩是直的，上面没有鱼饵，而且离水面很高。他一边钓鱼，一边说："快上钩呀，愿意的就快上钩。"有一天周文王发现了他，于是就高兴地邀请他帮助自己治理国家。以后人们就用"姜太公钓鱼，愿者上钩"来比喻做一件事情是心甘情愿的。

Jiang Taigong angelt – Wer will, beißt an.

Jiang Taigong hieß Lü Shang, auch Ziya genannt, und war bekannt als Taigong Wang. Er angelte am Fluss Weishui in der Hoffnung, den Zhou-König Wen zu sehen. An seinem Angelhaken war jedoch kein Köder und der Haken hing hoch über dem Wasser. Während er angelte, sagte er vor sich hin: „Beißt schnell an! Wer will, beißt bitte schnell an!" Eines Tages fand der König den angelnden Jiang und lud ihn hocherfreut zur Verwaltung des Staates ein. Später erhielt die Redensart „Jiang Taigong angelt – Wer will, beißt an" die Bedeutung, „etwas bereitwillig tun".

周公东征

Herzog Zhous Feldzug nach Osten

1. 司母戊鼎
   Vierfüßige Kochkessel Si-Mu-Wu-Ding
2. 四羊方尊
   Viereckiges Gefäß mit vier Schafsköpfen
3. 毛公鼎
   Kochkessel Mao-Gong-Ding

武王伐纣虽然推翻了商王朝的统治，但是商的残余势力还相当顽强。周武王和周公制定了以殷治殷的政策，封商纣王的儿子武庚（Wǔgēng）为殷侯，继续统治原来殷都附近的地区。为了便于对武庚的控制和监视，周武王派自己的弟弟管叔、蔡叔、霍叔为"三监"，率领周人居住在殷都以及附近地区，以便监视武庚及商朝的遗民。

周灭商两年后，武王病逝，临终时，武王把自己的儿子诵和军国大事托付给弟弟周公（名姬旦，Jīdàn）。太子诵（Sòng）即位为成王。由于成王只有13岁，不能处理朝政，周公就代替成王行使权利，处理国家大事。管叔、蔡叔对此非常不满，散布流言，说周公想要窃取王位。商的残余势力趁机与管、蔡串通起来，发动了叛乱，叛乱势力遍及今河南、河北、山东、安徽等地，使新生的周王朝处于危机之中。

面对不利形势，周公一方面向召公等人恳切解释，使周成王和王公大臣消除了对他的怀疑，使王室内部重新团结起来。另一方面，他联络和调集各地诸侯，亲自率领军队东征叛军。经过3年的苦战，消灭了以武庚为首的商朝贵族叛乱势力，杀了武庚和管叔，流放了蔡叔，平定了参与反叛的东方小国。

Herzog Zhous
Feldzug nach Osten

Die Macht der Hinterbliebenen der Shang-Dynastie blieb unge-schwächt, auch nach dem Sturz der Dynastie durch den König Wu. König Wu und sein jüngerer Bruder Jidan (auch als Herzog Zhou bekannt) ließen daher die verbliebenen Shang-Adligen ihr eigenes Gebiet verwalten. Wugeng, der Sohn des letzten Shang-Königs Zhou, erhielt den Titel „Yin-Fürst" und durfte das Gebiet um Yin, die Haupt-stadt der Shang-Dynastie, weiter verwalten. Drei jüngere Brüder des Zhou-Königs Wu, Guanshu, Caishu und Huoshu, hatten den Auftrag, Wugeng zu überwachen.

König Wu starb zwei Jahre nach dem Sturz der Shang-Dynastie. Vor seinem Tod übergab König Wu seinem jüngeren Bruder Jidan die Staatsangelegenheiten und die Erziehung des Thronfolgers Song. Song stieg auf den Thron und wurde König Cheng genannt.

Der 13-jährige König Cheng war jedoch zu jung, um alleine zu regieren und Zhou vertreten. Unzufrieden mit dieser beiden Brüder Guanshu und Caishu das Thron zu usurpieren. Die Hinterbliebenen kollaborierten mit Guanshu und Caishu und Herzog Zhou. Der Aufstand erstreckte sich Provinzen Henan, Hebei, Shandong und Dynastie drohte der Untergang. wurde deshalb von Herzog Entscheidung verbreiteten die Gerücht, Herzog Zhou plane den der gestürzten Shang-Dynastie stellten sich rebellisch gegen den alsbald auf die Gebiete der heutigen Anhui. Der neu gegründeten Zhou-

Mit dieser Bedrohung konfrontiert, versuchte Jidan einerseits den Herzog Zhao über die Sachlage aufzuklären, das Misstrauen von Zhou-König Cheng und den Ministern abzubauen und den Zusammenhalt des Könighauses zu stärken. Andererseits bildete er eine Allianz mit den Fürsten und unternahm selbst einen Feldzug nach Osten, um den Aufstand niederzuschlagen. Nach drei Jahren harter Kämpfe gelang es dem Herzog Zhou endlich, den von Wugeng und den Shang-Adligen geführten Aufstand zu beenden. Wugeng und Guanshu wurden hingerichtet und Caishu wurde verbannt. Die kleineren Fürstentümer im Osten, die sich an dem Aufstand beteiligt hatten, wurden gezwungen, sich der Herrschaft der Zhou zu unterwerfen.

▶ 小资料 Kurzinformation

灿烂的青铜文明

商朝和西周时期，青铜器制造业很发达，商朝后期制造的司母戊鼎，高1.33米，长1.1米，宽0.78米，重875千克，是现今世界上发现的最大的青铜器。另一件四羊方尊，造型雄奇，工艺高超，是商朝青铜器中的精品。

Glanzvolle Bronzezivilisation

Während der Shang- und der Westlichen Zhou-Dynastie erlebte die Bronzegießerei in China ihren Höhepunkt. Der vierfüßige Gefäß (ein Kochkessel) „Si-Mu-Wu-Ding" aus der späteren Shang-Dynastie gilt gegenwärtig als das größte bekannte Bronzegefäß der Welt „Si-Mu-Wu-Ding" ist 1,33 m hoch, 1,1 m lang und 0,78 m breit. Es wiegt 875 kg. Ein weiterer Beweis für die erfinderische Gestaltungskunst und die hervorragende Technik dieser Zeit ist das viereckige Gefäß (ein Weingefäß) mit vier Schafsköpfen. Auch dieses Gefäß gehört zu den ausgewählten Klassikern der Bronzewaren.

春秋五霸

　　春秋初年诸侯国有100多个。各诸侯国为了争夺土地和人口，发生混战。力量强大的诸侯国一面不断吞并弱小的国家，一面争夺霸权。春秋时期先后起来争当霸主的有齐桓（huán）公、宋襄（xiāng）公、晋文公、秦穆（mù）公、楚庄王，历史上称为"春秋五霸"。还有一种说法，"春秋五霸"指齐桓公、晋文公、楚庄王、吴王阖闾（Hélǘ）、越王勾践（Gōujiàn）。

　　齐国是春秋时期东方一个富裕的国家。齐桓公在大政治家管仲的辅佐下，在政治上和经济上进行了一系列改革，发展生产，使齐国强大起来。齐桓公率兵击退山戎（Shānróng）等少数民族的进攻，又率领齐、鲁、宋等八国的军队讨伐中原的楚国，阻止了楚军的北进，威信大增。公元前651年，齐桓公召集各诸侯国订立盟约，周天子也派人参加，齐国称霸中原的时代开始了。

　　齐桓公之后，宋襄公一心想接替齐桓公做霸主，但没有成功。晋文公做了国君以后很快使晋国成为北方一大强国。当时南方的楚国也想称霸。公元前632年，晋国和楚国进行了一场大战，楚军大败，晋国从此成为中原的一大霸主。晋楚之间的争霸持续了100多年，后来楚庄王打败晋军，做了中原的霸主。秦穆公本来也打算向东发展，到中原去做霸主，没能成功，转而向西扩大地盘，将西戎12国并入秦土，得以称霸西方。

吴国和越国都是长江下游的国家。这两个国家都不大，但也加入了争霸战争。晋楚争霸时，吴国在晋国的支持下曾经攻破楚国的都城。后来吴越两国进行了多次战争，各有胜负。公元前494年，吴王夫差大败越国，越国成为吴国的属国。越王勾践经过10年的艰苦准备，终于灭掉了吴国。后来勾践又率军北上，成为春秋时期最后一个霸主。

这一时期在欧洲的希腊普遍出现了城邦国家，与春秋时代的诸侯国具有本质不同的是，在城邦的公民政治获得了较为充分的发展，王权逐渐衰落，绝大多数城邦甚至废弃君主而实行共和，并且限制贵族的权力，有些城邦甚至推翻了贵族统治，建立了古代公民权利最发达的民主政治。

1

1. 越王勾践剑
Schwert des Yue-Königs Gou Jian

▶ 小资料　Kurzinformation

越王勾践卧薪尝胆

公元前494年，吴王夫差打败了越国，越王勾践只得向吴屈辱求和，同意到吴国做吴王的奴仆。两年后勾践被释放回国，他立志报仇雪耻，他撤掉席子睡在硬硬的柴草上，每次吃饭之前都要先尝一尝苦胆，还要问自己"你忘了会稽（Kuàijī）的耻辱吗？"他时刻不忘国家破亡的痛苦，带领越国人发愤图强，终于灭掉了吴国，完成了霸业。后来人们经常用"卧薪尝胆"一语，来表达刻苦自励、奋发向上的决心。

Yue-König Gou Jiang schlief auf Brennholz und schluckte Galle

Im Jahre 494 v. Chr. besiegten die Truppen des Wu-Königs Fu Chai die Yue. Der besiegte Yue-König flehte um Gnade und akzeptierte schließlich die Demütigung, im Hof des Wu-Königs als Diener zu arbeiten. Zwei Jahre später setzte der Wu-König Gou Jian wieder auf freien Fuß. Gou Jian jedoch schwur dem Wu-König Rache. Er legte seine weiche Schlafmatte weg, und schlief fortan nur noch auf hartem Brennholz. Vor jeder Mahlzeit probierte er bittere Galle und stellte sich dabei immer wieder die Frage: „Hast du die Demütigung und Schande von Kuaiji schon vergessen?" Die schmerzhafte Niederlage steckte tief in seiner Erinnerung und gab ihm schließlich die Kraft zum Wiederaufbau seines Staates. Er vernichtete den Staat Wu und wurde Führer des Bundes der Herzöge.
Die Redewendung „auf dem Brennholz schlafen und bittere Galle probieren" wird heute noch verwendet (mit Ehrgeiz und Beharrlichkeit zum Erfolg streben).

Fünf dominierende Fürsten

der Frühlings-und Herbstperiode

春秋列国形势图

Mächte während der Frühlings- und Herbstperiode

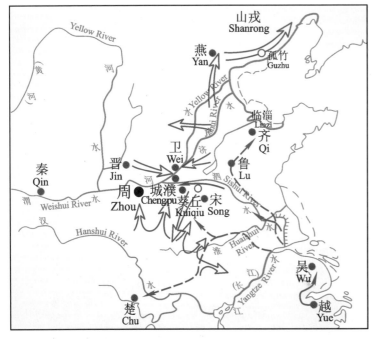

- ● 周王城 Capital of the Zhou Dynasty
- ● 各国都城 Capital of the vassal states
- ⇢→ 吴国进军路线 Wu's route of advance
- → 越国进军路线 Yue's route of advance
- ⇒ 齐、楚扩张路线 Qi and Chu's route of expansion

In den ersten Jahren der Frühlings- und Herbstperiode existierten auf dem chinesischen Boden mehr als 100 Fürstentümer. Zwischen ihnen kam es oft zu Kämpfen um Territorium und Sklaven. Die stärkeren Fürstentümer eigneten sich die schwächeren Staaten an und strebten nach mehr Einfluss auf ihre Nachbarstaaten. In der Frühlings- und Herbstperiode gab es insgesamt fünf dominierende Fürsten: der Qi-Herzog Huan, der Song-Herzog Xiang, der Jin-Herzog Wen, der Qin-Herzog Mu und der Chu-König Zhuang. (Andere Meinungen sprechen von den fünf Fürsten Qi-Herzog Huan, Jin-Herzog Wen, Chu-König Zhuang, Wu-König Helü und dem Yue-König Goujian)

Qi war während der Frühlings- und Herbstperiode ein reicher Staat im Osten. Mit Hilfe

des großen Staatsmannes Guan Zhong führte der Herzog Huan eine Reihe politischer und wirtschaftlicher Reformen durch. Die Reformen beflügelten die Wirtschaft und Qi entwickelte sich zu einem starken Staat. Herzog Huan befahl seinen Truppen, die eindringenden Truppen der Shanrong Minortität zurückzuschlagen.

Er führte an der Spitze der Allierten aus acht Staaten einen Feldzug gegen den Staat Chu, um das militärische Eindringen der Chu-Truppen nach Norden zu verhindern. Durch all dies gewann der Herzog Huan an Anerkennung und Respekt. Im Jahre 651 v. Chr. rief der Herzog Huan die Fürsten andrerer Staaten zusammen, um einen Bündnisvertrag zu schließen. Auch der König der Zhou-Dynastie entsandte Vertreter zu diesem Treffen. Damit begann eine neue Ära, in der der Staat Qi die Herrschaft über die Zentralebene Chinas innehatte.

Nach Qi-Herzog Huan träumte auch der Song-Herzog Xiang von Herrschaft über die Völker. Sein Wunsch blieb jedoch unerfüllt.

Nach der Machtübernahme des Jin-Herzogs Wen wurde der Jin Staat binnen kurzer Zeit zu einer starken Macht im Norden. Gleichzeitig strebte im Süden der Staat Chu nach mehr Macht. Im Jahr 632 v. Chr. erlitten die Chu-Truppen bei einem verheerenden Kampf gegen die Jin-Truppen eine bittere Niederlage. Der Staat Jin wurde somit die dominierende Macht der chinesischen Zentralebene. Jin und Chu bekriegten sich weiter während mehr als 100 Jahren. Schließlich besiegten die Chu-Truppen unter Führung des Chu-Königs Zhuang die Jin-Armee, und der Staat Chu übernahm die Führung des Bundes. Nach dem misslungenen Plan, seinen Einfluss nach Osten zu expandieren, beschloss Qin-Herzog Mu, sein Territorium nach Westen auszudehnen und wurde bald die größte Macht im Westen des Landes.

Auch die kleinen Staaten Wu und Yue am Unterlauf des Jangtse beteiligten sich an den Kämpfen um die Vorherrschaft. Während des Krieges zwischen Jin und Chu drangen die Wu Truppen zusammen mit Jin in die Haupstadt der Chu ein. Es folgten zahlreiche Kriege zwischen den Wu und den Yue. Beide Staaten waren abwechselnd Sieger und Verlierer. Bis im Jahr 494 v. Chr. der Wu-König Fu Chai die Yue-Truppen besiegte und den Staat Yue schließlich zu seinem abhängigen Staat machte.

Nach 10 Jahren intensiver Vorbereitung gelang es schließlich dem Yue-König Gou Jian, den Staat Wu zu vernichten und die Herrschaft des Nordens zu übernehmen. Gou Jian war der letzte Monarch der Frühlings- und Herbstperiode.

Zur gleichen Zeit bildeten sich im europäischen Griechenland wieder Stadtstaaten. Der Unterschied zu den chinesischen Fürstentümern lag vorwiegend darin, dass sich in den Stadtstaaten die Volksregierung stark entwickelte und der König zusehends an Macht verlor. Die meisten Stadtstaaten schufen die Monarchie ab und bildeten eine Art Republik, womit sie die Macht der Adligen einschränkten. Einige Staaten entmachteten die Adligen und schufen die modernste demokratische Regierung des Bürgerrechts im Altertum.

1 | 2

1. 管仲像
Porträt von Guan Zhong

2. 齐国的殉马坑（今山东省境内，殉马约有600匹，是齐国国力强大的一个证明）
Lebendig begrabene Pferde waren die Opfergabe für einen Adligen im Staat Qi (in der heutigen Provinz Shandong). Insgesamt waren 600 Pferde lebendig begraben worden—ein Statussymbol und Zeichen für die Stärke des Staats Qi.)

战国七雄

Die sieben starken Staaten der
Streitenden Reiche

　　春秋时期的兼并战争使诸侯国的数量大大减少。到战国时期，七个实力最强的诸侯国是齐、楚、燕（Yān）、韩、赵、魏、秦，被称作"战国七雄"。

　　战国初期，韩、赵、魏三家结成联盟，打败了齐、秦、楚等大国，成为较强盛的国家。后来这个联盟破裂，齐国、秦国却逐渐兴盛起来。

　　战国中期，魏国军队攻打赵国，赵国向齐国求救。大军事家孙膑（Sūn Bìn）以魏国精锐在赵国，内部空虚，便带领齐国的军队攻打魏国的首都。魏国军队本已攻破赵国首都，听见自己的国家情况危急，便急忙从赵国撤军回去救援，刚走到半路，就中了齐国军队的埋伏，齐军打了个大胜仗。这就是中国历史上著名的战例——"围魏救赵"。

　　11年后魏国进攻韩国，齐国的军队在孙膑的指挥下围魏救韩。齐军假装后退。第一天撤出后营地留下的炉灶足够做10万人的饭；第二天留下的炉灶只够做5万人的饭；第三天留下的炉灶减少到仅够做3万人的饭。魏军从炉灶的数量变化推测，以为齐军大量逃亡，于是挑选了精锐的士兵，追赶齐军，一直追到险要的马陵（今河南省境内）地区，结果被埋伏在这里的齐军彻底打败。这就是著名的"马陵之战"。两次战役后齐国取代了魏国称霸中原。

战国形势图
Mächte während der Streitenden Reiche

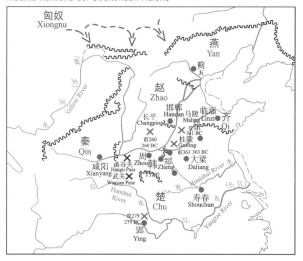

战国后期，秦国越来越强盛，其他六个国家都不能单独抵抗秦国，于是就想联合起来，共同抵抗秦国。秦国为了打败其余的六国，挑拨六国之间的关系，促使他们都和秦国亲近。各国为了自身的利益，一到关键时刻常常不能齐心合力，结果给了秦国机会。秦国先后征服了其他国家，并灭了周王室，统一了中国。

1 | $\frac{2}{3}$

1、2. 战国时期青铜器
    Bronzewaren aus der Periode der Streitenden Reiche
3. 出土的战国兵器
    Ausgegrabene Waffen aus der Zeit der Streitenden Reiche

▶ 小资料　Kurzinformation

商鞅南门立木
公元前356年，秦孝公为了强兵富国，任用商鞅（Shāng Yāng）改革旧的制度，变法图强。
商鞅起草了一个改革的法令，但又怕老百姓不相信他，就叫人在都城的南门立了一根很高的木头，并说，谁能把木头搬到北门，就赏谁十金。很多人都以为这是开玩笑。商鞅知道老百姓不相信他，就把赏金提高到五十金。人们在木头旁议论纷纷，终于有一个人站出来，把木头扛到了北门，结果商鞅真的赏给那人五十金。这件事在秦国引起了轰动。商鞅说到做到，在老百姓中有了威信，于是商鞅就把新法令公布了出去。经过商鞅变法，秦国增强了国力，成为战国后期最强大的国家。

Der Reformer Shang Yang errichtet am südlichen Stadttor Holz

Der Qin-Herzog Xiao beauftragte im Jahre 356 v. Chr. Shang Yang mit der Einführung der Reformen, um Qin reich zu machen und die Truppen besser auszurüsten.

Shang Yang fürchtete, dass das Volk seinem Reformplan nicht vertraute. Daher ließ er am südlichen Tor der Hauptstadt einen Holzmast aufstellen und verkündete, wer den Holzmast vom südlichen Stadttor zum nördlichen Stadttor bringe, werde mit 10 Goldstücken belohnt. Viele nahmen ihn jedoch nicht ernst. Shang Yang erhöhte die Belohnung auf 50 Goldstücke. Endlich trat ein Mann aus der staunenden Menge hervor. Der Mann trug den Holzmast auf seiner Schulter zum nördlichen Stadttor und wurde mit 50 Goldstücken belohnt. Dieses Ereignis sorgte für großes Aufsehen im ganzen Staat. Shang Yang hatte sein Versprechen gehalten und seine Authorität wurden von den Menschen anerkannt. So gab er seinen Reformplan bekannt. Die Reformen stärkten den Staat und verhalfen Qin, zum mächtigsten Staat in den letzten Jahren der Zeit der Streitenden Reiche zu werden.

Die sieben starken Staaten

der Streitenden Reiche

Durch die vielen Kriege in der Frühlings- und Herbstperiode nahm die Zahl der Fürstentümer drastisch ab. Die sieben stärksten Staaten zur Zeit der Streitenden Reiche waren die Qi, Chu, Yan, Han, Zhao, Wei und die Qin. Sie werden die Sieben Mächte der Zeit der Streitenden Reiche genannt.

In den ersten Jahren der Streitenden Reiche verbündeten sich die Staaten Han, Zhao und Wei. Im Bund besiegten sie große Reiche wie Qi, Qin und Chu. Sie galten als mächtige und wohlhabende Staaten. Das Bündnis brach jedoch später auseinander und die beiden Reiche Qi und Qin gewannen allmählich an Macht.

Zur Zeit der Streitenden Reiche griffen die Wei-Truppen das Fürstentum Zhao an. Der Zhao-Fürst bat den Qi-Fürsten um Hilfe. Die innere Verteidigung des Fürstentums Wei war sehr schwach, was der große Militärstratege Sun Bin des Fürstentums Qi auszunutzen wusste. Er drang mit seinen Leuten in die Wei-Hauptstadt ein. Gleichzeitig überfielen die Wei-Truppen die Zhao-Hauptstadt. Als sie hörten, dass ihr eigenes Fürstentum von Qi-Truppen angegriffen wurde, machten sie sich unverzüglich auf den Heimweg. Auf halber Stecke fielen die Wei-Truppen jedoch in die Hände der Qi-Truppen. Die Wei-Truppen wurden von den Qi-Truppen eingekreist und mussten eine bittere Niederlage erleiden. Diese berühmte Schlacht ging unter dem Namen „Wei umkreisen und Zhao befreien" in die Geschichte Chinas ein.

Zwei Jahre später griffen die Wei-Truppen das Fürstentum Han an. Um das Fürstentum Han zu befreien, kreisten die Qi-Truppen mit dem Strategen Sun Bin an

der Spitze auch hier wieder das Fürstentum Wei ein.

Die Qi-Truppen täuschten den Rückzug vor. Am ersten Tag nach ihrem simulierten Rückzug hinterließen sie in ihrem Lager Kochstellen für 100 000 Soldaten. Am zweiten gab es im Lager der Qi-Truppen nur Kochstellen für 50 000 Soldaten. Am dritten Tag waren Kochstellen für lediglich 30 000 Soldaten zu finden. Die Wei-Soldaten vermuteten daher, dass die Qi-Truppen in aller Hast den Rückzug angetreten hatten und der Befehlshaber der Wei Elitentruppen befahl die Verfolgung der fliehenden Qi-Truppen. Als die Wei-Truppen jedoch nach Maling kamen, gerieten sie wieder in den Hinterhalt der Qi-Truppen und wurden besiegt. Das ist die berühmte Schlacht von Maling. Nach diesen zwei Kriegen löste Qi das Fürstentum Wei ab und wurde das neue dominierende Fürstentum in Chinas Zentralebene.

Gegen Ende der Streitenden Reiche wurde Qin immer mächtiger. Keiner, der 6 anderen Staaten war in der Lage, es allein mit Qin aufzunehmen. So beschlossen die sechs Staaten, sich gemeinsam zu wehren. Qin säte jedoch Zwietracht zwischen den sechs Staaten und drängte jeden einzelnen Staat, seine Beziehungen zu Qin zu verbessern. Der 6er Bund war nicht stark genug und im entscheidenden Moment dachte jeder Staat nur an seinen eigenen Vorteil. Dies bot dem Staat Qin die Möglichkeit, die sechs Staaten nacheinander zu erobern. Schließlich stürzte Qin das Königshaus der Zhou-Dynastie und vereinigte China.

1
2

1. 战国水陆攻战铜壶拓片
   Abrieb des Bildes auf einer Bronzenkanne

2. 战国水陆攻战铜壶
   Die Bronzenkanne ist mit Kampfszenen
   zu Wasser und auf dem Land versehen
   (aus der Zeit der Streitenden Reiche)

大教育家 孔子

Der große Pädagoge Konfuzius

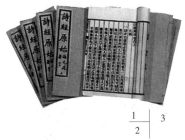

1. 孔子讲学图
   Confucius Giving a Lecture
   Konfuzius unterrichtet

2. 《诗经》是中国最早的一部诗歌总集，
   传为孔子所编，收集了从西周初到春秋
   中叶约500年间的诗歌305篇。
   Das Buch der Lieder, von Konfuzius
   zusammengestellt, beinhaltet 305
   Gedichte aus der etwa 500jährigen
   Zeitspanne zwischen dem Anfang der
   Westlichen Zhou-Dynastie und Mitte
   der Frühlings-und Herbstperiode .

3. 孔子像
   Porträt des Konfuzius

孔子是世界公认的世界十大思想家之一，他的思想在中国、在东亚都有广泛的影响。

孔子（公元前551—公元前479年），名丘，字仲尼，春秋末期鲁国陬邑（Zōuyì，今山东曲阜东南）人，是儒（rú）家学派的创始人。

孔子是个大思想家。首先，他提出"仁"的学说，即要求统治者能够体贴民情，爱惜民力，不要过度压迫剥削人民。其次，他主张以德治民，反对暴政。

孔子又是个大教育家。在那个时代，只有贵族子弟才能够受教育。孔子提倡"有教无类"，他收学生，不论他们地位贵贱，都一律平等地进行教育。孔子兴办私学，打破了官府对文化教育的垄断。据说孔子教过的学生有三千多人，其中著名的有72人。孔子主张"因材施教"，对不同的学生，进行不同的教育。他教育学生："温故而知新"（学习知识要经常复习），"知之为知之，不知为不知"（学习态度要老实），还要求把学习和思考结合起来。

后来，孔子的学生们将孔子的思想言行记录下来，汇编成《论语》一书，《论语》成为儒家经典之一。孔子的学说成为中国两千多年封建文化的正统。

Der große Pädagoge Konfuzius

Konfuzius gilt als einer der 10 großen Denker der Welt. Seine Philosophie beinflusst das Leben in China und in ganz Ostasien.

Der persönliche Name von Konfuzius (551 v. Chr.–479 v. Chr.) ist Qiu. Öffentlich angesprochen wurde er mit Zhongni. Er wurde in Zouyi (südöstlich vom heutigen Qufu, Provinz Shandong) geboren. Konfuzius ist der Gründer des Konfuzianismus.

Konfuzius war ein großer Denker. Er plädierte für *Ren*, die Nächstenliebe. In seinen Doktrinen forderte er die Herrscher auf, sich mit Fürsorge und Liebe um das Volk zu kümmern, sparsam mit dem Reichtum und den Arbeitskräfte umzugehen und das Volk nicht auszubeuten. Konfuzius vertrat die Ansicht, dass die Herrscher als moralisches Vorbild das Land mit Tugend zu regieren hatten und lehnte jegliche Tyrannei ab.

Konfuzius ist auch ein großer Pädagoge. Damals war Bildung ein Privileg des Adels. Konfuzius vertrat allerdings die Meinung, dass jeder, egal welcher gesellschaftlichen Herkunft, ein Recht auf Bildung hat. Ungeachtet ihres gesellschaftlichen Status nahm Konfuzius alle auf, die bei ihm lernen wollten. Der große Pädagoge behandelte seine Schüler mit Gleichberechtigung. Die von Konfuzius eingerichtete Privatschule brach das Kultur- und Bildungsmonopol des Adels. Konfuzius soll mehr als 3000 Schüler unterrichtet haben, 72 davon haben sich einen Namen gemacht. Konfuzius war der Ansicht, dass der Lehrer seine Schüler nach ihrer unterschiedlichen Begabung fördern sollte. Er lehrte seinen Schülern: „Gelerntes muss man regelmäßig wiederholen, man muss aufrichtig sein beim Lernen und nicht vortäuschen, etwas zu wissen, was man eigentlich nicht weiß." Konfuzius forderte seine Schüler auf, beim Lernen ihre eigenen Gedanken anzuwenden.

Später sammelten seine Schüler seine Gedanken und ihre Gespräche mit Konfuzius in dem Buch *Die Gespräche*. Das Buch *Die Gespräche* gehört zu den Klassischen Werken des Konfuzianismus. Konfuzius Lehre galt während der 2000 Jahre dauernden Feudalzeit als offizielle Doktrine der chinesischen Kultur.

▶ 小资料 Kurzinformation

六经
即儒家的六部经典：《易》、《诗》、《礼》、《乐》、《书》、《春秋》，它们是由孔子亲自整理编订的，是孔子对中国古代文化发展作出的不朽贡献。

Sechs Klassische Werke des Konfuzianismus
Die sechs klassische Werke des Konfuzianismus sind: das Buch der Wandlungen, das Buch der Oden, das Buch der Riten, das Buch der Musik, das Buch der Urkunden und die Frühlings- und Herbstannalen. Alle sechs Bücher wurden von Konfuzius selbst bearbeitet und verfasst. Die Herausgabe dieser Werke ist ein weiterer Beitrag von Konfuzius zur tradtionellen chinesischen Kultur.

诸子百家

Die hundert Denkschulen: die
Glanzzeit der Kultur

春秋战国时期，是中国历史上大变革的时代。社会大变革促进了文化的繁荣。

这一时期，出现了孔子、老子、庄子、孟子、荀子（Xúnzǐ）、墨子（Mòzǐ）、韩非子等大思想家，他们从不同的立场和角度出发，对当时的社会发表自己的意见，并逐步形成以道家、儒家、墨家和法家等为主的众多派别，在中国历史上被称为"诸子百家"。

老子是道家学派的创始人，著有《道德经》一书，他认为，各种事物都有对立面，如祸和福、有和无、生和灭、贵和贱、上和下、强和弱等都是对立的双方，它们之间会相

互转化。道家学派还有一位著
名的人物——庄周，也叫庄
子。他著有《庄子》一书，书
中有很多有意思的故事，庄子
借这些故事来表明他崇尚自然
的主张。

墨子开创了墨家学派，
主张节约，反对浪费，主张选
用品德高尚、有才能的人来做
官，并要求人们相互友爱，反
对战争。

法家最重要的代表人物是
韩非，著有《韩非子》一书，
他主张"法治"，认为法律应
当向全国公布，臣民应该严格
遵守；强调用严厉的刑罚来镇
压人民的反抗。他提倡改革，
提出建立君主专制的中央集权
的国家。他的思想后来被秦始
皇采用。

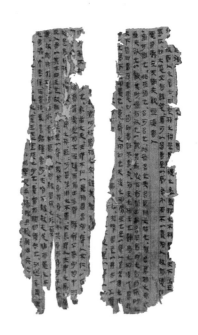

1. 老子像
   Porträt des Lao Zi
2. 山东崂山石刻《道德经》（上篇）
   Die erste Hälfte des Buches *Dao De
   Jing* von Lao Zi wurde auf Felsen
   des Laoshan-Gebirges in der
   Provinz Shandong gemeißelt
3. 老子著作《道德经》
   Dao De Jing (Das klassische Werk
   von Weg und Tugend) von Lao Zi
4. 墨子像
   Porträt des Mo Zi

Die hundert Denkschulen:
die Glanzzeit der Kultur

Die Frühlings- und Herbstperiode und die Zeit der Streitenden Reiche waren vom Umbruch geprägt. Die großen Veränderungen in der Gesellschaft führten zu einer Glanzzeit der Kultur.

Zu dieser Zeit lebten große Denker wie Konfuzius, Lao Zi, Zhuang Zi,

Menzius, Xu Zi, Mo Zi und Han Fei. Sie veröffentlichten aus ihren unterschiedlichen Standpunkten ihre Meinungen über die damalige Gesellschaft Allmählich entstanden auf Grund der verschiedenen Auffassungen viele Denkschulen – wie etwa der Taoismus, der Konfuzianismus, der Mohismus und der Legalismus. Die verschiedenen Denkschulen werden in der chinesischen Geschichte „die hundert Denkschulen" genannt.

Lao Zi ist der Begründer des Taoismus. Er ist der Verfasser des Buches „Tao-Te-King" (das Buch der Weisheit). Er verweist auf die Gegensätze aller Dinge, z. B. Unheil und Glück, Haben und Nichts-Haben, Entstehen und Verschwinden, hoch und niedrig, oben und unten, stark und schwach. Er sah die Gegensätze in den Dingen und glaubte an die Wechselbeziehung der Gegenseiten. Ein anderer Vertreter des Taoismus war Zhuang Zhou, auch als *Zhuang Zi* bekannt. Sein Buch *Zhuang Zi* ist voller interessanter Erzählungen, in denen Zhuang Zi seine Verehrung der Natur darlegte.

Der von Mo Zi begründete Mohismus plädierte für Sparsamkeit und gegen Verschwendung. Mo Zi plädierte auch dafür, tugendhafte und edelmütige Leute für die hohen Ämter auszuwählen. Er wünschte sich Liebe unter den Menschen und verabscheute Krieg.

Der wichtigste Vertreter des Legalismus ist Han Fei. Er ist der Verfasser des Buches *Han-Fei-Zi*. Er war der Auffassung, der Staat müsse durch Gesetze verwaltet werden. Die Gesetze sollten im ganzen Land bekannt gemacht werden und die Bürger sollten sich streng an die Gesetze halten. Aufstände des Volkes sollten durch strenge Strafen unterdrückt werden. Han Fei unterstützte Reformen. Er meinte, eine zentralisierte Monarchie sei die ideale Staatsform. Später übernahm der erste Kaiser Chinas Ying Zheng (Qin Shi Huang) Hanfeis Ideen.

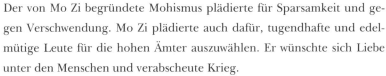

1	3
2	

1. 荀子像
   Porträt des Xun Zi
2. 山东崂山石刻《道德经》（下篇）
   Die zweite Hälfte des Buches Dao De Jing von Lao Zi auf
   Felsen des Laoshan-Gebirges in der Provinz Shandong
3. 庄子像
   Porträt des Zhuang Zi

世界第一部兵书——《孙子兵法》

1. 孙武像
   Porträt des Sun Wu
2. 清代版本《孙子兵法》
   Ausgabe der *Militärwissenschaft von Sun Wu* aus der Qing-Dynastie

《孙子兵法》又称《孙子》，是中国古代著名的兵书，也是世界上现存最早的兵书。它的作者是春秋末期杰出的军事家孙武。孙武是齐国人，后来迁到吴国。那时候，各诸侯国为了争夺霸主的地位，不断地发动战争，社会动荡不安。孙武居住在吴国时，接连不断的战争吸引他去思考并总结战争的规律。经过艰苦的努力，终于完成了兵书的写作。

孙武将兵书献给了吴王阖闾。吴王任命孙武为大将，让他训练吴国军队。他军纪严明，练兵认真，曾率吴军攻破楚国，使吴国成为春秋时期的军事强国。

《孙子兵法》现存13篇，共6 000多字。在这不长的篇幅中，孙武全面论述了对战争的看法。他强调战争中要对敌我双方的情况调查清楚，提出了"知彼知己，百战不殆（dài）"（了解敌人，了解自己，无论打多少仗都不会受损），"攻其无备，出其不意"（在敌人没有防备时进攻，在敌人意想不到的地方下手），以及集中优势兵力打败敌人等思想。孙武特别强调"非危不战"（不到危急的时候，不要发动战争），因为打仗会大大加重人民的负担。战国时的军事家孙膑，是孙武的后代，他继承发展了孙武的军事思想，写有《孙膑兵法》。

《孙子兵法》已被译为英、法、日、德、俄、捷等多种文字，这本书虽然讲的是战争规律，但对其他行业也有启示意义，因此在世界上享有很高的声誉。

Die Militärwissenschaft von Sun Wu —
das erste Militärbuch der Welt

Die Militärwissenschaft von Sun Wu wird auch als Sun Zi genannt. Ein berühmtes militärwissenschaftliches Werk aus dem Altertum Chinas und das weltweit älteste Militärbuch. Der Verfasser des Buches ist der Stratege Sun Wu, der gegen Ende der Frühlings- und Herbstperiode lebte. Sun Wu war ursprünglich aus dem Staat Qi, zog jedoch später in den Staat Wu. Er lebte in einer Zeit, die von Machtkriegen zwischen Fürstentümern und gesellschaftlicher Instabilität geprägt war. Die vielen Schlachten zwischen den Fürstentümern weckten Sun Wus Interesse für die Gesetzmäßigkeit des Krieges. Er sammelte seine Überlegungen und Zusammenfassungen in dem Buch über die Gesetzmäßigkeit des Krieges.

Dieses Buch überreichte Sun Wu dem Wu-König He Lü. Der König ernannte Sun Wu zum General und beauftragte ihn mit der Ausbildung der Wu-Truppen. Während der Frühlings- Herbstperiode machte Sun Wu mit strenger militärischer Disziplin und gezielter Ausbildung der Truppen den Staat Wu zu einer militärischen Großmacht.

Von dem Buch *Die Militärwissenschaft von Sun Wu* existieren heute noch 13 Kapitel mit über 6000 chinesischen Schriftzeichen. Sun Wu brachte in dem Buch seine militärischen Vorstellungen zum Ausdruck. Er betonte die Wichtigkeit, im Krieg seine eigene Lage sowie die des Feindes genau zu analysieren. Seiner Meinung nach können Verluste vermieden werden, sofern man seine eigene und die des Feindes genau kennt. Er verwies auf die Taktik, den Feind überraschend anzugreifen und den Feind mit überlegenen Kräften zu besiegen. Für Sun Wu war der Krieg eine Notlösung. Krieg dürfe man nur im äußersten Notfall führen, da der Krieg dem Volk Leid und Schaden zufügt. Der Stratege Sun Bin aus der Zeit der Streitenden Reiche lebte mehr als 100 Jahre später als Sun Wu. Sun Bin erbte die militärischen Gedanken von Sun Wu und verfasste das Buch *Sun Bins Militärwissenschaft*.

Das Buch „*Die Militärwissenschaft von Sun Wu*" wurde bereits in viele Sprachen übersetzt, Englisch, Französisch, Japanisch, Deutsch, Russisch, Tschechisch u.a. Dieses militärische Fachbuch ist auch in anderen Bereichen von großer Bedeutung, genießt weltweit großes Ansehen.

▶ 小资料   Kurzinformation

三十六计
在《孙子兵法》一书中，孙子共列出了36条计谋，教人们如何去应对战争。他当时提出的"用间"，就是采用间谍战，至今还广为沿用。在这"三十六计"中，有一条最有名的计谋，那就是"走"。"三十六计，走为上计"早已成了成语，意思是：如果你没有获胜的希望，那最好的办法就是赶紧逃吧。

36 Taktiken in *Die Militärwissenschaft von Sun Wu*

Sun Wu hat in seinem Buch *Der Militärwissenschaft von Sun Wu* 36 Militärtaktiken aufgelistet. Dazu gehört die Taktik der Spionage, die heute noch angewendet wird. Die bekannteste Taktik ist die „Flucht - Taktik". „Flucht ist die beste der 36 Taktiken", ist heute ein Sprichwort in der chinesischen Sprache und bedeutet, man soll rechtzeitig fliehen, wenn es keine Aussicht auf einen Sieg gibt..

封建大一统时期——
秦、汉

Zeit der großen feudalen Einheit —
Qin und Han

概述
Überblick

秦汉时期，开始于公元前221年，结束于公元220年。秦朝是中国历史上第一个封建大一统的时代，也是统一的多民族国家的奠基时期。秦汉王朝开创的许多制度，为以后历代封建统治者所沿用。

秦朝建立于公元前221年，秦始皇采取了一系列巩固统一的措施，建立了一整套的统治制度，中国成为第一个统一的中央集权的多民族国家。但是，秦始皇和他的继承者对农民空前残暴的压迫和剥削，导致秦的统治在公元前206年被农民起义推翻。

汉朝包括西汉与东汉两个朝代，公元前202年，汉高祖刘邦建立汉朝，定都长安（今西安），历史上称之为西汉。西汉末年，王莽夺取西汉政权建立新朝。公元25年，西汉贵族刘秀借农民起义之机，恢复汉朝，定都于今天的洛阳，历史上称之为东汉。东汉末年，政权被农民大起义瓦解，最后结束于220年。两汉时期长达400多年，这个时期社会发展有很多成就，有些成就具有深远的历史影响。今天的汉族、汉字、汉语、汉文化等名称都与汉朝有关。秦汉时期，生产发展迅速，经济繁荣，国防巩固，科技文化事业发达，在医学、天文学、地质学等方面都取得了突出的成就，还涌现出许多著名的政治家、思想家、军事家、科学家、史学家、文学家。特别是造纸术的发明和改进，对世界文化事业的发展作出了巨大的贡献。

秦汉时期，从地中海、西亚到太平洋西岸，雄踞着四个帝国，其中汉朝与罗马的历史地位尤其重要。随着丝绸之路的开辟，中国辉煌灿烂的文化开始影响世界，当时世界上优秀的文明成就也逐渐融入中国的传统文化之中。

Zeit der großen feudalen Einheit —
Qin und Han

Die Zeit von Qin und Han begann im Jahr 221 v. Chr. und endete im Jahr 220 n. Chr. Mit der Qin-Dynastie begann die erste große feudale Einheit in der chinesischen Geschichte, der Grundstein zu einem Vielvölkerstaat war gelegt. Von vielen Systemen aus der Qin und Han Zeit machten die Herrscher der Nachfolgedynastien weiterhin Gebrauch.

Die Qin-Dynastie wurde im Jahr 221 v. Chr. gegründet. Als Erster Qin Kaiser ergriff Qin-Shihuang eine Reihe von Maßnahmen zur Konsolidierung des Reiches und führte ein komplett neues Regierungssystemen ein. Unter seiner Führung wurde China zum ersten Mal ein vereinigter und zentralisierter Nationalitätenstaat. Die brutale Unterdrückung und schamlose Ausbeutung der Bauern durch Qin-Shihuang und seinen Nachfolger führte schließlich im Jahr 207 v. Chr. nach mehreren Bauernaufständen zum Sturz der Qin -Herrschaft.

Die Han-Dynastie wird in zwei Perioden aufgeteilt, die Westliche Han-Dynastie und die Östliche Han-Dynastie. Im Jahr 202 v. Chr. gründete Liu Bang als Kaiser Han-Gaozu die Han-Dynastie mit der Hauptstadt Chang'an (heute Xi'an). Diese wird in der Geschichte die Westliche Han-Dynastie genannt. In der Endphase der Westlichen Han-Dynastie riss Wang Mang die Regierung an sich und ernannte sich schließlich selbst zum Kaiser der neuen Dynastie Xin. Dank Bauernaufstände konnte Liu Xiu ein Adliger der ehemaligen Westlichen Han-Dynastie die Han-Dynastie im Jahr 25 n. Chr. restaurieren und machte das heutige Luoyang zur Hauptstadt. Daher wird sie in der Geschichte die Östliche Han-Dynastie genannt. Nach wiederholten Bauernaufständen zerfiel die Han-Herrschaft und im Jahr 220 war ihr Untergang unvermeidlich. Die Regierungszeit der beiden Han-Dynastien dauerte mehr als 400 Jahre und ermöglichte große Fortschritte in der gesellschaftlichen Entwicklung mit weitreichenden historischen Auswirkungen. Die heute angewendeten Bezeichnungen Han-Nationalität (Han-Chinesen), Han-Schriftzeichen (Schriftzeichen der chinesischen Sprache), Han-Sprache (chinesische Sprache) und Han-Kultur (chinesische Kultur) stehen in direktem Zusammenhang mit der damaligen Han-Dynastie. Zur Qin und Han Zeit entwickelte sich die Produktion besonders schnell, die Wirtschaft florierte, Wissenschaft, Technik und Kultur blühten auf und die Landesverteidigung war konsolidiert In den Bereichen Medizin, Astronomie und Geologie waren große Erfolge zu verzeichnen. Hervorragende Politiker, Denker, Strategen, Wissenschaftler, Historiker und Literaten tauchten in großer Zahl auf. Die Erfindung der Papierherstellungstechnik leistete einen großen Beitrag zur Entwicklung des Kulturwesens der Welt.

Zur Qin und Han Zeit lagen zwischen dem Mittelmeer (Westasien) und der Westküste des Pazifischen Ozeans vier Großreiche, die beiden größten waren die Han-Dynastie und das Römische Reich. Auf der neu erschlossenen Seiden-Straße erreichte die glorreiche Kultur Chinas die westliche Welt, während die Fortschritte der westlichen Zivilisationen Einzug in die traditionelle chinesische Kultur hielten.

中国的第一位皇帝——秦始皇

Der erste Kaiser Chinas — Qin-Shihuang

秦在公元前770年才被封为中国西部一个诸侯国，疆域较小，国力不盛，始终被中原诸侯看不起。但自从实行了商鞅变法后，国力日盛，很快成为战国七雄中的强国。秦王嬴政（Yíng Zhèng）当政以后，发动了大规模的战争。从公元前230年开始，历时10年，先后灭了韩、赵、魏、楚、燕、齐，于公元前221年统一了六国。

嬴政幻想秦的统治能永远继续下去，自称"始皇帝"，好让他的后代称二世、三世，以至千万世。因此，历史上称嬴政为秦始皇（公元前259—公元前210年）。

秦始皇统一后，采取了许多巩固统一的措施。

在中央，设置了丞相、御史大夫、太尉等职。丞相帮助皇帝处理全国的政务，御史大夫负责监察百官，太尉管理军事，都由皇帝任免。在地方，废除了商周以来的分封制，实行郡（jūn）县制度，全国划分为36个郡（后来增到40多个郡），郡下设县。长官称郡守和县令，也都由皇帝直接任免，负责管理人民。这样，皇帝把统治全国各地的权力牢牢控制在自己手里。秦始皇统一以后，把秦国原有的法律、法令推行到全国各地，使全国的法制统一到秦国法制上来。

战国时期，各国的度量衡都不一样，秦始皇统一了度量衡，使长度、容量、重量，都有了统一的标准，促进了经济的发展。秦朝还统一了货币。秦政府规定，把秦国的圆形方孔钱作为统一的货币，通行全国。这对促进各民族各地区的经济交流，十分有用。后来各个朝代的铜钱都基本上仿照秦朝的样式。

秦始皇还下令统一文字，把简化了的字体小篆（zhuǎn）作为标准字体，通令全国使用。后来又出现了一种比小篆书写更简便的字体——隶书（lìshū）。现在的楷书（kǎishū），就是从隶书演化来的。文字的统一，促进了文化的交流。

公元前213年，丞相李斯认为，人们读了《诗》、《书》等古书之后，会用书中的观点批评时事，不利于朝廷的统治。他建议，民间藏书除了医药、种植等书以外，其余的书，尤其是各国史书及诸子书籍应全部烧掉。秦始皇采纳了他的建议。第二年，一些读书人背后议论秦始皇专横武断，滥施刑罚。秦始皇加以追查，最后活埋了460多人。这两件事，史称"焚书坑儒"。

秦始皇派蒙恬（Mēng Tián）率军击败匈奴，为了防止匈奴再次侵犯边境，秦始皇还下令修筑长城。在南方，使越族归顺，扩大了民族交往。

秦始皇完成了统一大业，结束了长期以来诸侯割据称雄的局面，建立了中国历史上第一个统一的多民族的封建国家。秦朝的疆域，东到大海，西到陇西，北到长城一带，南到南海，人口达到2 000多万。

▶ 小资料　Kurzinformation

兵马俑

1974年3月的一天，几位农民在秦始皇陵东打井时，意外地发现了许多碎陶人，至此被誉为"世界第八大奇迹"的秦代兵马俑才在沉睡千年之后展现在世人面前。

这是一支秦始皇陵从葬的庞大的地下军队。仅一号坑中与真人真马一样大小的武士俑和陶马就有6 000多个，排成方阵。秦兵马俑是以现实生活为基础而创作的，每尊陶俑的装束和神态不一样，光是头发的式样就有许多种，手势也各不相同，脸部的表情也非常丰富。从它们的装束、表情和手势就可以判断出是官还是兵，是步兵还是骑兵。兵马俑具有鲜明的个性和强烈的时代特征。

秦兵马俑发现后，震惊世界，1987年被联合国教科文组织列入世界文化遗产名录。

Die Terrakotta-Armee

Im März 1974 stießen Bauern beim Ausheben von Brunnen 1,5 Kilometer östlich des Mausoleums von Qin-Shihuang auf eine Anzahl von Terrakotta-Kriegern. Erst dann wurde die Terrakotta-Armee der Qin-Dynastie nach einem 2000-jährigen Tiefschlafen entdeckt. Sie gilt heute als das Achte Weltwunder.

Bei dem Fund handelt es sich um eine gewaltige unterirdische Armee, die über den Todesschlaf von Qin-Shihuang wachte. Allein im ersten Grabsektor stehen mehr als 6000 lebensgroße Krieger- und Pferdefiguren in Kriegsformation. Die Tonfiguren sind Abbildungen der Menschen von damals, keine Figur gleicht der anderen, sie haben individuelle Gesichtszüge, tragen unterschiedliche Kleidung und Haartrachten und führen verschiedene Handbewegungen aus. Nach Kleidung, Gesichtszügen und Gesten kann man Offiziere von Soldaten und Infanteristen von Kavalleristen unterscheiden. Die Terrakotta-Armee ist von brillanter Individualität und ein einmaliges Wahrzeichen des damaligen Zeitalters. Im Jahr 1987 wurde das sogenannte Achte Weltwunder von UNESCO auf die Liste des Weltkultureres aufgenommen.

Der erste Kaiser Chinas —
Qin-Shihuang

Erst im Jahr 770 v. Chr. wurde Qin ein Fürstentum Westchinas. Da das Qin Reich ein relativ kleines Territorium innehatte und eher schwach war, wurde es von den Fürstentümern Zentralchinas lange Zeit herablassend betrachtet. Dank der Reform von Shang Yang wurde es jedoch immer mächtiger und entwickelte sich schnell zu einer Großmacht unter den sieben streitenden Reichen. Nach König Ying Zhengs Machtübernahme entfesselte sich ein großer Eroberungskrieg. In 10 verheerenden Kriegsjahren vernichtete Qin nacheinander die Reiche Han, Zhao, Wei, Chu, Yan und Qi und vereinigte im Jahr 221 v. Chr. das ganze Land.

Ying Zheng glaubte an die ewige Herrschaft der Qin und nannte sich „Shihuangdi", der Erste Kaiser. Seine Nachfolger hießen Ershi (der Zweite), Sanshi (der Dritte) und so fort, bis zum Zehntausendsten, daher wird Ying Zheng in der Geschichte Qin-Shihuang (Der Erste Qin Kaiser) genannt.

Nach der Einigung des Reiches ergriff Qin-Shihuang diverse Maßnahmen zur Festigung der Einheit.

Auf zentraler Ebene wurden Chengxiang (Kanzler), Yushidafu (Zensor) und Taiwei (Generalstabschef) ernannt. Der Kanzler half dem Kaiser bei den Staatsangelegenheiten, der Yushidafu kontrollierte den Beamtenapparat, während der Taiwei für das Militärwesen zuständig war. Das aus den Dynastien Shang und Zhou stammende Lehenswesen wurde abgeschafft und durch das Präfektur- und Kreissystem ersetzt. Das ganze Land wurde in 36 Präfekturen aufgeteilt (später über 40), die wiederum aus mehreren Kreisen bestanden. Der Administrator einer Präfektur , der Präfekt, und der Chef eines Kreises, der Kreisvorsteher, wurden unmittelbar vom Kaiser ernannt. Dadurch hatte der Kaiser alle Macht in seiner Hand. Nach der Reichseinigung setzte Qin-Shihuang im ganzen Land die Gesetze und Vorschriften des früheren Qin-Reichs durch und vereinheitlichte dadurch das Rechtssystem.

Zur Zeit der Streitenden Reiche gab es unterschiedliche Maße für Länge, Volumen und Gewicht. Qin-Shihuang vereinheitlichte die Maße, was Vieles vereinfachte und somit auch die wirtschaftliche Entwicklung des Landes förderte. Außerdem wurden die Zahlungsmittel

$$1 \mid \frac{2}{3}$$

1. 陕西西安秦始皇陵兵马俑
   Terrakotta-Armee im Mausoleum von Qin-Shihuang
2. 秦统一六国货币简图
   Vereinheitlichung der Landeswährung
3. 秦统一六国文字简图
   Vereinheitlichung des Schriftsystems

normiert. Die Qin-Regierung bestimmte die kreisförmigen Münzen mit einem viereckigen Loch in der Mitte, die in dem früheren Qin-Reich verwendet wurden, zur Landeswährung und erleichterte dadurch den wirtschaftlichen Austausch zwischen den verschiedenen Nationalitäten und Landesteilen. Die Bronzemünzen der späteren Dynastien wurden fast ausschließlich nach dem Muster der Qin-Dynastie gemacht..

Außerdem ließ Qin-Shihuang das Schriftsystem vereinheitlichen. Die vereinfachte kleine Siegelschrift wurde landesweit als Standardschrift benutzt. Später erschien die Kurialschrift, die im Vergleich zur kleinen Siegelschrift leichter zu schreiben war. Die heute allgemeine Normalschrift hat sich aus der Kurialschrift entwickelt. Die Vereinheitlichung des Schriftsystems trug zum besseren Kulturaustausch bei.

Im Jahr 213 v. Chr. fürchtete Kanzler Li Si, dass die aktuelle politische Lage unter Kritik und der Kaiserhof in Gefahr geraten könnten, wenn man das Volk weiterhin Bücher aus alten Zeiten lesen ließ. Daher schlug er vor, alle Bücher, außer Schriften für Medizin und Pflanzenanbau, zu verbrennen, vor allem aber die Geschichtsbücher der alten Fürstentümer und die Werke der großen Theoretiker. Sein Vorschlag wurde von Qin-Shihuang angenommen.
Im folgenden Jahr kam es zu über 460 Hinrichtungen unter den Gelehrten, sie sollen den Kaiser der Willkürherrschaft und des Machtmissbrauchs beschuldigt haben. Der Kaiser Qin-Shihuang ließ sie bei lebendigem Leibe begraben. Diese zwei Ereignisse werden in der Geschichte als „Bücherverbrennung und Gebildetenbegrabung" festgehalten.

Um die wiederholten Angriffe der Hunnen niederzuschlagen, sandte Qin-Shihuang General Meng Tian an die nördlichen Grenzen. Gleichzeitig gab Qin-Shihuang den Bau des bedeutendsten Bauwerkes der Welt in Auftrag, die Große Mauer.

Im Süden übernahm er die Herrschaft über die Yue-Nationalität und intensivierte die Kontakte zwischen den verschiedenen Nationalitäten.

秦疆域图
Territoriale Ausdehnung des Qin-Reichs

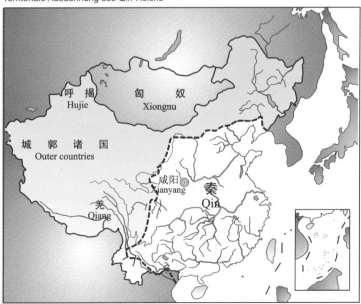

Qin-Shihuang vollendete die Reichseinigung, beendete die langwierige Kleinstaaterei und gründete den ersten vereinigten feudalistischen Vielvölkerstaat der chinesischen Geschichte. Das Territorium der Qin-Dynastie dehnte sich im Osten bis zum Ozean, im Westen bis Longxi, im Norden bis zur Große Mauer und im Süden bis ans Südchinesische Meer aus und hatte mehr als 20 Millionen Einwohner.

万里长城

Die Große Mauer

	3
1	4

1. 孟姜女塑像
   Statue von Meng Jiangnü
2. 雄伟壮观的万里长城
   Die majestätische Große Mauer
3. 长城西端的嘉峪关
   Jiayuguan-Pass am westlichen Ende
   der Großen Mauer
4. 长城东端的山海关
   Shanhaiguan-Pass am östlichen Ende
   der Großen Mauer

长城始建于公元前7世纪前后的春秋战国时期。秦始皇统一六国后，将原来秦、赵、燕等国修建的防御性长城扩建修葺，连结成东起辽东，西到临洮（Líntáo）（今甘肃境内），绵延5 000多千米的巨大军事防御工事。这就是举世闻名的万里长城。此后许多朝代都进行过修整。明朝初年大规模修筑长城，约200年后完成，东部主要为砖石结构。

历史上的长城东起鸭绿江，西到嘉峪关，横穿中国北方8个省、自治区和直辖市（辽宁、河北、北京、山西、内蒙古、宁夏、陕西、甘肃），全长6 700多千米（约13 000华里）的长城，成为世界的著名奇迹之一。

长城由千百座关隘、城堡、堞楼和高大的城墙组成。遇有敌情，士兵会在长城北侧沿线的烽火台上点燃烟火，将情报传递到附近的城市直至皇帝的都城。

位于北京的八达岭长城、慕田峪长城、司马台长城都是明代修筑的。这里的长城依山而建，高大坚固，绵延起伏，城顶的通道可以容纳五六匹马并排前进，充分展现了万里长城的建筑风格和雄伟气魄。现今是著名的旅游胜地。

Die Große Mauer

Die Große Mauer wurde in der Frühlings- und Herbstperiode und in der Zeit der Streitenden Reiche erbaut, um das siebte Jahrhundert v. Chr. Nach der Einigung der 6 Reiche ließ Qin-Shihuang die bereits bestehenden Wälle und Mauern, die die früheren Feudalreiche Qin, Zhao und Yan zur Verteidigung errichtet hatten, miteinander verbinden und zu einem zusammenhängenden Wall ausbauen. So enstand eine riesige Verteidigungsanlage, die sich über mehr als 5000 Kilometer von Liaodong im Osten bis nach Lintao (in der heutigen Provinz Gansu) im Westen erstreckte, die weltberühmte Große Mauer der 10 000 Li (5000 Kilometer). In den kommenden Dynastien wurde die Große Mauer immer wieder restauriert und ausgebessert. Am Anfang der Ming-Dynastie begann wieder ein großes Mauer – Bauprojekt, das erst 200 Jahre später vollendet wurde. Bei diesem Projekt wurden für den östlichen Teil der Großen Mauer hauptsächlich Ziegel und Backsteine verwendet.

Historischen Aufzeichnungen zufolge erstreckte sich die Große Mauer vom Yalujiang-Fluss im Osten bis zum Jiayuguan-Pass im Westen und durchquerte acht Provinzen, autonome Gebiete und regierungsunmittelbare Städte Nordchinas (von Ost bis West: Liaoning, Hebei, Beijing, Shanxi, die Innere Mongolei, Ningxia, Shaanxi und Gansu), mit einer Gesamtlänge von mehr als 6700 Kilometern (etwa 13 000 Li). Die Große Mauer zählt zu den grossen Wunderwerke dieser Welt.

Die Große Mauer setzt sich aus Tausenden von Pässen, Sperrforts und Festungen, Wehrtürmen und Bastionen sowie großen Wällen zusammen. Bei Überfällen von feindlichen Truppen wurden von den Alarmfeuertürmen mittels Feuer- und Rauchzeichen Signale an die benachbarten Städte und sogar an die Residenz des Kaisers gegeben.

Die Mauerabschnitte bei Badaling, Mutianyu und Simatai in der Umgebung von Beijing sind ausnahmslos auf die Ming-Dynastie zurückzuführen. Diese mächtigen und soliden Abschnitte verlaufen entlang der Scheitellinie der Bergrücken und ziehen sich über Hügel und durch Ebenen. Die Mauer ist zum Teil so breit, dass auf dem Mauerwerk fünf bis sechs Pferde Seite an Seite laufen können, was den imposanten Baustil der Großen Mauer deutlich macht. Heutzutage ist das großartige Bauwerk eine weltberühmte Sehenswürdigkeit.

▶ 小资料 Kurzinformation

孟姜女哭长城

千百年来，中国民间流传着这样一个动人的故事：秦朝时候，一个叫孟姜女的姑娘，刚刚结婚，丈夫就被抓去修筑长城了。孟姜女在家日夜夜地等待，丈夫一直没有回来。冬天到了，天气冷了，孟姜女做好了棉衣，给丈夫送去。她走了很长的路，终于到了长城，却得知丈夫已经死了。孟姜女跪在长城边，哭了几天几夜，竟把一段城墙哭倒了。最后，孟姜女悲痛地投水自杀了。

Meng Jiangnü weint an der Großen Mauer

Seit Jahrhunderten wird eine bewegende Volkserzählung überliefert. Zur Zeit der Qin-Dynastie war eine Frau namens Meng Jiangnü, deren frisch verheirateter Mann zum Arbeitseinsatz an die Großen Mauer geschickt wurde. Meng Jiangnü wartete Tag und Nacht auf ihren Mann, er kam jedoch nicht mehr zurück. Als der Winter kam und es kalt wurde, nähte Meng Jiangnü wattierte Kleidung für ihren Mann und wollte sie ihm bringen. Nachdem sie die sehr lange Strecke zu Fuss gelaufen war, und endlich die Große Mauer erreichte, wartete aber nur die Nachricht über den Tod ihres Mannes auf sie. Meng Jiangnü weinte an der Großen Mauer kniend viele Tage und viele Nächte. Sie weinte so erbitterlich, dass ein Mauerabschnitt zusammenbrach. Schließlich stürzte sich Meng Jiangnü vor Trauer ins Wasser und nahm sich das Leben.

大泽乡 起义

Aufstand von Dazexiang

1. 陈胜、吴广起义图
   Aufstand von Chen Sheng und Wu Guang
2. 河南商丘陈胜墓
   Grab von Chen Sheng in Shangqiu, Provinz Henan
3. 陈胜揭竿起义曾攻入函谷关，直逼秦都咸阳
   Die Aufständischen unter Chen Sheng nahmen den Hangu-Pass ein und bedrohten die Qin-Hauptstadt Xianyang

公元前210年，秦始皇在一次巡游中去世。他的二儿子胡亥（Húhài）即位，称为二世皇帝。秦二世十分残暴，百姓非常怨恨他，社会局势动荡不安。

公元前209年，900多名贫苦农民被迫前往边境驻守，途中遇雨，困在大泽乡（今安徽宿州东南），不能按期赶到边境。按照秦朝法律，误期都得处死。农民们被迫死里求生。陈胜、吴广合谋杀死押送的军官，举行起义。

为了使人们相信起义是上天的旨意，陈胜和吴广派人将写有"陈胜王"三字的帛（bó）书放到鱼肚子里，戍卒（Shùzú）买鱼发现了帛书，惊奇得不得了。吴广还派人模仿动物，发出"大楚兴，陈胜王"的叫声，人们听到后更是感到神奇。陈胜慷慨激昂地说："王侯将相，宁有种乎！"（那些王侯将相，难道都是天生的贵种吗？）中国历史上第一次大规模的农民起义在大泽乡爆发了。起义军很快攻克了附近的几个县城，不到一个月，队伍就壮大到几万人。陈胜在陈地（今河南淮阳）称王，国号"张楚"。然后，起义军的主力西进，这年9月攻入函谷关，打到秦都城咸阳附近，队伍发展到几十万人。

秦二世得知起义军入关，非常害怕。来不及调集军队，只好派章邯（Zhāng Hán）率领正在建造骊山（Líshān）陵墓的几十万人应战，击溃了起义军的主力。不久，吴广被部将所杀，陈胜也被叛徒刺死，起义军虽进行了将近半年的艰苦奋斗，最终被秦军镇压。

Aufstand von Dazexiang

Im Jahr 210 v. Chr. starb Qin-Shihuang auf einer Inspektionsreise durch das Land. Sein zweiter Sohn Huhai gelangte auf den Thron und wurde der Zweite Kaiser (Qin-Ershi) genannt. Die brutale Herrschaft von Qin-Ershi löste Erbitterung in der Bevölkerung aus und verbreitete allgemeine Unruhe und Auflehnung.

Im Jahr 209 v. Chr. wurde eine Gruppe von mehr als 900 armen Bauern zur Arbeit am Grenzschutz gezwungen. Infolge starker Regenfälle kamen sie aber bei Dazexiang (heute südöstlich von Suzhou in der Provinz Anhui) nicht mehr vorwärts und erreichen daher die Grenze nicht termingerecht Nach dem Gesetz von Qin mussten alle wegen der Verspätung hingerichtet werden. Die unschuldig verurteilten Bauern hatten nichts mehr zu verlieren, sie versuchten also ihr Glück und rebellierten. Die beiden Bauern Chen Sheng und Wu Guang ermordeten die Beamten und riefen zum Aufstand auf. Damit entkamen·sie mit knapper Not dem eigenen Tod.

▶ 小资料 Kurzinformation

Um die anderen davon zu überzeugen, dass der Aufstand Wille des Himmels sei, steckten Chen Sheng und Wu Guang einen Seidenzettel mit der Aufschrift „König Chen Sheng" in den Bauch eines Fisches. Die Leute staunten nicht schlecht, als Shu Zu den Zettel in seinem gekauften Fisch entdeckte. Außerdem bat Wu Guang einige Vertraute, mit nachgeahmten Tierstimmen auszurufen: „Das Große Chu Reich blüht auf und Chen Sheng wird König." Das Staunen war noch größer und die Leute glaubten an ein Wunder. Bei dieser Gelegenheit fragte Chen Sheng seine Mitbürger voller Enthusiasmus:, „Wie könnten Könige und Fürsten, Generäle und Minister von Geburt an Aristokraten sein?". Damit begann in Dazexiang der erste große Bauernaufstand der Geschichte Chinas. Die Aufständischen stürmten in die benachbarten Kreise. Nach weniger als einem Monat erreichte die Zahl der Aufständischen mehrere Zehntausend. In der Ortschaft Chen ernannte sich Chen Sheng zum König von „Zhangchu". Danach startete die Hauptstreitmacht der Aufständischen eine Expedition nach Westen, nahm im September desselben Jahres den Hangu-Pass ein und rückte in bedrohliche Nähe der Qin-Hauptstadt Xianyang. Zu dieser Zeit war die Zahl der Aufständischen bereits auf mehrere Hunderttausend angestiegen.

揭竿而起
揭：高举；竿：竹竿，代表旗帜；起：起义。这个成语描述的是陈胜、吴广起义时，人们"斩木为兵，揭竿为旗"（砍树木做兵器，举竹竿当旗帜）的情形。后来指不愿受压迫的人民自己组织起来，举行起义。

Das Banner des Aufstandes aufziehen
Diese Redewendung beschreibt, wie Chen Sheng und Wu Guang sich zum Kampf erhoben. Die Aufständischen benutzten Baumstämme als Waffen und Bambusstangen für ihre Banner. Heute benutzt man die Redewendung, um die Unterdrückten zum Aufstand aufzurufen.

Der Qin-Kaiser Qin-Ershi war tief erschüttert über den Durchbruch der Aufständischen am Hangu-Pass. Die Zeit war jedoch zu knapp, um seine Streitkräfte zu versammeln, und es blieb ihm nichts anderes übrig, als General Zhang Han zu beauftragen, eine vorläufige Truppe aus Bauarbeitern des Lishan-Mausoleums aufzustellen und sie an die Front zu schicken. General Zhang Han zerschlug die Hauptmacht der Aufständischen und kurz danach wurden Wu Guang von Untergebenen ermordet und Chen Sheng von einem Verräter erstochen. Nach bitterem Widerstand im folgenden halben Jahr wurden die Aufständischen schließlich von der Qin-Armee niedergeworfen.

刘邦 与 项羽

Liu Bang und Xiang Yu

汉高祖像

陈胜、吴广起义失败以后，刘邦和项羽继续领导农民反抗秦朝统治。公元前207年，项羽以少胜多，在巨鹿（今河北平乡西南）大败秦军主力。同时，刘邦带兵直逼咸阳。秦朝统治者向刘邦投降，秦朝灭亡。

秦朝灭亡以后，项羽自称为西楚霸王，封刘邦为汉王。自公元前206年开始，项羽与刘邦为争做皇帝，进行了将近4年的战争，历史上称为"楚汉战争"。战争初期，项羽实力雄厚，有40万大军；刘邦只有10万人。但是刘邦关注百姓的疾苦，进驻咸阳时，宣布废除秦朝的严酷法令，向老百姓"约法三章"——杀人的要被处死，打伤人以及偷盗都有罪；刘邦还很重视人才，得到萧何、张良、韩信等人帮助。另外，刘邦有富饶的关中作为根据地，因此，刘邦率领的汉军逐渐由弱变强。相反，项羽骄傲自大，不听取他人的意见，放任士兵烧杀抢掠，使老百姓深感失望。

1 2

1. 刘邦像
   Porträt von Liu Bang
2. 项羽像
   Porträt von Xiang Yu

公元前202年，刘邦率大军攻打项羽，在垓下（Gāixià）（今安徽省境内）把项羽的楚军重重包围。夜里，项羽听到汉军军营中的楚歌从四面八方传来，十分吃惊，以为楚的地方全都被汉军占领了。项羽悲痛地与宠姬虞姬（Yújī）诀别，率领800多名骑兵突围逃走。汉军紧追不舍，形势十分危急，项羽被迫在乌江（今安徽和县东北）自杀。项羽虽然失败了，但是他的英雄气概仍然为后人赞叹，李清照的"生当作人杰，死亦为鬼雄，至今思项羽，不肯过江东"的诗句就是诗人对这位盖世英雄的深切追念。

刘邦战胜项羽后，建立汉朝，定都长安（今西安西北），国号"汉"，历史上称为西汉（公元前202—公元8年）。刘邦就是汉高祖。

▶ **小资料 Kurzinformation**

楚河汉界
西楚霸王项羽和汉王刘邦之间长达4年之久的"楚汉战争"，给后人留下了深刻的影响和教训。人们把这段历史融入了象棋，在象棋的棋盘上，双方棋子之间的空白地带称为"楚河汉界"。它形象地提醒下棋的人，他们之间也是在进行一场智力上的"楚汉战争"。

Die Grenze zwischen Chu und Han
Nach dem Sturz der Qin-Dynastie kämpfte Xiang Yu als König des Westlichen Chu vier Jahre lang gegen seinen Rivalen, den Han-König Liu Bang. Der vierjährige „Krieg zwischen Chu und Han" machte großen Eindruck auf die späteren Generationen, die daraus eine wertvolle Lehre zogen. Im chinesischen Schachspiel findet man heute noch Spuren dieser historischen Zeit, wo der Leerraum zwischen den Spielfiguren „Grenze zwischen Chu und Han" genannt wird. So werden die Schachspieler daran erinnert, dass auch sie einen „Krieg zwischen Chu und Han" führen, nämlich einen Intelligenzkrieg.

Liu Bang und Xiang Yu

Nach der Niederlage von Chen Sheng und Wu Guang setzten Liu Bang und Xiang Yu als Rebellenführer den Bauernaufstand fort. Im Jahr 207 v. Chr. gelang es Xiang Yu bei Julu (heute südwestlich von Pingxiang in der Provinz Hebei) die Hauptstreitkräften der Qin trotz ihrer Übermacht niederzuschlagen. Gleichzeitig rückte Liu Bang mit seiner Truppe an Xianyang heran. Mit der Kapitulation des Qin-Herrschers vor Liu Bang endete die Qin-Dynastie.

Nach dem Sturz der Qin-Dynastie ernannte sich Xiang Yu zum König des Westlichen Chu Reiches und ernannte Liu Bang zum König von Han. Im Jahr 206 v. Chr. brach jedoch zwischen Xiang Yu und Liu Bang ein Kampf um den Kaisertitel aus. Er dauerte nahezu vier Jahre und wird in der Geschichte als „Krieg zwischen Chu und Han" bezeichnet. Am Anfang hatte Xiang Yu mit seiner 400 000 Mann starken Truppe die Oberhand über Liu Bang, der nur 100 000 Soldaten hatte. Liu Bang kümmerte sich jedoch mehr um die Bevölkerung. Als er nach der Kapitulation des Qin-Herrschers in Xianyang einmarschierte, legte er drei Grundregeln fest: Wer jemanden umbringt, wird hingerichtet. Wer jemandem Verletzungen zufügt und wer beim Diebstahl gefasst wird, muss mit einer harten Strafe rechnen. Außerdem legte Liu Bang großen Wert auf Kompetenz und gewann talentierte Männer wie Xiao He, Zhang Liang und Han Xin auf seine Seite. Darüber hinaus hatte Liu Bang das ertragreiche Gebiet Guanzhong als Stützpunkt. Der blasierte Xiang Yu dagegen wollte nicht auf die anderen hören und überließ seine Soldaten dem Töten, Niederbrennen und Plündern. Sein Verhalten enttäuschte die Bevölkerung sehr.

Im Jahr 202 v. Chr. bekriegte Liu Bang seinen Rivalen Xiang Yu und schloss die Chu-Armee von Xiang Yu immer enger ein. Eines Nachts drangen von allen Seiten Lieder des Chu-Gebiets aus den Kasernen der Han-Armee. Xiang Yu wunderte sich sehr und dachte, dass das gesamte Chu-Gebiet von der Han-Armee besetzt war. Schmerzerfüllt schied Xiang Yu von seiner Favoritin Yu Ji und wagte mit gut 800 Kavalleristen den Ausbruch. Die Han-Armee setzte ihm aber nach, und lm Moment der Gefahr beging Xiang Yu bei Wujiang (heute nordöstlich von Hexian in der Provinz Anhui) Selbstmord. Obwohl Xiang Yu den Kampf gegen Liu Bang verloren hatte, wurde er von den späteren Generationen für seinen Heldenmut bewundert. Die Dichterin Li Qingzhao brachte in einem Gedicht ihre Hochachtung für den unvergleichbaren Helden zum Ausdruck: „Im Leben soll man eine herausragende Persönlichkeit sein, nach dem Tod ein Held der Geister. Heute noch denke ich an Xiang Yu, der auf die Gelegenheit verzichtete, den Wujiang-Fluss zu überqueren."

Nach seinem Sieg über Xiang Yu begründete Liu Bang die Han-Dynastie und machte Chang'an (heute nordwestlich von Xi'an) zur Hauptstadt. In der Geschichte wird sie die Westliche Han-Dynastie (202 v. Chr.–8 n. Chr.) genannt. Als erster Kaiser der Han-Dynastie wird Liu Bang auch Han-Gaozu genannt, auf Deutsch soviel wie „Vater der Han-Dynastie".

1 | 2

1. 中国象棋上的楚河汉界
   Grenze zwischen Chu und Han auf einem chinesischen Schachbrett
2. 鸿门宴图
   Das Hongmen-Bankett

▶ 小资料　Kurzinformation

鸿门宴

公元前206年，刘邦攻占秦都咸阳，不久，项羽率40万大军攻来，进驻鸿门（今陕西临潼（Líntóng）东），准备消灭刘邦。在项羽叔父项伯的调解下，刘邦亲自到鸿门会见项羽。宴会上，项羽的军师范增命令大将项庄舞剑，表面上说是给大家饮酒助兴，其实是要找机会杀掉刘邦。项伯看出了项庄的意图，也拔剑起舞，保护刘邦。正在情况危急之时，刘邦手下大将樊哙（Fán Kuài）赶到，刘邦趁机脱逃。现在人们常用"鸿门宴"一词形容用邀请对方吃饭的形式，预设陷阱，引诱对方上钩，以达到自己的目的。

Das Hongmen-Bankett

Im Jahr 206 v. Chr. eroberte Liu Bang die Qin-Hauptstadt Xianyang. Kurz danach näherte sich Xiang Yu mit einer 400 000 Mann starken Truppe. Xiang Yu stationierte seine Truppe in Hongmen (heute östlich von Lintong in der Provinz Shaanxi), von wo aus er Liu Bang vernichten wollte. Nach Schlichtungsgesprächen durch Xiang Bo, Xiang Yus Onkel, kam Liu Bang persönlich nach Hongmen, um Xiang Yu aufzusuchen. Bei einem feierlichen Bankett ließ Fan Zeng, Militärberater von Xiang Yu, General Xiang Zhuang zur Unterhaltung sein Schwert in die Lüfte schwingen. Eigentlich sollte Xiang Zhuang Liu Bang bei der Gelegenheit erstechen. Xiang Bo durchschaute jedoch die Absicht von Xiang Zhuang und ergriff ebenfalls sein Schwert, um Liu Bang zu schützen. Im kritischen Moment stürzte Fan Kuai, General von Liu Bang, herein und Liu Bang nutzte diese Gelegenheit, um sich davonzumachen. Heute versteht man unter dem Begriff „Hongmen-Bankett" folgendes: Wenn man jemanden in eine Falle locken will, lädt man ihn zum Essen ein. Beim Essen versucht man, den Gast in die Falle zu locken, um sein Ziel zu erreichen.

汉武大帝

Der Große Kaiser der Han-Dynastie Wudi

汉武帝刘彻，公元前140—公元前87年在位。他的雄才大略，文治武功使汉朝进入了鼎盛时期，成为当时世界上最强大的帝国之一。

汉初，刘邦分封一些同姓的子弟到全国各地做王，想借此永保刘家的天下。受封的诸侯王的权力很大，他们可以在辖区内拥有军队，征收租税，铸造钱币，任免官吏。后来诸侯王的势力过大，严重削弱了中央的统治。汉武帝当政后，准许诸侯王把自己的封地再分给子弟，建立侯国，这就是"推恩令"，一个王国分出许多小侯国，直属的领地就小了，再没有力量对抗中央。后来，汉武帝又陆续夺去大批王、侯的爵位。这样，经过长期斗争，王国对中央的威胁终于解除了，中央集权制度得到加强。

汉武帝时期，儒生董仲舒为了适应中央集权政治的需要，对儒家学说进行了发挥。第一，宣扬天是万物的主宰，皇帝是天的儿子，即天子，代表天统治人民。因此，全国人民都要服从皇帝的统治，诸侯王也要听命于皇帝，这叫做"大一统"。第二，提出了"罢黜（chù）百家，独尊儒术"的建议。主张只提倡儒家学说，禁止其他各家学说传播，以实行思想上的统一，从而巩固政治上的统一。

汉武帝采纳了董仲舒的学说，汉朝政府里就有许多信奉儒家思想的人做了大官。儒家思想逐渐成为中国封建社会两千年间的正统思想。

汉武帝加强了中央军权，设立了中央常备军。他还在北方边塞地区大规模移民屯田，加强城寨，巩固边防，使帝国的军事实力壮大起来。从公元前133年起，在名将李广、卫青和霍去病的率领下，汉军向经常来犯的匈奴发动了攻势，经过三次大规模的战役，取得了决定性的胜利。他多次向边境和亚洲腹地发动军事远征，使中华帝国的版图迅速扩大了。

汉武帝两次派张骞（Zhāng Qiān）出使西域，使汉朝和西域各国建立了联系。张骞回国后向汉武帝报告了西域见闻，也提到了中国丝绸出口的目的地——罗马帝国。

汉朝的强大，使中原人不再被称为"秦人"，而被通称"汉人"、"汉族"了。汉武帝成为秦始皇之后又一位建立丰功伟业的中华帝国君主。

1. 汉武帝像
   Portrait Wudis, Kaiser der Westlichen Han-Dynastie
2. 漠北之战图（公元前119年，汉武帝派兵战胜匈奴）
   Plan des Krieges in Mobei (Im Jahre 119 v.u.Z. besiegten die Truppen Kaiser Wudis die Hunnen)

1

2

Der Große Kaiser der
Han-Dynastie Wudi

Die mehr als 50-jährige Regierungszeit des Kaisers Wudi der Han-Dynastie, geboren als Liu Che, war die Blütezeit der Han-Dynastie. Dank seinem großen Talent und Weitblick sowie seinen administrativen und militärischen Erfolgen gehörte die Han-Dynastie zu den mächtigsten Imperien der damaligen Welt.

Am Anfang der Han-Dynastie ernannte Liu Bang Nachfolger der Familie Liu zu Königen der verschiedenen Gebiete des Landes, um somit die Herrschaft der Familie Liu zu sichern. Die Könige hatten große Macht, sie durften über eigene Armeen verfügen, Steuern eintreiben, Münzen prägen und Beamte ernennen. Die große Macht dieser Könige gefährdete folgenschwer die Herrschaft der Zentralregierung. Nach der Machtüberbahme von Kaiser Wudi, erlaubte er den Königen der verschiedenen Königreiche, ihr Lehensgut an ihre Kinder zu verteilen und damit neue Fürstentümer zu gründen. Mit diesem Erlaß, „Tuienling" genannt, sollte ein Königreich wiederum in mehrere kleine Fürstentümer eingeteilt werden, und das ihnen unmittelbar unterstehende Lehensgut kleiner werden. So waren sie nicht mehr in der Lage, der Zentralregierung zu widerstehen. Später enthob Kaiser Wudi zahlreiche Könige und Fürsten ihrer Adelsränge. Durch langjährige Kämpfe konnte die Bedrohung der Zentralregierung durch die Königreiche endlich überwunden werden, und der Zentralismus konsolidiert.

In der Regierungszeit des Han-Kaisers Wudi entwickelte der konfuzianische Gelehrte Dong Zhongshu den Konfuzianismus weiter, ganz den Bedürfnissen des Zentralismus entsprechend. Erstens behauptete er, der Himmel sei der Herr aller Dinge, der Kaiser sei der Sohn des Himmels, der als Vertreter des Himmels über das Volk herrschen sollte. Deshalb musste das ganze Volk der Herrschaft des Kaisers folgen, auch die Könige und Fürsten mussten sich dem Kaiser unterwerfen. Dies war die sogenannte „große Einheit". Zweitens unterbreitete Dong Zhongshu die These, „Hundert andere Ideologien abschaffen, den Konfuzianismus allein verehren", um die ideologische Einheit zu realisieren und dadurch die politische Einheit zu festigen.

Kaiser Wudi akzeptierte die Lehre von Dong Zhongshu. Später ernannte er viele konfuzianische Gelehrte zu hochrangigen Beamten der Han-Dynastie, und der Konfuzianismus wurde die orthodoxe Ideologie der darauf folgenden zweitausendjährigen feudalen Gesellschaft Chinas .

Kaiser Wudi baute ein schlagkräftiges Militärsystem auf. Er ließ zahlreiche Einwohner in die nördlichen Grenzgebiete umsiedeln und dort das Ödland urbar machen, verstärkte die Verteidigung von Städten und Dörfern und den Grenzschutz. Die Militärmacht des Imperiums wurde immer stärker. Von 133 v. u. Z. an starteten die von Generälen Li Guang, Wei Qing und Huo Qubing geführten Truppen der Han-Dynastie Offensiven gegen die Truppen der Xiongnu (Hunnen). Nach drei großangelegten Schlachten errungen sie den entscheidenden Sieg. Außerdem unternahm Kaiser Wudi Feldzüge in die Grenzgebiete sowie in die Zentralgebiete Asiens, und expandierte dadurch rasch das Territorium des Han-Reichs.

Kaiser Wudi entsandte Zhang Qian zweimal als Botschafter nach Xiyu – das Gebiet westlich der heutigen Provinz Gansu, um Beziehungen zwischen der Han-Dynastie und den westlichen Ländern herzustellen. Nach seiner Rückkehr informierte Zhang Qian Kaiser Wudi über seine Erlebnisse dort und auch über das Römische Reich – das Ziel von Chinas Seidenexporten. Dank der Erstarkung der Han-Dynastie wurden die in den zentralen Gebieten Chinas lebenden Menschen nicht mehr „Qin-Menschen", sondern allgemein „Han-Chinesen" oder „Han-Nationalität" genannt. Und der Kaiser der Han-Dynastie Wudi wurde nach dem Kaiser der Qin-Dynastie Shihuangdi ein weiterer Kaiser des chinesischen Imperiums, der sich große Verdienste erworben hatte.

张骞 出使西域

Zhang Qian als Gesandter in das westliche Gebiet

1. 张骞出使西域图
Plan der Mission Zhang Qians in den westlichen Gebieten

汉代，在"丝绸之路"上的悠长驼铃声中，中国与域外各民族建立了广泛的交往，中西文明开始碰撞和交融。汉武帝时，北方匈奴常常袭扰汉朝边境，还控制了当时西域的几十个小国。公元前138年，汉武帝派张骞带100多人出使西域，联络大月氏（Dàyuèzhī），准备左右夹攻匈奴。没想到刚出边境，张骞就被匈奴抓住了。在被扣留期间，他学会了匈奴语，掌握了匈奴的地形。10多年后，张骞逃了出来，找到了已经西迁的大月氏。张骞在当地呆了一年，熟悉了西域的环境。后来，见大月氏国王不想报仇，他只好回国。当年与他同去的100多人，回到长安时只剩下两人。

公元前119年，汉武帝再次派张骞出使西域，这次随行的有300多人，带去了上万头牛羊和货物。他们访问了许多国家，这些国家也派了使臣带了礼物回访。从此以后，汉朝和西域的往来越来越多。后来，汉朝还在今天新疆地区设了西域都护府，归中央政府管理。

张骞出使西域后，中西交流的"丝绸之路"开辟了。"丝绸之路"东起长安，向西到地中海东岸，转至罗马帝国。汉朝的商队，用大量的丝织品同波斯人、印度人、罗马人进行商品交换，同时带回了外国的核桃、葡萄、胡萝卜等。此后的许多世纪，以丝绸贸易为主的中西交流大多经过"丝绸之路"进行。

Zhang Qian als Gesandter in das westliche Gebiet

In der Zeit der Han-Dynastie spielte die Seidenstraße für den Aufbau der allgemeinen Kontakte zwischen China und den westlichen Ländern eine bedeutende Rolle. Während der Regierungszeit von Han-Kaiser Wudi kam es in den westlichen Grenzgebieten der Han-Dynastie wiederholt zu Grenzüberschreitungen durch die Hunnen, die die Kontrolle über einige Dutzend kleinere Länder im Westen hatten. Im Jahre 138 v. u. Z. entsandte Kaiser Wudi Zhang Qian mit einer Delegation von mehr als hundert Personen in die westliche Region, mit dem Auftrag, den Staat Dayuezhi zum gemeinsamen Kampf gegen die Hunnen zu bewegen. Zhang Qian wurde jedoch unterwegs von den Hunnen gefangen genommen. Während seiner Haftzeit bei den Hunnen hatte er aber die Hunnen-Sprache erlernt und die dortigen geographischen Verhältnisse erkundet. Nach über 10 Jahren Haft konnte er entkommen und fand schließlich den schon nach West verlegten Staat Dayuezhi. Dort verbrachte Zhang Qian ein Jahr und machte sich mit den Verhältnissen der westlichen Region vertraut. Als er jedoch sah, dass der König von Dayuezhi keine Rache wollte, blieb ihm nichts anderes übrig, als heimzukehren. Von den damals über hundert Personen kehrten nur zwei nach Chang'an – Hauptstadt der Han-Dynastie zurück.

119 v. u. Z. entsandte Kaiser Wudi Zhang Qian abermals in die westliche Region, diesmal mit mehr als 300 Personen, rund 10 000 Rindern und Schafen und zahlreichen Gütern. Sie besuchten viele Länder, welche später ihre Gesandten ebenfalls mit Geschenken zum Gegenbesuch an den Han-Hof schickten. Von da an bestand zwischen der Han-Dynastie und den westlichen Ländern reger Kontakt. Später gründete die Han-Dynastie im heutigen Gebiet Xinjiang eine Provinz, die administrativ der Zentralregierung unterstand.

Nach den Reisen Zhang Qians in die westliche Region wurde die Seidenstraße zum Austausch zwischen China und den westlichen Ländern erschlossen. Die Seidenstraße begann östlich von Chang'an und erreichte über die östlichen Küsten am Mittelmeer das Römische Reich. Die Handelskarawanen der Han-Dynastie tauschten Seide in Waren aus Persien, Indien und Griechenland. So wurden Wallnüsse, Weintrauben, Möhren u.a. vom Ausland eingeführt. In den folgenden Jahrhunderten erfolgte der Handel zwischen China und den westlichen Ländern, mit dem Hauptprodukt Seide, vor allem auf der Seidenstraße.

张骞通西域及丝绸之路图

Plan der Mission Zhang Qians in den westlichen Gebieten sowie die Route der Seidenstraße

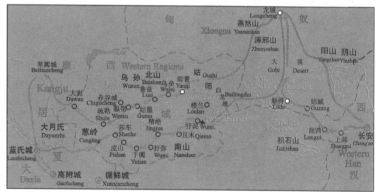

▶ 小资料 Kurzinformation

海上 "丝绸之路"

汉代，海上也有一条 "丝绸之路"。它从今天广东沿海港口出发，经10个多月的航行，到达泰国和印度。汉代使者带去丝绸、黄金，换回那儿著名的蓝宝石。东汉时，中国的远洋帆船甚至可到达非洲，并与罗马帝国建立了直接的交往。

„Seidenstraße" auf dem Meer

In der Han-Dynastie gab es auch auf dem Meer eine „Seidenstraße". Von Häfen an der Küste der heutigen Provinz Guangdong aus konnte man nach einer mehr als 10-monatigen Seefahrt Thailand und Indien erreichen. Beauftragte der Han-Dynastie brachten Seiden und Gold dorthin und kamen mit Juwelen wie zum Beispiel Saphiren zurück. In der Östlichen Han-Dynastie konnten die chinesische Hochseeflotten sogar Afrika erreichen. Da Afrika damals von Rom regiert wurde, stellte man dann auch direkte Kontakte mit dem Römischen Reich her.

昭君出塞

Wang Zhaojun

秦汉之际，中国北方古老的游牧民族匈奴势力强大，多次南下威胁中原。汉初国力不强，无法与匈奴对抗，便采取了和亲政策，求得相对的和平。随着汉朝经济、军事力量的增强，反击匈奴的条件成熟了。到汉武帝时，便放弃了和亲政策，对匈奴采取了攻势。从此，西汉与匈奴80年没有和亲。

汉宣帝时，匈奴的势力衰落了。此时，匈奴内部出现了两个单于（chányú，匈奴君主的称号）对抗的局面。其中呼韩邪（Hūhányé）单于想借助汉朝的支持，统一整个匈奴，于是决心归依汉朝。他两次到长安见汉朝皇帝，受到隆重的欢迎，他也表示愿协助汉朝政府保护边境。公元前36年，汉朝派兵攻打了另一个单于，呼韩邪统一匈奴。公元前33年，他第三次到长安，向当时的汉元帝提出，愿意当汉家的女婿，再恢复和亲。汉元帝立即答应，并在宫女中进行选拔。有一个叫王昭君的宫女主动提出要去和亲。王昭君又美丽又聪明，很受呼韩邪的喜爱，被封为"宁胡阏氏（yānzhī）"，意思是将与汉朝建立和平友好的关系。

王昭君出塞以后，生活在匈奴游牧地区几十年。在她的影响下，她的子女及周围的人，都努力维护匈奴与汉的友好关系，使汉朝北方边境出现了少有的安定和谐的景象。

1 | 2

1. 湖北兴山县昭君故里的昭君塑像
   Statue von Wang Zhaojun in seinem
   Heimatkreis Xingshan in der Provinz
   Hubei
2. 昭君出塞图
   Heirat von Wang Zhaojun mit dem
   Anführer der Hunnen

In der Zeit der Qin- und der Han-Dynastie waren die Xiongnu – ein Nomadenvolk im Norden Chinas – sehr stark. Sie drangen mehrmals in China ein und bedrohten die zentralen Gebiete des Landes. Zu Beginn der Han-Dynastie waren die Streitmächte des Landes ziemlich schwach und nicht in der Lage, es mit den Hunnen aufzunehmen. Um eine friedliche Koexistenz zu schaffen, sah sich der Han-Kaiser gezwungen,

Wang Zhaojun

eine seiner Töchter dem Führer der Hunnen zur Frau gab. Mit der Verstärkung der wirtschaftlichen und militärischen Macht, fühlte sich die Han-Dynastie jedoch bald stark genug für einen Rückschlag gegen die Hunnen. Als Kaiser Wudi an die Macht kam, verbot er die politische Heirat und startete eine Offensive gegen die Hunnen. Von da an gab es 80 Jahre lang keine politische Heirat mehr zwischen der Westlichen Han-Dynastie und den Hunnen.

Während der Regierungszeit von Han-Kaiser Xuandi verfiel die Macht der Hunnen langsam. Zu dieser Zeit stritten sich zwei Stammesführer unter den Hunnen um die Macht. Einer der Hunnen-Führer namens Huhanxie versuchte mit Hilfe der Han-Dynastie den Hunnen-Staat zu vereinheitlichen. Um der

Han-Dynastie seine Treue zu versichern, reiste er zweimal persönlich in die damalige Hauptstadt der Han-Dynastie Chang'an. Der Han-Kaiser empfing ihn freundlich. Und Huhanxie erklärte sich bereit, die Grenzgebiete der Han-Dynastie zu verteidigen. Im Jahre 36 v. u. Z. entsandte die Han-Dynastie Truppen zum Angriff auf die Region des anderen Hunnen-Führers. So konnte Huhanxie den Hunnen-Staat vereinheitlichen. 33 v. u. Z. reiste Huhanxie zum dritten Mal nach Chang'an und bat um die Hand einer Han-Prinzessin. Der Kaiser war erfreut, ihm diesen Wunsch zu erfüllen.

Allerdings wollte er nicht, dass seine eigene Tochter ins weit entfernte Hunnen-Gebiet einheiratete. Deswegen wählte er anstelle seiner Tochter eine der Zofen aus. Eine Hofdame namens Wang Zhaojun bat aus eigener Initiative um die Erlaubnis, einen Hunnen-Führer zu heiraten. Wang Zhaojun war hübsch und klug und wurde von Huhanxie sehr geliebt. So wurde Wang Zhaojun der Titel „Ninghu Yanzhi" (Hu-beruhigende Chef-Gemahlin) verliehen, als Symbol für die friedlichen und freundschaftlichen Beziehungen.

Wang Zhaojun verbrachte ihr ganzes Leben im Hunnen-Gebiet. Unter ihrem Einfluss bemühten sich sowohl ihre Kinder als auch ihre Gefolgschaft um die freundschaftlichen Beziehungen zwischen den Hunnen und der Han-Dynastie. Dadurch entstand eine nie da gewesene Stabilität und Harmonie in den nördlichen Grenzgebieten.

司马迁 与《史记》

Sima Qian und sein „Shiji"

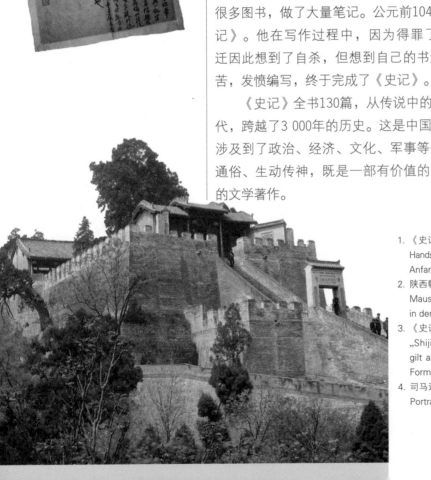

　　《史记》的作者司马迁（公元前145年—？），生于陕西。受父亲影响，他少年时就阅读古人的书籍。20岁时，他到各处去游历，搜集了很多古代名人的资料。后来，他被任命为郎中，可以常随皇帝出游。这些游历，为他以后写《史记》作了准备。

　　父亲死后，司马迁接替他的职务做了太史令，有机会翻阅了很多图书，做了大量笔记。公元前104年，他正式开始写作《史记》。他在写作过程中，因为得罪了皇帝，被判重刑。司马迁因此想到了自杀，但想到自己的书还没有写完，就忍受着痛苦，发愤编写，终于完成了《史记》。

　　《史记》全书130篇，从传说中的黄帝，一直写到汉武帝时代，跨越了3 000年的历史。这是中国第一部纪传体通史，内容涉及到了政治、经济、文化、军事等各个方面。它的文字简洁通俗、生动传神，既是一部有价值的史学著作，也是一部杰出的文学著作。

1	3
2	4

1. 《史记》明初抄本
   Handschriftliche Kopie des Wer-kes „Shiji ",
   Anfang der Ming-Dynastie
2. 陕西韩城司马迁墓
   Mausoleum f ü r Sima Qian in Hancheng
   in der Provinz Shaanxi
3. 《史记》是中国第一部纪传体通史
   „Shiji " (Aufzeichnung der Geschichte)
   gilt als erstes Geschichtsbuch Chinas in
   Form biographischer Erzählungen.
4. 司马迁像
   Portrait von Sima Qian

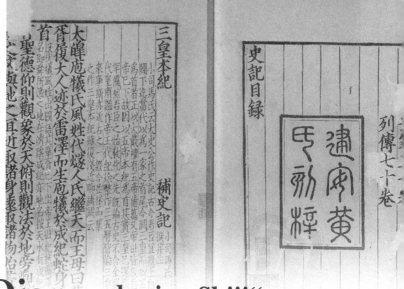

Sima Qian und sein „Shiji"

Sima Qian – Verfasser des Klassikers „Shiji", auf Deutsch „Aufzeichnung der Geschichte" – wurde im Jahre 145 v. u. Z. in Shaanxi geboren. Beeinflusst von seinem Vater studierte Sima Qian schon in seiner Jugend bei den größten Gelehrten seiner Zeit Literatur- und Geschichtswissenschaften. Mit 20 machte er eine Rundreise durch China, um Material für Biographien bekannter Persönlichkeiten zu sammeln. Später wurde er auf das Amt „Langzhong" – am Kaiserhof ernannt. Während seiner Amtszeit begleitete er öfters den Kaiser auf seinen Reisen und sammelte dabei eine große Menge an historischen Daten, um später das Buch „Shiji" zu schreiben.

Später übernahm Sima Qian das Amt seines Vaters und arbeitete ebenfalls als „Taishiling" (Geschichtsschreiber) am Kaiserhof. So hatte er Gelegenheiten, in den zahlreichen Büchern zu blättern, und wertvolle Notizen zu machen. Im Jahre 104 v. u. Z. begann er das Buch „Shiji" zu schreiben. Bevor er mit dem Buch fertig war, erzürnte Sima Qian jedoch den Kaiser und wurde grausam bestraft. Aus Kummer und Schmerz wollte er Selbstmord begehen, was ihm auch fast gelang, wäre er nicht   so entschlossen gewesen, sein Buch „Shiji" zu vollenden.

„Shiji" wird in 103 Kapitel unterteilt und beschreibt die Politik, die Wirtschaft, die Kultur und das Militärwesen über einen Zeitraum von 3000 Jahren, vom Gelben Kaiser bis zum Kaiser der Westlichen Han-Dynastie Wudi. Ein Werk von hohem literarischem Wert. Die Erzählungen sind kurz und bündig, gleichzeitig lebendig und klar. „Shiji" ist ein wertvoller historiographischer und literarischer Klassiker.

科学家 张衡

Zhang Heng — ein Pionierwissenschaftler

张衡（78—139年），河南南阳人，东汉杰出的科学家，也是世界上最早的天文学家之一。他特别爱好数学和天文学。朝廷听说他有学问，就让他担任了太史令，掌管历史和历法，负责观察天文。

经过多年的观察，他研制了一架"浑天仪"。凡是知道的重要天文现象，都刻在"浑天仪"上。

东汉时期，地震很活跃。当时的人们不懂科学，以为地震是鬼神发怒。张衡认为地震是一种自然灾害，他根据自己对于地震现象的观测，在132年发明了"候风地动仪"，这台仪器成为世界上第一台观测地震方向的仪器。地动仪制好后，放在洛阳的灵台。138年2月的一天，地动仪朝西的龙嘴吐出铜球，掉到了蛤蟆嘴里，这说明西北方向发生了地震。但是洛阳一点也没有地震的感觉，因此，大伙都说张衡的地动仪是骗人的。过了几天甘肃东南部有人来报告说，那里前几天发生了大地震，人们这才相信。

这是人类历史上第一次用仪器来观测地震方向。中国以外，直到13世纪，才有类似的仪器出现。

Zhang Heng —
ein Pionierwissenschaftler

Zhang Heng (78—139 u. Z.) wurde in Nanyang in der heutigen Provinz Henan geboren. Er gehört zu den ersten Astronomen der Welt und war auch ein gelehrter Mathematiker. Er wurde in das Amt des Taishiling (Beamter mit historiographischen Aufgaben) ernannt und war verantwortlich für die Ausarbeitung des Kalenders und das Beobachten astronomischer Phänomene.

Dank langjähriger Beobachtungen entwickelte er „Huntianyi" die Armillarsphäre. Auf dieses Instrument wurden alle zu jener Zeit bekannten astronomischen Phänomenen geschnitzt. In der Zeit der Östlichen Han-Dynastie gab es viel Erdbeben. Damals war man der Meinung, Erdbeben seien ein Zeichen des Zorns des Himmels. Zhang Heng war jedoch der Ansicht, Erdbeben seien Naturkatastrophen. Mit Hilfe seiner seismologischen Beobachtungen erfand er schließlich im Jahr 132 das Houfengdidongyi – das weltweit erste Instrument zur frühen Ermittlung eines Erdbebens. Das Instrument wurde in der Stadt Luoyang errichtet. An einem Tag im Februar des Jahres 138 n. Chr. rollte eine Kugel aus dem Mund des gegen Westen gerichteten Drachens, was auf ein Erdbeben im Gebiet des Nordwestens hinwies. Da man in Luoyang gar nichts merkte, behauptete man, dass das Erdbebeninstrument von Zhang Heng Betrug sei. Einige Tage später wurde aus dem Südosten der Provinz Gansu berichtet, dass es dort vor einigen Tag ein starkes Erdbeben gegeben hatte. Erst dann waren die Leute überzeugt.

Es war das erste Mal, dass man mit einem Instrument die Richtung eines Erdbebens ermitteln konnte. Erst nach dem 13. Jahrhundert erschienen außerhalb Chinas ähnliche Instrumente.

$$\frac{1}{2} \bigg| 3$$

1. 北京古观象台
   Antikes Observatorium in Beijing
2. 张衡像
   Portrait von Zhang Heng
3. 地动仪模型（地动仪是世界上第一部测定地震方向的仪器，由张衡创制）
   Modell des Instrumentes zur Ermittlung der Richtung der Erdbeben (Weltweit erstes Instrument dieser Art, entwickelt von Zhang Heng)

"医圣"张仲景与"外科鼻祖"华佗

Der „Heilige der Medizin" Zhang Zhongjing und der „Schöpfer der Chirurgie" Hua Tuo

汉代有两位名医，一位是被尊称为"医圣"的张仲景，另一位是被尊称为"外科鼻祖"的华佗。

张仲景（约150—219年）是东汉末年河南南阳人。那时瘟疫流行，他的家人在不到10年间因患伤寒死了三分之二。他精心研究古代医学，广泛收集民间秘方，写成了《伤寒杂病论》16卷。在他的书里，不仅有大量内服药方，还介绍了中医理论，奠定了中医治疗学的基础。

华佗（约141—208年）安徽亳州（Bózhōu）人，生活在东汉末年。他在内科、外科、妇科、小儿科方面都很精通。华佗的外科技术很高超，他制成了一种麻醉药，叫做"麻沸散"。他曾让患了阑尾（lánwěi）炎的病人用酒服"麻沸散"，等病人全身麻醉后，他便开始动手术，最后在伤口上敷上有消毒作用的膏药，一个月以后，病人完全恢复了健康。华佗是世界上第一个应用全身麻醉技术的医生。

此外，华佗还精通针灸（Zhēnjiǔ）技术。当时丞相曹操得了神经性头痛，就派人请华佗来为自己治病。华佗给曹操针灸，一针下去，曹操的头就不疼了。

华佗重视治疗，更重视疾病的预防。他模仿虎、鹿、熊、猿、鸟五种动物，独创了一套名为"五禽戏"的体操，用来增强体魄。

Der „Heilige der Medizin" Zhang Zhongjing und der „Schöpfer der Chirurgie" Hua Tuo

Zhang Zhongjing und Hua Tuo waren zwei berühmte Ärzte in der Han-Dynastie.

Zhang Zhongjing (ca. 150 — 219 u. Z.) wurde in Nanyang in der heutigen Provinz Henan geboren. Dort grassierte damals eine schreckliche Typhusepidemie, und in knapp 10 Jahren starben die meisten Angehörigen seiner Familie an dieser Krankheit. So begann er Medizin zu studieren, sammelte Volksrezepte und verfasste das Werk „Die fiebrigen und anderen Krankheiten" in 16 Bänden. In diesen Klassikern wurden zahlreiche Rezepte niedergeschrieben und die traditionelle chinesische Medizin erklärt, womit die Grundlage der heutigen TCM-Theorie geschaffen war.

Hua Tuo (ca. 141—208 u. Z.) stammte aus Bozhou in der heutigen Provinz Anhui. Er war Spezialist der Inneren Medizin, der Gynäkologie sowie der Kinderheilkunde und ein ausgezeichneter Chirurg. Hua Tuo benutzte das von ihm zubereitete Betäubungsmittel "Mafeisan", um einen an Blinddarmentzündung erkrankten Patienten zu operieren. Die Operation war sehr erfolgreich. Einen Monat später war der Patient völlig genesen. Hua Tuo war der erste Arzt der Welt, der die Vollnarkose anwendete.

Außerdem war Hua Tuo ein Meister der Akupunktur. Der damalige Reichskanzler Cao Cao litt unter häufigen Migräneanfällen und bat Hua Tuo seine Krankheit zu heilen. Hua Tuo behandelte Cao Cao mit Akupunktur. Die Kopfschmerzen waren sofort verschwunden .

Hua Tuo legte großen Wert auf Therapie und noch mehr auf Vorbeugung. Er schuf eine Reihe von Übungen, „Wuqinxi" (Spiel der fünf Tiere) genannt, bei denen die Bewegungen des Tigers, des Rotwilds, des Bären, des Affen und des Vogels nachgeahmt werden, um die Konstitution zu stärken.

	3
1	4
2	5

1. 张仲景像
   Portrait von Zhang Zhongjing
2. 华佗独创的 "五禽戏" 体操
   Das von Hua Tuo geschaffene "Wuqinxi" (Spiel der Fünf Tiere).
3. 华佗像
   Portrait von Hua Tuo
4. 刮骨疗伤图（据说东汉末年蜀将关羽被毒箭射中，华佗为他刮骨疗伤）
   Abschaben eines faulenden Knochen als Wundbehandlung (Einer geschichtlichen Erzählung zufolge wurde General Guan Yu aus dem Königreichs Shu im letzten Jahr der Östlichen Han-Dynastie von einem vergifteten Pfeil getroffen. Hua Tuo rettete durch diese Art von Knochensäuberung das Leben.
5. 张仲景所著的《伤寒杂病论》
   Das Werk „Fiebrige und andere Krankheiten " von Zhang Zhongjing

封建国家的分裂和民族大融合时期——

三国、两晋、南北朝

Zeiten der Zersplitterung des Feudalstaates und der Integration der Völker—
Die Drei Reiche, die zwei Jin-Dynastien
und die Südlichen und Nördlichen Dynastien

概述

Überblick

  三国、两晋、南北朝，又称魏晋南北朝，从220年曹丕
(Cáo Pī)称帝开始，到589年隋灭陈统一全国结束，共经历了
360多年。

  220年曹丕建立魏国，221年刘备建立蜀国，222年孙权建立
吴国，形成了魏、蜀、吴三国鼎立的局面。三国的都城分别在
今天的洛阳、成都、南京。

  263年，魏国灭蜀国，265年魏国大臣司马炎夺取魏的政权

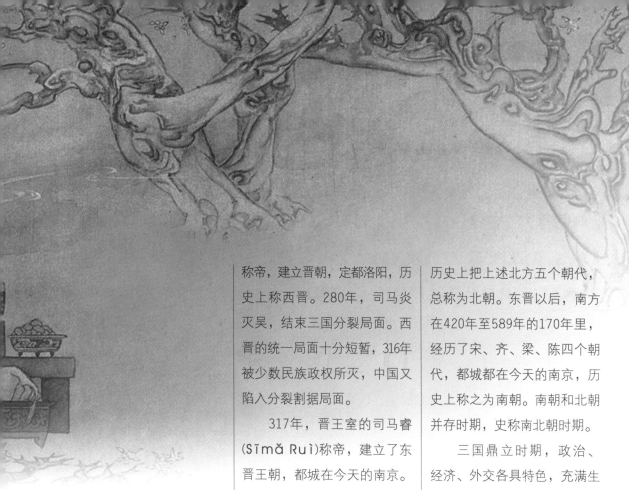

称帝，建立晋朝，定都洛阳，历史上称西晋。280年，司马炎灭吴，结束三国分裂局面。西晋的统一局面十分短暂，316年被少数民族政权所灭，中国又陷入分裂割据局面。

317年，晋王室的司马睿（Sīmǎ Ruì）称帝，建立了东晋王朝，都城在今天的南京。同时，迁居到黄河流域的几个少数民族，先后建立了许多国家。北方处于长达130多年的分裂割据时期，历史上称为"十六国"时期。

439年，少数民族建立的北魏政权统一了北方。后来，北魏孝文帝进行改革，规定少数民族学习汉族的制度、语言、服饰，促进了北方民族的大融合。后来北魏政权分裂为东魏和西魏，接着北齐取代东魏，北周取代西魏。

历史上把上述北方五个朝代，总称为北朝。东晋以后，南方在420年至589年的170年里，经历了宋、齐、梁、陈四个朝代，都城都在今天的南京，历史上称之为南朝。南朝和北朝并存时期，史称南北朝时期。

三国鼎立时期，政治、经济、外交各具特色，充满生机，涌现出曹操、诸葛亮等一批杰出的政治家。三国两晋南北朝时期，出现了许多著名的思想家、军事家、科学家、文学家、画家、书法家，还有许多对社会科学和自然科学产生积极影响的名著。这些科学、文化成就，至今仍是中国文化遗产中的瑰宝。

三国两晋南北朝时期，欧洲强大的罗马帝国分裂，西罗马帝国灭亡，日耳曼人的王国在西欧建立，欧洲开始进入封建社会。

Zeiten der Zersplitterung des Feudalstaates und der Integration der Völker —

Die Drei Reiche, die zwei Jin-Dynastien und die Südlichen und Nördlichen Dynastien

Überblick

Die Drei Reiche, die zwei Jin-Dynastien und die Südlichen und Nördlichen Dynastien dauerten über 360 Jahre, beginnend im Jahr 220, als Cao Pi sich zum Kaiser ernannte, endend im Jahr 589, als durch die Etablierung der Sui-Dynastie die Chen-Dynastie zusammenbrach und die Reichseinheit wieder hergestellt wurde.

Im Jahr 220 gründete Cao Pi das Reich Wei mit Luoyang als Hauptstadt, im Jahr 221 gründete Liu Bei das Reich Shu mit Chengdu als Hauptstadt, und im Jahr 222 gründete Sun Quan das Reich Wu mit Nanjing als Hauptstadt. Dadurch wurde China in drei Reiche geteilt.

263 wurde das Reich Shu durch das Reich Wei erobert. Im Reich Wei gewann der kaiserliche Beamte Sima Yan die Oberhand und gründete im Jahre 265 die Jin-Dynastie mit Luoyang als Hauptstadt, in der Geschichtsschreibung Westliche Jin-Dynastie genannt, womit das Wei-Reich zu Ende ging. 280 gelang es Sima Yan, auch das Wu-Reich zu unterwerfen, wodurch die Zeit der Drei Reiche beendet wurde. Allerdings war die Reichseinheit unter der Westliche Jin-Dynastie nur sehr kurz. Als im Jahr 316 das Reich von den Hunnen erobert wurde, begann für China wieder die Zeit der Zersplitterung.

317 ernannte sich Sima Rui zum Kaiser und gründete die Östliche Jin-Dynastie, die Hauptstadt war das heutige Nanjing. Gleichzeitig gründeten einige Nomadenvölker, die in das Einzugsgebiet des Gelben Flusses gezogen waren, verschiedene Reiche. In Nordchina begann eine Periode der Zersplitterung, die über 130 Jahre anhielt.

Diese Zeit wird in der Geschichtsschreibung als Zeit der 16 Dynastien bezeichnet.

439 brachte die von den Tuoba gegründete Wei-Dynastie den gesamten Norden unter Kontrolle. Später wurde, vor allem unter dem Kaiser Xiaowendi, eine Reform durchgeführt, in der bestimmt wurde, dass die Tuoba die Verwaltungstechniken, die Sprache und die Kleidung der Han-Chinesen anzunehmen hatten. Damit wurde die Integration der nördlichen Völker gefördert. Später spaltete sich die Nördliche Wei-Dynastie in die Westliche und in die Östlichen Wei-Dynastie, auf diese folgte die Nördliche Qi-Dynastie, während das Reich der Westlichen Wei-Dynastie durch die Nördliche Zhou-Dynastie abgelöst wurde. In der Geschichtsschreibung werden die oben genannten fünf Dynastien als Nördliche Dynastien zusammengefasst. Nach der Östlichen Jin-Dynastie wechselten sich im Süden innerhalb der folgenden 170 Jahre ab, von 420 bis 589 vier Dynastien, die Song-Dynastie, die Qi-Dynastie, die Liang-Dynastie und die Chen-Dynastie. Hauptstadt war stets das heutige Nanjing. In der Geschichtsschreibung werden diese vier Dynastien als Südliche Dynastien bezeichnet. Die Zeit, in der die Nördlichen und die Südlichen Dynastien nebeneinander bestanden, heißt in der Geschichtsschreibung die Zeit der Nördlichen und Südlichen Dynastien (Nanbeichao).

Politik, Wirtschaft und Außenpolitik der Drei Reiche weisen einige Besonderheiten auf. Es war eine sehr bewegte Zeit, die eine große Anzahl bedeutender Politiker wie u. a. Cao Cao und Liu Bei hervorgebracht hat. In der Zeit der Drei Reiche, der zwei Jin-Dynastien und der Südlichen und Nördlichen Dynastien sind viele namhafte Denker, Strategen, Dichter, Maler und Kalligraphen hervorgetreten. Es entstanden viele Meisterwerke, die die Entwicklung der chinesischen Geistes- und Naturwissenschaften beeinflussten. Die wissenschaftlichen und kulturellen Errungenschaften jener Zeit gelten auch heute als glänzende Schätze des chinesischen Kulturerbes.

Während der Periode der Drei Reiche, der zwei Jin-Dynastien und der Südlichen und Nördlichen Dynastien zerfiel in Europa das mächtige Römische Reich. Das Weströmische Reich brach zusammen und die Germanen gründeten in Westeuropa Reiche. Damit begann in Europa die Feudalgesellschaft.

曹操

Cao Cao

曹操是东汉末年一位杰出的政治家、军事家、文学家。

曹操（155—220年），字孟德，安徽人。东汉末年，曹操在镇压农民起义的过程中，建立起一支强大的军队。

作为一个军事家，他喜爱研究兵书，认为打仗要随机应变。在官渡之战中，曹操仅有二万军队，他正确分析了敌我形势，以少胜多，打败了袁绍的十万大军，壮大了自己的军队。军队壮大了，就需要更多的粮食。曹操便让士兵们在不打仗的时候进行耕作，这种"屯田"的办法，不仅解决了军粮的问题，而且使北方社会的经济逐步好转。

在政治上，曹操看到豪强地主势力的发展，造成了东汉末年的分裂局面，因此，他很注意控制豪强地主的势力。他曾在官府门前设立一些大棒，专门打击那些以强欺弱的人，还让敢打击豪强地主的人做官。这些做法，有利于巩固统治。

在用人方面，曹操提出"唯才是举"的方针，也就是只要有真才实学，不管出身怎样，都被录用。因此，在他当权的时候，很多有才华的人都受到了重用。这些人为曹操统一北方出了不少力。

由于这些优势，再加上他控制了汉献帝，所以从200年官渡之战后，曹操先后消灭了北方各种军阀势力，结束了北方分裂状态。这不仅有利于中原地区社会经济的恢复，也为后来西晋统一全国打下基础。

当时的名士许劭（Xǔ Shào）评价曹操是："治世之能臣，

三国鼎立形势图
Durch die Konfrontation der Drei Reiche
gekennzeichnete Situation

乱世之奸雄"。在传统戏曲中，曹操一直都是以奸臣的形象出现在舞台上。曹操曾说过有一句话："在这个混乱的时代，如果没有我，还不知道有多少人会称霸，会当皇帝呢！"

曹操还很重视文化，他多才多艺，曾写下了《蒿里行》、《观沧海》、《短歌行》和《龟虽寿》等许多不朽的诗篇。他的两个儿子曹丕、曹植也都是有名的文学家。

▶ 小资料　Kurzinformation

挟天子以令诸侯

挟(xié)，挟持；天子，即皇帝；诸侯，即割据各地的军阀势力。汉朝末年，皇室力量衰弱。196年，曹操将汉献帝迎往许都（今河南许昌）。曹操凭借自己强大的军事势力，控制了朝政大权，常用皇帝的名义向其他割据势力发号施令，以获得政治上的主动权，被当时的人称为"挟天子以令诸侯"。

Xie Tianzi Yi Ling Zhuhou (den Kaiser in der Gewalt haben und in seinem Namen den Fürsten Befehle erteilen)

Xie bedeutet „jemanden in der Gewalt haben". Tianzi war der Kaiser. Zhuhou waren die Militärmacht-haber. Gegen Ende der Han-Dynastie besaß die kaiserliche Familie kaum noch Macht. 196 führte Cao Cao den Han-Kaiser Xiandi nach Xudu (heute Xuchang in der Provinz Henan). Gestützt auf seine große Militärmacht bracht er die kaiserliche Regierung unter seine Kontrolle und erteilte oft im Namen des Kaisers den Fürsten Befehle, um die politische Initiative zu ergreifen. Das nannten seine Zeitgenossen „xie tianzi yi ling zhuhou".

| 1 | 2 |

1. 曹操像
   Porträt von Cao Cao
2. 邺城遗址（曹操所建，在今河北省境内）
   Ruinen der Stadt Yecheng, die Cao Cao
   bauen ließ, in der Provinz Hebei gelegen

Cao Cao

Cao Cao war ein hervorragender Politiker, Stratege und Literat am Ende der Östlichen Han-Dynastie.

Cao Cao (155–220 n. Chr.), Rufname Mengde, stammte aus der Provinz Anhui. Ende der Östlichen Han-Dynastie schuf er zur Unterdrückung von Bauernaufständen eine starke Armee.

Als Stratege beschäftigte er sich gern mit militärischen Werken und hielt es für wichtig, im Krieg wechselnden Umständen Rechnung zu tragen. Im Guandu-Krieg besiegte Cao Cao mit einer Truppe von 20 000 Mann Yuan Shaos Armee von 100 000 Mann. Das war auf

seine richtige Einschätzung der Situation zurückzuführen, in der sich die beiden Parteien befanden. Cao Cao verstärkte weiter seine Armee, was immer mehr Nahrungsmittel erforderlich machte. Deshalb ließ Cao Cao seine Soldaten in Zeiten ohne Kriegshandlungen Feldarbeiten verrichten und schuf so auch die Institution „Tuntian" (Erschließung des Ödlands), womit nicht nur Lebensmittel für die Armee beschafft wurden, sondern sich die Wirtschaft im Norden insgesamt verbesserte.

Als Politiker sah Cao Cao in den zu mächtig gewordenen Grundherren wesentliche Gründe für den Zerfall der Östlichen Han-Dynastie. Daher achtete er sehr darauf, die Macht großer Grundherren einzudämmen. Er errichtete vor den Behörden große Stangen, mit denen die Herren geschlagen wurden, die, gestützt auf ihre Macht, Schwächere tyran-

nisierten, und machte begabte und fähige Persönlichkeiten zu Beamten. Sein Ziel war selbstverständlich, seine Herrschaft zu festigen.

Bei der Auswahl der Beamten richtete sich Cao Cao nach dem Pinzip „die Befähigung des Menschen ist das einzige Kriterium"; d. h.: Begabte und fähige Persönlichkeiten, egal welcher Herkunft, wurden für den Dienst rekrutiert. Unter diesem Leitgedanken kamen während seiner Amtszeit viele begabte und fähige Persönlichkeiten auf wichtige Stellen. Diese Persönlichkeiten haben viel zu der von Cao Cao betriebenen Vereinigung des Nordens beigetragen.

Aufgrund dieser günstigen Bedingungen und seines dominierenden Einflusses auf Kaiser Xiandi konnte Cao Cao nach der Guandu-Schlacht im Jahr 200 die Militärmachthaber im Norden nacheinander vernichten und damit die Teilung des Nordens beenden. Dies kam nicht nur der Wiederbelebung der Gesellschaft und der Wirtschaft in den zentralen Gebieten Chinas zugute, sondern schuf auch eine wichtige Grundlage für die Einigung des Landes durch die Westliche Jin-Dynastie.

Xu Shao, ein bekannter Gelehrter der damaligen Zeit bezeichnete Cao Cao als „tüchtigen und fähigen Beamten in Zeiten des Friedens und Gedeihens und intriganten und skrupellosen Herrscher in Zeiten der Kriege und Verworrenheit". In traditionellen chinesischen Opern tritt Cao Cao immer als ungetreuer und intriganter Beamter auf. Von ihm stammt der Satz: „Wenn es mich nicht gäbe, würden noch mehr Leute in dieser verworrenen Zeit versuchen, Vorherrscher oder Kaiser zu werden."

Über seine militärischen Leistungen hinaus ist Cao Cao auch als Literaturliebhaber bekannt geworden. Er war literarisch und künstlerisch begabt und hat unvergängliche Meisterwerke wie die Gedichte *Songli xing*, *Guan Canghai*, *Duange xing* und *Gui Sui Shou* geschrieben. Seine Söhne Cao Pi und Cao Zhi waren ebenfalls bekannte Literaten.

1

1. 甘肃民间制作的曹操木偶
   Eine Puppe von Cao Cao-Volkskunst aus Gansu

诸葛亮

Zhuge Liang

诸葛亮（181—234年）是一位杰出的政治家、军事家。

诸葛亮，字孔明，号卧龙，琅邪（Lángyá）阳都（今山东沂南）人。后来定居在隆中，在那儿，他阅读了大量书籍。诸葛亮读书与当时大多数人不一样，不是拘泥于一章一句，而是掌握文章的主旨。通过潜心钻研，他不但熟知天文地理，而且精通战术兵法。他志向远大，希望能为天下统一尽自己的力量。诸葛亮还十分注意观察和分析当时的社会，积累了丰富的治国用兵的知识。

曹操统一北方后，准备南下统一中国。当时孙权占据长江中下游。刘备借驻荆州（Jīngzhōu），他的势力最弱。他三顾茅庐，请当时年仅27岁的诸葛亮帮助他。诸葛亮为刘备详细分析了天下的形势，提出了联合孙权抗击曹操的办法。刘备听了诸葛亮这一番精辟透彻的分析，顿时豁然开朗。他觉得诸葛亮人才难得，于是恳切地请诸葛亮出山，帮助他完成兴复汉室的大业。

后来，刘备采取了诸葛亮的建议，在赤壁之战中获胜，势力由弱转强。

刘备称帝后不久，病死在白帝城，临死前将蜀国的大权都交给了诸葛亮。诸葛亮一心帮助刘备的儿子新国君刘禅。此时西南少数民族乘机起兵，225年，诸葛亮亲自带军南下，用计谋和平地解决了矛盾，并获得了当地少数民族首领孟获的信任。此后，诸葛亮就任用少数民族首领管理当地人，蜀政权与少数民族关系大大改善。同时，他还大力进行了内部的改革，任用有才能的人，注意农业生产和水利建设，加强部队纪律，使蜀国很快摆脱了危机。

后来，为了国家的统一，他六次北上攻打曹魏，但都失败了。在最后一次北伐中，他由于过度劳累，病死在五丈原军营中。

在中国人的心目中，诸葛亮是智慧的化身，他的传奇故事被广为传颂。

1 | 2 / 3

1. 诸葛亮像
   Porträt von Zhuge Liang
2. 三顾茅庐皮影
   Schattenspiel über eine Geschichtsepisode: Liu Bei sucht dreimal den weisen Zhuge Liang in seiner Strohhütte auf
3. 诸葛亮所著的《出师表》
   Denkschrift anlässlich des Ausrückens eines Heeres, verfasst von Zhuge Liang

▶ 小资料　Kurzinformation

三顾茅庐

刘备与关羽、张飞二人结为兄弟，拥有一个不大的军事集团，依附荆州的刘表。为扩大自己的势力，他开始网罗人才。他曾听说过诸葛亮，知道他很有谋略，便带着关、张二将，到隆中诸葛亮的草庐去拜访。一连两次，诸葛亮都避而不见。第三次，诸葛亮被刘备的诚心感动，才出来会见。刘备终于找到了一位有才能的军师。

San Gu Maolu (dreimal den weisen Zhuge Liang in seiner Strohhütte aufsuchen)

Nachdem Liu Bei sich mit Guan Yu und Zhang Fei verbrüdert hatte, schloss sich diese kleine Militärgruppe Liu Biao in Jingzhou an. Um seine Macht zu stärken, suchte sich Liu Bei begabte und tüchtige Persönlichkeiten. Er hörte von der enormen Intelligenz des Zhuge Liang. Daraufhin suchte er zusammen mit seinen beiden Generalen Guan Yu und Zhang Fei dreimal Zhuge Liangs Bauernhof auf, um ihn zu bitten, sein Berater zu werden. Bei den ersten beiden Besuchen vermied Zhuge Liang ein Treffen. Beim dritten Besuch war er aber von der Aufrichtigkeit Liu Beis so bewegt, dass er sich mit ihm traf. So gewann Liu Bei einen intelligenten Berater.

Zhuge Liang

Zhuge Liang war ein hervorragender Politiker und Stratege.

Zhuge Liang, Rufname Kongming, auch Wolong genannt, stammte aus Yangdu von Langya (heute Yinan in der Provinz Shandong). Später ließ er sich in Longzhong nieder, wo er viele Bücher las. Beim Lesen unterschied sich Zhuge Liang dadurch von den meisten anderen Lesern, indem er sich nicht lange bei den einzelnen Kapiteln verweilte, sondern danach strebte, schnell den Sinn des Werks zu erfassen. Durch eingehende Beschäftigung mit der Literatur wurde er nicht nur ein Kenner der Geografie und Astronomie, sondern auch ein Meister der Kriegskunst. Er hatte hohe Ideale und wünschte, zur Einigung des Landes seinen Beitrag zu leisten. Zhuge Liang setzte sich intensiv mit der Gesellschaft auseinander und hatte umfassende Kenntnisse der Verwaltung des Staates sowie der Strategie und Taktik der Kriegsführung.

Nach dem Zusammenschluss des Nordens bereitete sich Cao Cao auf eine Südexpedition vor. Zu dieser Zeit hatte Sun Quan das Gebiet am Mittel- und Unterlauf des Yangtse in Besitz. Liu Bei, der schwächste der drei Machthaber dieser Zeit, war in Jingzhou stationiert. Er suchte dreimal Zhuge Liang auf, um den 27-jährigen zu bitten, sein Berater zu werden. Zhuge Liang erläuterte Liu Bei ausführlich die Lage des Landes und schlug ihm vor, ein Bündnis mit Sun Quan gegen Cao Cao einzugehen. Zhuge Liangs durchdringende Analysen überzeugten Liu Bei. Er erkannte das seltene politische Talent des Zhuge Liang und bat ihn, bei der Wiedererbelebung der Han-Dynastie zu helfen.

Später besiegte Liu Bei unter Berücksichtigung von Zhuge Liangs Ratschlägen Cao Cao in der Chibi-Schlacht und wurde in der Fol-

gezeit immer mächtiger.

Kurz nachdem sich Liu Bei zum Kaiser ernannt hatte, erkrankte er und starb in Baidicheng. Vor seinem Tod übergab er Zhuge Liang die Macht im Reiche Shu. Zhuge Liang setzte sich mit Leib und Seele für die Regierungsgeschäfte ein und beriet den neuen Kaiser Liu Chan, Liu Beis Sohn. In dieser Zeit wurden die Volksstämme im Südwesten unruhig. Zhuge Liang führte 225 eine Süd-Expedition durch und versuchte, durch Diplomatie, Politik und taktisches Geschick, die Konfliktherde zu beseitigen. Er gewann das Vertrauen von Menghuo, dem Führer der einheimischen nationalen Minderheiten. Danach berief Zhuge Liang einige Führer der nationalen Minderheiten zu Beamten und übertrug ihnen die Verwaltung ihrer Heimatregionen, wodurch sich die Beziehungen zwischen der Shu-Regierung und den nationalen Minderheiten erheblich verbesserten. Gleichzeitig führte er interne Reformen durch, rekrutierte begabte und fähige Persönlichkeiten, förderte die Landwirtschaft und den Wasserbau und festigte die Disziplin der Armee. Durch diese Maßnahmen wurde das Shu-Reich bald aus seiner Krise geführt.

Danach unternahm er sechs Expeditionen nach Norden, um China zu einigen. Alle diese Unternehmungen scheiterten. Während des letzten dieser Feldzüge starb er an Erschöpfung in der Kaserne in Wuzhangyuan.

Für das chinesische Volk gilt Zhuge Liang bis heute als Verkörperung der Weisheit. Legenden über ihn sind in China in aller Munde.

	2
1	3

1. 湖北襄樊三顾堂是刘备三顾茅庐的纪念堂
   Sangutang in Xiangfan der Provinz Hubei
   ist ein Gebäude, wo Liu Bei dreimal den
   weisen Zhuge Liang aufsuchte

2. 诸葛亮采用攻心战术，七擒叛军首领孟获
   Zhuge Liang nahm mit geschickter
   Taktik siebenmal Meng Huo, den Füh-
   rer der Rebellentruppen, gefangen

3. 纪念诸葛亮的四川成都武侯祠
   Der Wuhou-Tempel für Zhuge Liang in
   Chengdu, Provinz Sichuan

赤壁之战

Die Schlacht am Chibi

曹操统一了北方之后，剩下能与他对抗的，就只有在长江一带的孙权和在湖北一带的刘备了。

208年，曹操带了20万大军（号称80万）南下。刘备退守湖北武昌，此时他只有军士2万多人。在军师诸葛亮的建议下，他决定与孙权共同抗曹。诸葛亮向孙权指出，曹操虽然人多，但其中有七八万是刚投降的荆州士兵，这些人主要是水军，是作战的主力，但他们不一定真心服从曹操。而曹操的北方士兵，不善于水战，长途而来生病的也很多。这些分析使孙权看清了形势，同意派大将周瑜带领3万军士与刘备一起作战。

曹军驻扎在赤壁（今湖北赤壁市，又一说在今湖北嘉鱼县东北），曹操下令用铁索把战船锁在一起，以便北方士兵在船上行走。诸葛亮和周瑜都决定用"火攻"的方法进攻曹操。一天夜里，刮起了东南风。周瑜派部下黄盖假装投降曹操，带着10艘战船，船上装满浇了油的柴草，向曹军驶去。接近曹军时，他们同时点火，火船顺风向曹操的战舰驶去，曹军战舰因为锁在一起，一时无法解开，不一会便成了一片火海。火又烧到了岸上，曹军死伤很多，大败而逃。

赤壁之战后，全国形势发生了变化。曹操退回北方。曹操死后，220年，他的儿子曹丕废掉汉献帝自立，国号为"魏"，

都城为洛阳。刘备乘机占据了荆州大部分地方，又向西发展，在221年，也自立为帝，国号为"蜀"，建都成都。孙权则巩固了长江中下游的势力，222年称王，国号为"吴"，都城为建业（今南京）。三国鼎立的局面，直至280年西晋灭吴才结束。

1 | 2

1. 周瑜塑像
   Die Statue von Zhou Yu
2. 江西九江甘棠湖（相传为三国时期东吴都督周瑜的点将台旧址）
   Der Gantang-See in Jiujiang, Provinz Jiangxi (Der Überlieferung nach rief Zhou Yu, der Oberbefehlshaber der Armee des Wu-Reichs während der Periode der Drei Reiche, hier die Offiziere einzeln auf und übertrug ihnen ihre Aufgaben)

▶ 小资料　Kurzinformation

孙权称霸江东

孙权（约182—252年），字仲谋，今浙江人。他在哥哥孙策死后，接管了长江中下游的军政大权。当时有人很轻视他，公开反叛，孙权迅速调来军队，把反叛的人杀了。大家见他这样有胆量，都很佩服他。后来，曹操要孙权送一个儿子去做人质，保证双方友好。孙权听从了周瑜的意见，决定不服从曹操，利用江东的地理优势，自己开创霸业，于是才有后来三国鼎立的出现。

Sun Quans Herrschaft über das Gebiet östlich des Yangtse

Sun Quan (ungefähr 182—252), Rufname Zhongmou, stammte aus dem heutigen Zhejiang. Nach dem Tod seines Bruders Sun Ce übernahm er die Militärmacht über das Gebiet am Mittel- und Unterlauf des Yangtse. Er wurde zunächst von einigen unterschätzt, und es gab Rebellionen gegen ihn. Daraufhin zog Sun Quan schnell eine Armee zusammen und tötete die Rebellen. Sein mutiges Vorgehen überzeugte alle. Später verlangte Cao Cao von Sun Quan, ihm einen seiner Söhne als Geisel zu geben, um den Frieden zwischen den beiden Mächten zu sichern. Sun Quan hörte auf den Rat von Zhou Yu und lehnte Cao Caos Ansinnen ab. Die geografischen Bedingungen am östlichen Yangtse-Ufer begünstigten seine Karriere als einer der Herrscher im entstehenden Mächtedreieck.

Die Schlacht am Chibi

1. 孙权像
   Porträt von Sun Quan
2. 湖北赤壁山
   Der Chibi-Berg in der Provinz Hubei

Nachdem Cao Cao Nodchina geeint hatte, standen ihm nur noch Sun Quan am Yangtse und Liu Bei in Hubei gegenüber.

208 startete Cao Cao mit einer Truppe von 200 000 Mann (andere Quellen sprechen gar von 800 000 Mann) seine Südexpedition. Liu Bei zog sich nach Wuchang in der Provinz Hubei zurück. Zu dieser Zeit verfügte er über nur noch 20 000 Soldaten. Auf Vorschlag von Zhuge Liang entschloss er sich zu einem Bündnis mit Sun Quan. Zhuge Liang erklärte Sun Quan, dass Cao Caos Armee trotz ihrer Größe zu besiegen sei, weil die Hauptkräfte von Cao Caos Truppen, vor allem Matrosen und Soldaten aus Jingzhou seien, die sich erst kürzlich Cao Cao ergeben hätten und nicht aufrichtig für Cao Cao kämpfen würden. Und Cao Caos Soldaten aus dem Norden könnten nicht gut auf dem Wasser kämpfen und wären überdies durch die Reisestrapazen entscheidend geschwächt. Zhuge Liangs Analysen leuchteten Sun Quan ein. Er beauftragte seinen General Zhou Yu, mit 30 000 Mann zusammen mit Liu Bei gegen Cao Cao zu kämpfen.

Cao Cao stationierte seine Truppen am Chibi (heute Stadt Chibi in der Provinz Hubei, bzw. nordöstlich des Kreises Jiayu in der Provinz Hubei). Cao Cao gab Befehl, seine Kriegsschiffe mit Stahltrossen untereinander zu verbinden, damit sich seine Soldaten aus Nordchina auf den Schiffen wie bei einem Kampf auf dem Erdboden bewegen konnten. Da entschlossen sich Zhuge Liang und Zhou Yu zu einer Attacke mit Feuer. Eines Nachts wehte ein starker Wind aus Südosten. Zhou Yu schickte seinen General Huang Gai zu Cao Cao, der eine Kapitulation seiner Truppe vortäuschte. Mit etwa zehn Booten, beladen voller in Öl getränktem Brennholz näherte sich Huang Gai dem Lager Cao Caos. In unmittelbarer Nähe von Cao Caos Flotte zündete er seine Boote an, die dank des günstigen Windes ins feindliche Lager trieben. Da Cao Caos Schiffe untereinander verbunden waren, brannte in kürzester die ganze Flotte. Der Brand griff auch aufs Land über, und Cao Caos Truppen erlitten schwere Verluste.

Nach der Schlacht am Chibi hatte sich die Lage des Landes verändert. Cao Cao zog sich nach Norden zurück. Nach seinem Tod im Jahr 220 setzte sein Sohn Cao Pi den Han-Kaiser Xiandi ab und gründete das Reich Wei mit der Hauptstadt Luoyang, während Liu Bei die Gelegenheit nutzte, um die Region Jingzhou größtenteils für sich zu gewinnen. Danach erweiterte er seinen Besitz weiter nach Westen und ernannte sich schließlich auch zum Kaiser des Reichs Shu mit der Hauptstadt Chengdu. Sun Quan konnte seine Herrschaft in der Region Jiangdong konsolidieren und gründete das Reich Wu mit der Hauptstadt Jianye (heute Nanjing), so dass am Ende dieser konfliktreichen Zeit ein Mächtedreieck in China entstand, das bis zur Annexion des Reichs Wu durch die Westliche Jin-Dynastie im Jahr 280 andauerte.

赤壁之战示意图
Kartenskizze zur Schlacht am Chibi

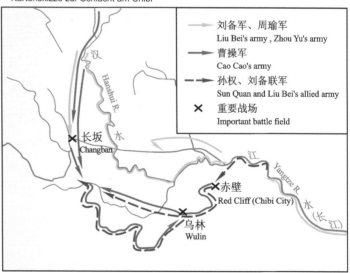

西晋八王之乱

Die Unruhen durch acht Prinzen der Westlichen Jin-Dynastie

1. 司马炎像
   Porträt von Sima Yan

　　265年，司马炎逼迫魏帝退位，自立为帝，他就是晋武帝，国号为"晋"，史称西晋，定都洛阳，西晋出兵灭吴，重新实现了全国的统一。西晋初年，政府实施了一系列政策，鼓励农民种田养蚕，开垦荒地，增加生产。在两年多的时间里，全国户口数比两年前增加了130余万，出现了短暂的繁荣局面。

　　晋武帝司马炎为了保住司马氏的天下，恢复了古代的分封制，把司马宗室的27人封为王驻守各地。不久，司马氏家族就发生了内讧（neìhòng），赵王伦、楚王玮等8个王为了争夺皇权刀兵相见，在291至306年间，演出了一场长达16年之久的"八王之乱"。争战中的诸王为了加强自身的力量，利用北方少数民族势力参战，使匈奴、鲜卑（Xiānbēi）、羯（Jié）等军队长驱直入中原，北方地区出现了空前的大动荡。

　　304年，匈奴首领刘渊起兵并逐步控制了并州的大部分土地。308年，刘渊在平阳（今山西临汾）称帝，并派兵攻打洛阳。316年，匈奴军队攻入长安，俘虏了晋愍（mǐn）帝。西晋在不到40年的短暂统一之后灭亡了。

Die Unruhen durch acht Prinzen
der Westlichen Jin-Dynastie

Im Jahr 265 zwang Sima Yan den Kaiser der Wei-Dynastie, auf den Thron zu verzichten, und machte sich selbst zum Kaiser. Er nannte sich als Kaiser Jin Wudi. Die offizielle Bezeichnung seines Staates lautete Jin, historisch als Westliche Jin-Dynastie bekannt. Luoyang wurde Hauptstadt des Staates. Die Westliche Jin-Dynastie entsandt Truppen, welche die Wu-Dynastie vernichteten. Dadurch wurde ganz China wiedervereinigt. Zu Beginn der Westlichen Jin-Dynastie ergriff die Regierung eine Reihe politischer Maßnahmen, um die Bauern zu höheren Leistungen bei der Feldarbeit und in der Seidenraupenzucht anzuspornen, Ödland urbar zu machen und die Produktion insgesamt zu steigern. In etwas mehr als zwei Jahren nahm landesweit die Bevölkerung um über 1,3 Mio. Menschen zu. Es kam zu einer Blüte des Landes, die jedoch nur von kurzer Dauer war.

Um die Herrschaft der Familie Sima zu erhalten, wollte Kaiser Jin Wudi, Sima Yan, das Lehnswesen des Altertums wieder herstellen. 27 Mitglieder der kaiserlichen Familie Sima wurden zu Prinzen ernannt und sollten über verschiedene Orte des Landes wachen. Doch bald gab es innerhalb der Familie Sima Zerwürfnisse und Machtkämpfe. Acht Prinzen, darunter der Zhao-Prinz Lun und der Chu-Prinz Wei, ließen die Waffen sprechen, um für sich die kaiserliche Macht zu erringen. Die von den acht Prinzen verursachten Unruhen dauerten 16 Jahre an. Um ihre eigenen Kräfte zu verstärken, verbündeten sie sich auch mit Truppen der nationalen Minderheiten des Nordens. Das ermöglichte den Truppen der Hunnen, Xianbei, Jie und anderer, rasch und unaufhaltsam in die zentrale Gebiete Chinas am Mittel- und Unterlauf des Gelben Flusses vorzudringen. Dadurch entstand in Nordchina ein Chaos so großen Ausmaßes wie noch nie zuvor in der chinesischen Geschichte.

Im Jahr 304 erhob sich der Häuptling der Hunnen, Liu Yuan, mit seiner Armee und kontrollierte allmählich den größten Teil des Verwaltungsbezirks Bingzhou. 308 ernannte er sich in Pingyang (heute Linfen der Provinz Shanxi) zum Kaiser und schickte Truppen nach Luoyang. Bald darauf erstürmte die Armee der Hunnen Chang'an und nahm dort den Jin-Kaiser Mindi gefangen. Nach einer nur 40-jährigen Periode der Einheit des Landes ging die Westliche Jin-Dynastie zugrunde.

淝水 之战

Die Schlacht am Fluss Feishui

1. 司马睿像
   Porträt von Sima Rui
2. 东晋和十六国形势图
   Kartenskizze: Lage der Östlichen
   Jin-Dynastie und der 16 Teilstaaten
   in Nordchina
3. 淝水之战图
   Kartenskizze: Schlacht am Fluss
   Feishui

317年，晋朝皇族司马睿在王导等人的拥戴下即位，定都建康（今南京），史称东晋。在北方，内迁的各族和汉族在黄河流域先后建立了16个政权，史称"十六国"。

4世纪下半期，前秦皇帝苻坚（Fú Jiān）统一了北方。383年，苻坚发兵南下，打算一举消灭东晋。战前有人劝阻苻坚，东晋有长江作为屏障，很难攻打。苻坚不听，他说："我们人多势众，只要我们一人扔一根鞭子，长江水都会断流的！"

面对前秦的进攻，东晋上下决心同心协力抗敌。当时，晋军将领是谢石、谢玄和刘牢之，总数只有8万人。10月，前秦军队攻占寿阳（今安徽寿县），苻坚派被俘的东晋将军朱序到晋军中去劝降。朱序到了晋营，趁机告诉谢石，前秦军队到达前线的只有25万军士，建议晋军率先发起进攻。

11月，刘牢之带精兵5 000人进攻，消灭了前秦军5万人。谢石等随后乘胜前进，在淝水与前秦军隔水对阵。一天，谢玄以隔水不方便打仗为理由，请秦军后退。苻坚想乘晋军渡河时用骑兵猛冲，消灭晋军，于是命令秦军后退。可是，前秦士兵不明白后退的意思，以为秦军已经战败了。此时，朱序又乘机大喊，"秦军败了！秦军败了！"，前秦军队顿时大乱。晋军乘机渡过了淝水，秦兵拼命逃跑，苻坚被箭射伤，只带了10多万人逃回长安。

东晋和十六国形势图
Kartenskizze: Lage der
Östlichen Jin-Dynastie
und der 16 Teilstaaten
in Nordchina

这是历史上有名的以少胜多的战役。淝水之战后，前秦瓦解，北方又重新分裂。而东晋则保证了南方的稳定。后来东晋政权被大将刘裕夺取，建立了宋。420年至589年的170年里，南方先后经历了宋、齐、梁、陈四个朝代，历史上称之为南朝。439年北魏政权统一北方，与南朝形成对峙的局面，历史进入了南北朝时期。

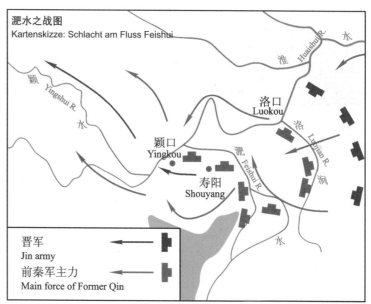

淝水之战图
Kartenskizze: Schlacht am Fluss Feischui

晋军
Jin army

前秦军主力
Main force of Former Qin

▶ 小资料　Kurzinformation

"草木皆兵"的来历

淝水之战时，前秦军队与晋军隔着淝水对阵，准备决战。一天，符坚登上寿阳城头观察对岸晋军的形势，他一眼望去，只见晋军的营帐排列得整整齐齐，又往远处看，对面八公山上草木摇动，不知部署了多少晋兵。他对身旁的弟弟说道，这是很厉害的敌人，怎么能说他们很弱呢。说完脸上露出害怕的神情，命令秦兵严加防守。这就是成语"草木皆兵"的来历，用来形容人在非常害怕的时候，听到一点点动静，就很紧张。

Der Ursprung der Redewendung „Cao Mu Jie Bing" (jeden Busch und jeden Baum für einen feindlichen Soldaten halten)

Während der Feischui-Schlacht standen sich die Armeen der Früheren Qin-Dynastie und der Östlichen Jin-Dynastie, getrennt durch den Fluss Feischui, zum Entscheidungskampf gegenüber. Eines Tages bestieg Fu Jian die Stadtmauer von Shouyang, um die Stellung der Jin-Armee jenseits des Flusses Feischui zu erkunden. Zuerst sah er die wohlgeordneten Zeltreihen der Jin-Armee. In weiter Ferne erblickte er die Büsche und Bäume am Baugong-Berg, die hin und her schwankten. Wie viele Jin-Soldaten mochten sich dort versteckt halten? Fu Jian sagte heimlich zu seinem jüngeren Bruder: „Die Feinde haben es in sich. Wie kann man denn behaupten, sie seien sehr schwach?" Er blickte sich ängstlich um und erließ Befehl zur geschlossenen Verteidigung. Hier liegt der Ursprung der Redewendung „Cao Mu Jie Bing". Damit wird beschrieben, wie man von panischer Angst erfüllt sein kann, dass man an überall Gefahr wittert.

Die Schlacht am Fluss

Feishui

Im Jahr 317 bestieg Sima Rui, ein Mitglied der kaiserlichen Familie der Jin-Dynastie, mit Unterstützung von Wang Dao und anderen den Thron und machte Jiankang (heute Nanjing) zur Hauptstadt. Diese Dynastie wird in der Geschichtsschreibung Östliche Jin-Dynastie genannt. Im Norden, im Einzugsgebiet des Gelben Flusses, etablierten sich die Völker, die südwärts gewandert waren. Die Han-Nationalität siedelte nun in 16 Teilstaaten, die man als die „16 Dynastien" bezeichnete.

In der letzten Hälfte des 4. Jahrhunderts vereinigte Fu Jian, ein Kaiser der Früheren Qin-Dynastie, den Norden. Im Jahr 383 führte Fu Jian Truppen nach Süden und versuchte, die Östliche Jin-Dynastie mit einem Schlag zu stürzen. Man hatte Fu Jian von diesem Schritt abgeraten, weil die Östliche Jin-Dynastie mit dem Yangtse als „Schutzwall" nur sehr schwer anzugreifen war. Aber Fu Jian hörte nicht auf die Warnungen. Er sagte: „Wir stützen uns auf eine große Zahl von Menschen und sind allen an Kraft überlegen. Wenn jeder von uns nur eine Peitsche in den Yangtse würfe, wäre der Flusslauf unterbrochen!"

In der Östlichen Jin-Dynastie einten sich alle im Widerstand gegen den Angriff der Früheren Qin-Dynastie. Die Jin-Armee, damals von Xie Shi, Xie Xuan und Liu Laozhi geführt, zählte nur 80 000 Mann. Im Oktober eroberte die Armee von Fu Jian Shouyang (heute Kreis Shouxian der Provinz Anhui). Fu Jian schickte den General der Östlichen Jin-Dynastie, Zhu Xu, den er gefangen hatte, zur Jin-Armee zurück, um die Oberbefehlshaber zur Kapitulation zu bewegen. Zhu Xu nutzte diese Gelegenheit und teilte im Jin-Feldquartier Xie Shi

mit, dass die Armee der Früheren Qin-Dynastie an der Front nur 250 000 Mann zählte. Er schlug vor, als erster anzugreifen.

Im November leitete Liu Laozhi mit 5000 ausgesuchten Kämpfern einen Angriff ein und vernichteten 50 000 Mann der Qin-Armee. Xie Shi setzte den Siegesmarsch fort und stand dann, nur durch den Fluss Feischui getrennt, der Qin-Armee gegenüber. Eines Tages schlug Xie Xuan Fu Jian vor, dieser solle sich etwas vom Flussufer zurückziehen, weil es nicht günstig sei, durch den Fluss getrennt gegeneinander zu kämpfen. Fu Jian ging darauf ein, weil er beabsichtigte, die Jin-Armee beim Überqueren des Flusses mit seiner Kavallerie entschlossen zu attackieren, um sie mit einem Schlag zu zerschmettern. So befahl er seiner Armee, sich zurückzuziehen. Aber seine Soldaten missverstanden dies und glaubten, sie hätten den Krieg schon verloren. In diesem Augenblick schrie Zhu Xu aus vollem Hals: „Die Qin-Armee ist besiegt! Die Qin-Armee ist besiegt!" Nun brach in der Qin-Armee Panik aus. Die Jin-Armee nutzte die Gunst des Augenblicks und überquerte den Fluss. Die Qin-Armee floh unaufhaltsam. Fu Jian wurde von einem Pfeil getroffen und führte nur noch etwas mehr als 100 000 Mann in wilder Flucht nach Chang'an zurück.

Das war die berühmte historische Schlacht am Fluss Feishui, in der zahlenmäßig unterlegene Kräfte eine Übermacht besiegten. Nach der Schlacht am Feishui brach die Frühere Qin-Dynastie zusammen. Der Norden wurde wieder aufgesplittert. Im Gegensatz dazu stabilisierte die Östliche Jin-Dynastie ihre Herrschaft im Süden. Später errang der Armeegeneral Liu Yu die Macht in der Östlichen Jin-Dynastie und gründete danach die Song-Dynastie. In einem Zeitraum von 170 Jahren, zwischen 420 und 589, gab es im Süden nacheinander die vier Dynastien Song, Qi, Liang und Chen, die in der Geschichtsschreibung Südliche Dynastien genannt werden. Im Jahr 439 einigte die Nördliche Wei-Dynastie den Norden. Norden und Süden standen sich einige Zeit gegenüber. Man bezeichnet diese Periode als Zeit der Südlichen und Nördlichen Dynastien.

1. 淝水之战主战场
   Hauptfeld der Schlacht am Fluss Feishui
2. 淝水之战图
   Kartenskizze: Schlacht am Fluss Feishui

1　2

孝文帝改革

Die Reform des Kaisers Xiaowendi

建立北魏、统一北方的拓跋（Tuòbá）氏是鲜卑族杰出的一部。拓跋部早期没有房屋、文字和法律，魏晋之际，他们游牧到阴山以南草原，成为36个鲜卑部族的首领，并开始定居，从事农业生产，逐渐强大起来。386年拓跋珪（Guī）即王位，改国号魏。439年太武帝拓跋焘（Tāo）统一了北方，结束了100多年分裂混战的局面，但是，北魏前期的统治一直处于不稳定状态，能否巩固统治的关键就在于改革鲜卑旧的习俗和加速汉化上。

孝文帝拓跋宏是北魏杰出的政治家，他认为要巩固统治一定要吸收中原文化，改革鲜卑族落后的习俗。490年孝文帝亲政，他继续推行文明太后的改革措施，加快了改革鲜卑旧俗、全面汉化的步伐。

494年，孝文帝把都城从平城(今山西大同)，迁到了洛阳。

孝文帝迁都后，推行了一系列改革措施。改革的主要内容有：改革官制；要求鲜卑官民穿汉族的服装；三十岁以下在朝廷做官的鲜卑人一律说汉语；改用汉族姓氏；鼓励鲜卑人与汉族通婚等等。

孝文帝喜欢读书，主张用儒家思想来治理国家。孝文帝并封孔氏宗子为崇圣侯。他曾亲自到曲阜祭孔庙，提倡儒学，建立学校，得到了汉族士人的拥护。

孝文帝推行汉化政策是非常坚决的，他坚决镇压反对改革的叛乱，对改革措施也实施严格督察。一次，他在街上看见一个妇女坐在车中，一身鲜卑打扮，就在朝廷上责备任城王拓跋澄（Chéng）督察不严，并让史官记载下来。

孝文帝的改革，加速了鲜卑和北方的汉化过程，促进了北方民族的大融合，洛阳附近的许多荒地得到了开垦，北魏的政治和经济有了很大的发展，北魏政权也得到了巩固。

$$\frac{\begin{array}{c|}1\\\hline2\end{array}}{}3$$

1. 孝文帝像
   Porträt von Kaiser Xiaowendi
2. 敦煌北魏时期壁画
   Wandmalereien aus der Nördlichen Wei-Dynastie in Dunhuang
3. 北魏石刻
   Steinschnitzereien aus der Nördlichen Wei-Dynastie

Die Reform des **Kaisers Xiaowendi**

D ie Tuoba waren ein hervorragender Stamm der Xianbei. Dieser gründete die Nördliche Wei-Dynastie und einte den Norden. In der Frühzeit kannten die Tuoba keine Häuser, keine Schrift und kein Gesetz. Zwischen der Wei- und der Jin-Dynastie weideten sie ihre Viehherden auf den Grassteppen südlich des Yinshan-Gebirges und zogen schließlich ganz dorthin. Zu jener Zeit wurden die Tuoba Führer der 36 Stämme des Xianbei-Volkes und begannen sesshaft zu werden. Sie betätigten sich landwirtschaftlich und die Tuoba erstarkten weiter. Im Jahr 386 bestieg der Tuoba Gui den Thron und änderte die offizielle Bezeichnung seines Staates in Wei ab. 439 einte der Wei-Kaiser Taiwudi den Norden und beendete damit einen mehr als 100-jährigen wilden Kampf. Doch anfangs war die Herrschaft der Nördlichen Wei-Dynastie nicht immer stabil. Die Konsolidierung der Herrschaft hing davon ab, in welchem Maße die alten Sitten und Gebräuche des Xianbei-Volkes zu reformieren waren und wie schnell die Anpassung an die Han-Chinesen erfolgte.

Der Kaiser Xiaowendi, Tuoba Hong, war ein ausgezeichneter Politiker der Nördlichen Wei-Dynastie. Er war der Meinung, man müsse unbedingt die Kultur der zentralen Gebiete Chinas am Mittel- und Unterlauf des Gelben Flusses aufnehmen und die rückständigen Bräuche des Xianbei-Volkes reformieren, um die Regierung zu konsolidieren. Im Jahr 490 übernahm Xiaowendi selbst die Regierung. Er führte die Reformmaßnahmen der Kaiserinmutter Wenming weiter und beschleunigte die Reform der alten Bräuche des Xianbei-Volkes und die umfassenden Assimilation an die Han-Chinesen.

Im Jahr 494 verlegte Xiaowendi seine Hauptstadt von Pingcheng (heute Datong der Provinz Shanxi) nach Luoyang.

Nach der Verlegung der Hauptstadt wurde eine Reihe von Maßnahmen durchgeführt. Dazu gehörten u. a. die Reform des Beamtensystems, das Tragen han-chinesischer Kleidung und die Verwendung von Familiennamen der Han-Chinesen. Außerdem wurden von den Xianbei-Beamten gefordert, die jünger als 30 waren, Han-Chinesisch zu sprechen. Die Xianbei wurden auch ermuntert, Angehörige der Han-Nationalität zu heiraten.

Xiaowendi las gern und war der Ansicht, der Staat müsse nach konfuzianischen Ideen verwaltet werden. Er verlieh allen Nachkommen des Konfuzius den Titel „Chongsheng-Fürst" (Fürst zur Verehrung des Weisen) und reiste nach Qufu, um im Konfuziustempel eine Gedenkfeier zu veranstalten. Er förderte den Konfuzianismus und etablierte Schulen, was durch Gelehrte der Han-Nationalität unterstützt wurde.

Xiaowendi verfolgte die Politik der Assimilation zu Han-Chinesen entschlossen und schlug den Aufruhr gegen seine Reformen umsichtig nieder. Die Durchführung der Reformmaßnahmen wurde streng beaufsichtigt. Als Xiaowendi einmal bemerkte, dass eine Frau, noch immer im Xianbei-Stil gekleidet, in einem Wagen durch die Straßen fuhr, warf er dem Rencheng-Prinzen, Tuoba Cheng, am kaiserlichen Hof vor, keine wirksame Kontrolle auszuüben, und ließ durch den amtlichen Geschichtsschreiber den Vorwurf aufzeichnen.

Xiaowendis Reform beschleunigte die Assimilation des Xianbei-Volkes bzw. des Nordens zur Han-Nationalität und förderte die ethnische Verschmelzung im Norden. In der Umgebung von Luoyang wurde viel Ödland urbar gemacht. Die Wirtschaft der Nördlichen Wei-Dynastie entwickelten sich dank der politischen Maßnahmen in großen Schritten. Damit wurde die Staatsmacht gefestigt.

花木兰代父从军

Hua Mulan trat an ihres Vaters Stelle in die Armee ein

1. 河南商丘花木兰祠
   Der Tempel für Hua Mulan in Shangqiu, Provinz Henan
2. 民间剪纸花木兰
   Scherenschnitt mit Hua Mulan als Motiv

1 2

"唧唧复唧唧，木兰当户织，不闻机杼(zhù)声，唯闻女叹息……" 这是一首流传很广的北方民歌《木兰辞》的开头，这首民歌的主角是一位英勇的北方女性，叫花木兰，这首长篇叙事诗讲述了花木兰女扮男装替父从军的传奇故事。

据说花木兰是北魏人，北方人喜欢练武。花木兰的父亲以前是一位军人，木兰十来岁时，他就常带木兰到村外小河边练武、骑马、射箭、舞刀、使棒。空余时间，木兰还喜欢看父亲的旧兵书。

北魏经过孝文帝的改革，社会经济得到了发展，人民生活较为安定。但是，当时北方的游牧民族柔然族不断南下骚扰，北魏政府规定每家出一名男子上前线。木兰的父亲年纪大了，哪能上战场呢？家里的弟弟年纪又小，于是木兰决定替父从军，从此开始了她长达12年的军队生活。去边关打仗，对于很多男人来说都是艰苦的事情，更不要说木兰是女子，既要隐瞒身份，又要与伙伴们一起杀敌。但是花木兰最后完成了自己的使命，12年后胜利还家。皇帝因为她的功劳，想请她做大官，被花木兰拒绝了。

千百年来，花木兰一直是受中国人尊敬的一位女性，因为她既勇敢又纯朴。1998年，迪士尼公司将花木兰的故事改编成了动画片，受到了全世界的欢迎。

Hua Mulan trat an ihres Vaters Stelle in die Armee ein

Es knarrt und knarrt, Mulan webt Stoff zu Haus, „man hört nicht das Geräusch des Webstuhls, sondern nur das Seufzen des Mädchens...". Das ist der Anfang eines nordchinesischen Volksliedes, *Die Ballade von Mulan*, das weit verbreitet ist. Die Heldin des Liedes war ein tapferes Mädchen in Nordchina, das Hua Mulan hieß. Die Ballade erzählt die Legende, wie sich Hua Mulan als Mann verkleidete, um an ihres Vaters Stelle den Militärdienst abzuleisten.

Angeblich lebte Hua Mulan während der Zeit der Nördlichen Dynastien. Damals übten sich die Bewohner des Norden im Kampfsport. Der Vater von Hua Mulan war früher schon Soldat gewesen. Als Hua Mulan etwa zehn Jahre alt war, nahm er seine Tochter oft zum Ufer eines kleinen Flusses außerhalb des Dorfes mit, um sie in Wushu zu unterrichten. Hua Mulan lernte reiten, Bogen schießen sowie die Kampfkunst mit Säbel und Stange. Außerdem las sie gern die alten Abhandlungen über die Kriegskunst, die ihr Vater besaß.

In der Nördlichen Wei-Dynastie entwickelten sich Gesellschaft und Wirtschaft dank der Reform durch Kaiser Xiaowendi günstig. Die Bevölkerung lebte in gesicherten Verhältnissen. Doch das Nomadenvolk Rouran fiel ständig in die südlichen Grenzgebiete ein und störte das Leben der Einwohner. Deshalb ordnete die Regierung der Nördlichen Wei-Dynastie an, aus jeder Familie einen Mann an die Front zu schicken. Mulans Vater war aber schon betagt. Wie konnte er da noch in an die Front gehen? Weil Hua Mulans jüngerer Bruder noch ein Kind war, beschloss das Mädchen Mulan, statt ihres Vaters in die Armee einzutreten. Ihr Soldatendasein dauerte 12 Jahre. Es war auch für viele Männer nicht leicht, im Grenzgebiet kämpfen zu müssen. Noch schwerer war es natürlich für Hua Mulan, die ja auch noch ihre Identität verheimlichen musste. Doch Hua Mulan erfüllte ihre Aufgabe erfolgreich und kehrte nach 12 Jahren in die Heimat zurück. Wegen ihrer Verdienste wollte sie der Kaiser zu einem hohen Beamten ernennen, was Hua Mulan aber ablehnte.

Seit Jahrhunderten wird Hua Mulan von Chinesen verehrt, weil sie tapfer und schlicht war. 1998 produzierte die US-amerikanische Firma Disney einen Trickfilm nach der Geschichte von Hua Mulan, der weltweit erfolgreich war.

"书圣"王羲之与"画绝"顾恺之

Der „Heilige der Kalligraphie" Wang Xizhi und der „einmalige Maler" Gu Kaizhi

王羲之（Wáng Xīzhī）（约303—361年），山东人，东晋大书法家，后人尊称他为"书圣"。

王羲之年轻时跟卫夫人学习书法，后来又游历名山大川，观察、学习了前辈书法家们的碑刻。他练习书法十分刻苦，据说，他曾在浙江绍兴兰亭的池塘边日夜练习，竟使一池清水变成了黑色。最后，他终于形成了自己独特的风格。王羲之的行书和草书对后人影响很大，他有名的碑帖有《兰亭集序》、《快雪时晴帖》等。唐太宗对王羲之的书法非常重视，特别选取了他书法作品中的1 000个字，编成《古千字文》一书，让学生们学习。

顾恺之（Gù Kǎizhī）（约345—409年），东晋时期杰出的画家，后人把他和陆探微、张僧繇（Zhāng Sēng-yáo）、吴道子并称为"画家四祖"。他曾游遍中国南方，为绘画创作积累了丰富的素材。

顾恺之的人物画特别出色，他强调"以形写神"，主张通过人物的眼睛看见心灵的秘密。他曾在一座寺庙里作壁画，画完人物后不点眼珠，等到参观的时候，他当场点画眼珠，人像顿时精神焕发，仿佛真人一样。顾恺之的绘画真迹早已失传，现在保存的有古人照原样绘制的《女史箴（zhēn）图卷》、《洛神赋图卷》、《列女仁智图卷》等。

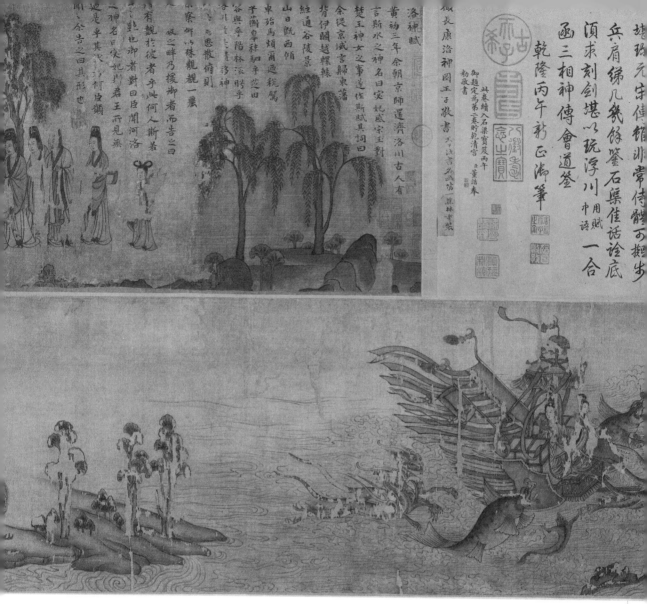

小资料　Kurzinformation

楷书的初创者

汉末魏初有一位书法名人叫钟繇（Zhōng Yáo），他擅长书法，特别精通楷书。他是中国书法史上第一位楷书大家，他的楷书，使得中国字由以前流行的隶书向楷书转变，对于汉字的定型作出了贡献。他的代表作有《宣示表》和《荐季直表》。

Der Begründer der Normalschrift in der chinesischen Kalligraphie

Zwischen dem Ende der Han-Dynastie und dem Anfang der Wei-Dynastie lebte der bekannten Kalligraph Zhong, der besonders in der Normalschrift brillierte. Er war der erste große Meister für die Normalschrift in der Geschichte der chinesischen Kalligraphie. Seine Normalschrift trug zur Festlegung der chinesischen Schriftzeichen bei,; zuvor war die Li-Schrift (eine von der Xiaozhuan-Schrift herrührende, vereinfachte Kanzleischrift) gebräuchlich gewesen. Die repräsentativen kalligraphischen Werke von Zheng Yao sind *Xuan Shi Biao* (Erklärungsbericht an den Kaiser) und *Jian Ji Zhi Biao* (Bericht über die Empfehlung Ji Zhis an den Kaiser).

1	3
2	

1. 王羲之像
   Porträt von Wang Xizhi
2. 王羲之《丧乱帖》
   Wang Xizhis kalligraphisches Werk *Sang Luan Tie*
3. 顾恺之《洛神赋图卷》局部
   Teil der Bildrolle *Luo Shen Fu* von Gu Kaizhi

Der „Heilige der Kalligraphie" Wang Xizhi und der „einmalige Maler" Gu Kaizhi

1	2
	3

1. 浙江绍兴兰亭（传"鹅池"二字为王義之所书）
   Der Lanting-Pavillon in Shaoxing, Provinz Zhejiang. Die beiden Schriftzeichen „E Chi " soll von Wang Xizhi geschrieben sein
2. 王羲之《兰亭集序》
   Wang Xizhis berühmtestes kalligraphisches Werk Lanting Ji Xu
3. 顾恺之《女史箴图卷》局部
   Gu Kaizhis Bildrolle Nü Shi Zhen

Wang Xizhi (ca. 303 — 361) stammte aus Shandong und war ein großartiger Kalligraph in der Östlichen Jin-Dynastie. Nach seinem Tod wurde er respektvoll „Heiliger der Kalligraphie" genannt.

In seiner Jugend lernte Wang Xizhi bei Frau Wei Kalligraphie. Später bereiste er berühmte Berge und große Flüsse, wobei er Denkmalinschriften der Kalligraphen älterer Generationen besichtigte und eingehend studierte. Wang Xizhi übte die Kalligraphie sehr fleißig und intensiv. Der Überlieferung nach wurde ein Teich mit eigentlich klarem Wasser in Lanting, in der Stadt Shaoxing, Provinz Zhejiang, schwarz, weil Wang Xizhi an seinem Ufer Tag und Nacht den Pinsel eintauchte und übte. Schließlich hatte er seinen einzigartiger Stil ausgebildet. Die fließende Handschrift und die Konzeptschrift von Wang Xizhi haben die Kalligraphen nach ihm sehr beeinflusst. Die bekanntesten seiner Steinabzüge von Inschriften als kalligraphische Vorlagen sind *Lanting Ji Xu* für die fließende Handschrift, und *Kuai Xue Shi Qing Tie* für mehrere Schriftarten. Der Tang-Kaiser Taizong legte großen Wert auf die Kalligraphie von Wang Xizhi und wählte persönlich 1000 Schriftzeichen aus seinen kalligraphischen Werken aus. Der Kaiser ließ dann ein Buch mit dem Titel *Tausend Schriftzeichen aus dem Altertum* als Übungsmaterial für Schüler zusammenstellen.

Gu Kaizhi (ca. 345 — 409) war ein ausgezeichneter Maler in der Östlichen Jin-Dynastie. Spätere Generationen zählen ihn zusammen mit

Lu Tanwei, Zhang Sengyao und Wu Daozi zu den „Vier Begründern der Malerei". Gu Kaizhi hatte Südchina kreuz und quer bereist und so zahlreiches Quellenmaterialien für sein Malen gesammelt.

Die figurative Malerei von Gu Kaizhi gilt als hervorragend. Er betonte, „das Innerliche sei mit dem Äußerlichen zu beschreiben", und war der Meinung, man müsse durch die Augen einer gemalten Figur tief in ihr Herzen sehen können. Einst schuf er für einen Tempel Wandgemälde. Nachdem die Arbeit fertiggestellt war, bemerkten Betrachter, dass alle Figuren ohne Pupillen waren. Umgehend tupfte Gu Kaizhi die Pupillen auf. Sofort schienen die gemalten Figuren in gehobener Stimmung zu sein und wirkten wie lebendig. Gu Kaizhis Originale sind leider längst verloren gegangen. Bis heute haben sich nur Kopien der Bildrollen *Nü Shi Zhen*, *Luo Shen Fu* und *Lie Nü Ren Zhi* erhalten.

数学家 祖冲之

Der Mathematiker Zu Chongzhi

祖冲之（429—500年），南朝宋齐时期人。他年轻时就学问渊博，喜爱数学，也喜欢研究天文历法。

祖冲之最大的成就还是在数学方面，他求出了比较精确的圆周率。圆周率是圆的周长和直径之间的比例，中国古代很早就知道这个概念，但不太准确。祖冲之总结前人经验，决定利用三国时候刘徽的"割圆术"来求圆周率。可是，那时运算的工具是竹棍，对于9位数的运算，要经过130次以上的反复计算，而且又容易出错。祖冲之每算一次，至少重复两遍，直到几次的结果完全相同才行。经过刻苦运算，终于得出圆周率大于3.1415926，小于3.1415927的结论。

祖冲之是世界上第一个把圆周率的准确数值算到小数点后7位数字的科学家，直到15世纪的阿拉伯数学家阿尔卡西（Al-Kashi）和16世纪法国数学家韦达（Viete）才推算到小数点后16位，超过了他。除此之外，祖冲之编写过一部《缀（zhuì）术》，收集了他研究数学的主要著作。唐朝时把《缀术》列为数学课的主要教科书。

Der Mathematiker Zu Chongzhi

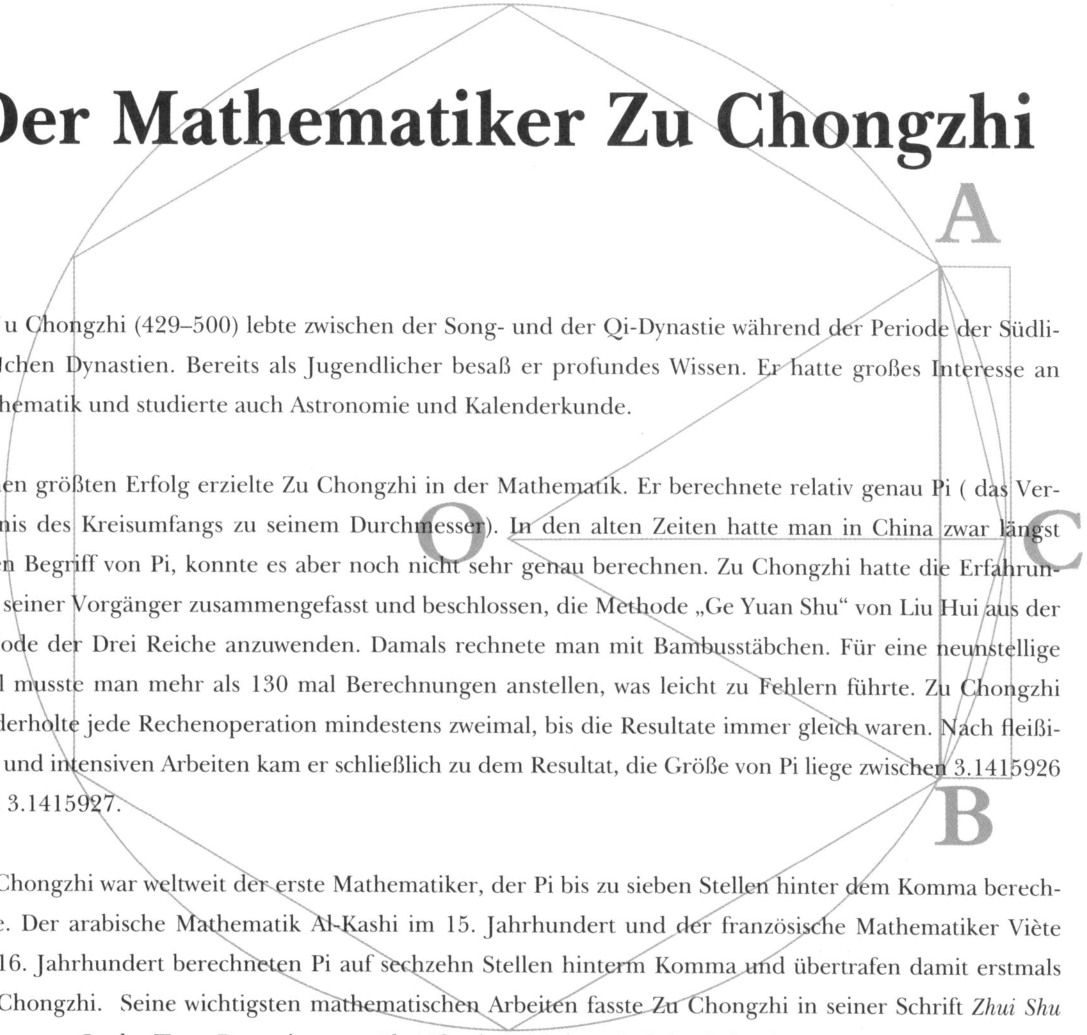

A

Zu Chongzhi (429–500) lebte zwischen der Song- und der Qi-Dynastie während der Periode der Südlichen Dynastien. Bereits als Jugendlicher besaß er profundes Wissen. Er hatte großes Interesse an Mathematik und studierte auch Astronomie und Kalenderkunde.

Seinen größten Erfolg erzielte Zu Chongzhi in der Mathematik. Er berechnete relativ genau Pi (das Verhältnis des Kreisumfangs zu seinem Durchmesser). In den alten Zeiten hatte man in China zwar längst einen Begriff von Pi, konnte es aber noch nicht sehr genau berechnen. Zu Chongzhi hatte die Erfahrungen seiner Vorgänger zusammengefasst und beschlossen, die Methode „Ge Yuan Shu" von Liu Hui aus der Periode der Drei Reiche anzuwenden. Damals rechnete man mit Bambusstäbchen. Für eine neunstellige Zahl musste man mehr als 130 mal Berechnungen anstellen, was leicht zu Fehlern führte. Zu Chongzhi wiederholte jede Rechenoperation mindestens zweimal, bis die Resultate immer gleich waren. Nach fleißigen und intensiven Arbeiten kam er schließlich zu dem Resultat, die Größe von Pi liege zwischen 3.1415926 und 3.1415927.

Zu Chongzhi war weltweit der erste Mathematiker, der Pi bis zu sieben Stellen hinter dem Komma berechnete. Der arabische Mathematik Al-Kashi im 15. Jahrhundert und der französische Mathematiker Viète im 16. Jahrhundert berechneten Pi auf sechzehn Stellen hinterm Komma und übertrafen damit erstmals Zu Chongzhi. Seine wichtigsten mathematischen Arbeiten fasste Zu Chongzhi in seiner Schrift *Zhui Shu* zusammen. In der Tang-Dynastie warm *Zhui Shu* das wichtigste Lehrbuch für den Mathematikunterricht.

1

1. 祖冲之像
Porträt von Zu Chongzhi

封建社会的繁荣时期 ——

隋、唐

Die Blütezeit der Feudalgesellschaft:
Sui- und Tang-Dynastie

概述
Überblick

从东汉末年到隋朝初年近400年间，统一的势力一直在增长，这表明秦汉以来以汉族为核心的中华民族，已经形成了一个相对稳定的共同体，隋的统一是历史的趋势。

581年，杨坚夺取北周政权，建立隋朝。杨坚就是隋文帝。589年，隋灭陈，重新恢复了中国的统一。618年，隋炀（yáng）帝被起义军杀死，隋朝灭亡。在这场农民大起义中，隋朝大官僚李渊父子乘机起兵，建立唐朝。从唐太宗、武则天到唐玄宗前期，唐朝先后出现过"贞观之治"和"开元盛世"。唐朝的疆域空前辽阔，东到大海，南及南海诸岛，西越巴尔喀什湖，东北到外兴安岭一带，边疆少数民族地区逐步得到开发，国势十分强盛。

隋唐时期，经济空前繁荣，对外交往频繁，科技文化成就辉煌灿烂。唐代的书法、绘画、雕刻等成就都很高；唐诗在中国古代诗歌史上发展到了最高峰，李白、杜甫是唐朝最伟大的诗人；唐代散文也有很大成就，韩愈和柳宗元是杰出的代表。唐朝不仅是中国古代强大的王朝，也是当时世界上最繁荣富强的国家之一。

隋唐时期，西欧国家分裂，政局混乱，社会经济文化处于缓慢发展时期。与之相反，亚洲则生机勃勃。当时的亚洲，两大帝国都非常强盛，一是地跨欧、亚、非三洲的阿拉伯帝国，二是中国封建社会的隋、唐王朝。

隋、唐王朝的兴盛也影响了周边国家，特别是日本、朝鲜等东亚国家。当时日本专门派人到中国来学习各种制度和文化。唐都长安（今陕西西安），不仅是当时的政治中心，而且是亚洲各国经济文化交流的中心之一。因为唐朝在国际上的影响巨大而深远，国外称中国人为"唐人"。直到现在，海外的华裔（huáyì）聚居的地方还被称为"唐人街"。

Die Blütezeit der Feudalgesellschaft:
Sui- und Tang-Dynastie

In den mehr als 400 Jahren zwischen der Östlichen Han-Dynastie und dem Anfang der Sui Dynastie wurde die Tendenz zur Vereinigung immer deutlicher.

Die Han, die nach der Qin-Dynastie den Kern des Chinesischen Volkes bildeten, bewiesen schon einen sehr stabilen Gemeinschaftsinn. Die Vereinigung während der Sui-Dynastie entsprach ganz dem Trend der Geschichte.

Im Jahre 581 übernahm Yang Jian die Macht der Nördlichen Zhou-Dynastie und gründete die Sui-Dynastie. Yang Jian war als *Kaiser Sui Wendi* bekannt. Nach dem Sieg über die unabhängige Chen-Dynastie im Jahr 589, gelang ihm die Wiedervereinigung Chinas. Mit dem Tod des Kaisers Sui Yangdi ging, der im Jahr 618 von Aufständischen ermordet wurde, verschwand auch die Sui-Dynastie endgültig. Diese Situation machten sich der Erbaristokrat Li Yuan und sein Sohn zunutze. Sie organisierten eigene Armeen und errichteten ein neues Regime: die Tang-Dynastie. Vom Kaiser Tang Taizong über die Monarchin Wu Zetian bis zur Frühzeit des Kaisers Tang Xuanzong erlebte das Reich eine nie dagewesene Blüte, die als „Zhenguan-Herrschaft mit Ruhe, Ordnung und Prosperität" und „Kaiyuan-Blütezeit" bezeichnet wird. Das Territorium der Tang-Dynastie war unvergleichlich groß. Es dehnte sich östlich zum Großen See, südlich zu den zahlreichen Inseln des südchinesischen Meeres, westlich über den Balkhash-See und nordöstlich bis zum Äußeren Hinggan-Gebirgsrücken aus. In dieser Periode entwickelten sich allmählich die ethnischen Minderheiten innerhalb der chinesischen Grenzen , und das ganze Reich wurde ein starkes und wohlhabendes Land.

In der Sui- und Tang-Zeit florierte die Wirtschaft wie nie zuvor. Die regen Kontakte mit anderen Ländern entwickelten sich positiv und in den Bereichen der Wissenschaft, der Technik und der Kultur wurden großartige Erfolge errungen. Nicht nur die Kalligraphie, die Malerei und die Bildhauerei florierten in dieser Zeit, auch die klassische Dichtkunst erreichte ihren Höhepunkt mit den berühmtesten Dichtern der Tang-Zeit Li Bai und Du Fu, und nicht zuletzt, dic zwei hervorragenden Vertreter der Prosakunst Han Yu und Liu Zongyuan. Das Tang-Reich war nicht nur ein starkes Land im alten China, sondern auch eines der einflussreichsten und wohlhabendsten Länder der Welt.

Zu dieser Zeit war Westeuropa gespalten und es herrschte politisches Chaos. Die Wirtschaft litt unter der Rezession und die Kultur war am Boden. Im Gegensatz dazu erreichten in Asien zwei mächtige Kaiserreiche ihre Glanzzeit. Das eine war das arabische Reich, zu dem Teile Europas, Asiens und Afrikas gehörten. Das andere war die Feudalgesellschaft der Sui- und Tang-Dynastie in China, deren Aufschwung die Nachbarländer, besonders Japan, Korea und andere ostasiatische Länder stark beeinflusste. Viele japanische Gesandte kamen in der Tang-Zeit nach China, um die verschiedenen Systeme der chinesischen Zivilisation zu studieren. Die Tang-Hauptstadt Chang'an (heute Xi'an, Shaanxi Provinz) war nicht nur ein politisches Zentrum, sondern auch eines der wichtigsten Wirtschafts- und Kultur- Austauschzentren zwischen den asiatischen Ländern. Aufgrund des grossen und weitreichenden Einflusses der Tang-Dynastie auf internationaler Ebene werden Chinesen oft auch die *Tang-Menschen* genannt und die Chinesenviertel im Ausland als *Tang-Menschen-Viertel* (Chinatown) bezeichnet.

隋朝大运河

Der Große Kanal der Sui-Dynastie

中国的大河如黄河、长江等，大多数是从西向东奔流入海。但是，有一条贯通南北的河流，它是一条人工河道，这就是著名的大运河。

605至610年，隋炀帝为了加强对全国的控制，使江南地区的物资能够更方便地运到北方来，动用了几百万民工，花费了约6年的时间，开凿了这条大运河。其中有些河段，是把以前挖好的运河修复、增宽、加深，中间也利用一些天然河、湖与运河相连接。

这条以洛阳为中心、贯通全国的大运河，全长2 000多千米，水面宽30到70米不等，北通涿郡（Zhuōjùn，今北京），南达余杭（今杭州），它沟通了海河、黄河、淮河、长江、钱塘江等大河流，经过今天的河北、山东、河南、安徽、江苏和浙江等广大地区。因此，大运河是我国历史上的伟大工程之一。

大运河的开通，使南方的粮食和物资源源不断运到北方，对于促进南北经济、文化的交流和发展，维护国家的统一，起到了非常重要的作用。

元朝在疏通旧河道的基础上又开凿了山东运河和通惠河，形成一条北起北京、南达杭州的京杭直通大运河，使它成为中国南北交通的重要水路。

中国今日又计划修复大运河，目的不仅是为方便南北的联系，更主要是使南水北调，解决北方缺水的问题。

1
2

1. 京杭大运河扬州段
   Der Abschnitt des Großen Kanals
   Beijing–Hangzhou in Yangzhou
2. 隋炀帝像
   Porträt des Sui-Kaisers Yangdi

Der Große Kanal der **Sui-Dynastie**

Die meisten großen Ströme Chinas, wie z. B. der Gelbe Fluss und der Yangtse, fließen von Westen nach Osten in den Ozean. Ein von Menschenhand geschaffener Wasserweg verbindet den Norden mit dem Süden, bekannt unter dem Namen „der Große Kanal".

In einem Zeitraum von knapp 6 Jahren, 605 – 610, hat Kaiser SuiYangdi mehrere Millionen Arbeitskräfte eingesetzt, um den Großen Kanal zu bauen. Damit sollte die Kontrolle der Zentralregierung über das ganze Land verstärkt und der Gütertransport von Süden nach Norden erleichtert werden. An manchen Orten konnten Kanalabschnitte aus früheren Zeiten renoviert, erweitert oder vertieft werden , so wie Verbindungswege zwischen natürlichen Flüssen oder Seen und dem Großen Kanal geschaffen werden.

Der Große Kanal, mit dem Zentrum bei Luoyang, war mehr als 2000 Kilometer lang und 30 bis 70 m breit. Er führte nach Norden bis Zhuojun (heute Beijing) und südlich bis Yuhang (heute Hangzhou). Seine Verbindungswege reichten sowohl zum Hai-Fluss, als auch zum Gelben Fluss, zum Huai-Fluss, zum Yangtse und zum Qiantangjiang-Fluss. Der Große Kanal durchfloss die Provinzen Hebei, Shandong, Henan, Anhui, Jiangsu und Zhejiang. Der Bau des Großen Kanals ist eines der großartigsten Bau-Projekte in der chinesischen Geschichte.

Auf dem Großen Kanal wurden regelmäßig Getreide und Waren aus Südchina nach Nordchina transportiert. Der Große Kanal war von großer Bedeutung für den Austausch der Wirtschaft und der Kultur zwischen Nord- und Südchina und förderte die Entwicklung und die Konsolidierung des Reiches.

In der Yuan-Dynastie wurden die Grundrisse des ursprünglichen Kanals ausgebaut und renoviert, und daraufhin die beiden Kanäle Shandong und Tonghui ausgehoben. So entstand die wichtigste Wasserstraße zwischen Nord- und Südchina, der Große Kanal, die direkte Verbindung zwischen Beijing im Norden und Hangzhou im Süden.

Heute plant China, den Großen Kanal wieder herzustellen. Nicht nur um Waren zu transportieren, sondern vorwiegend um Wasser vom regenreichen Süden in den trockenen Norden Chinas zu befördern.

▶ 小资料 Kurzinformation

隋炀帝游江都

隋炀帝是个很有才干的政治家，也是一位追求奢侈享乐、滥用民力的暴君。隋朝时的江都（今江苏扬州）是东南地区的政治、经济和文化中心。大运河刚刚修好，隋炀帝就乘坐4层龙舟，率一二十万人南下江都，开始大规模的巡游。随行的船有几千艘，在大运河中船头船尾相连，竟有100多千米。到了江都，每次出游的仪仗队就长达10千米，花费了大量人工和钱财，无休止的劳役使运河沿岸的老百姓怨声载道，不断起来反抗。618年隋炀帝在江都时，他的部下发动兵变，隋炀帝被处死。

Kaiser Sui Yangdis Reise nach Jiangdu

Kaiser Sui Yangdi war zwar ein sehr kompetenter Politiker aber auch ein vergnügungssüchtiger Tyrann, der seine Arbeitskräfte erbarmungslos missbrauchte. Die Stadt Jiangdu (heute Yangzhou in der Provinz Jiangsu) war in der Sui-Dynastie das politische, wirtschaftliche und kulturelle Zentrum von Südostchina. Sobald der Große Kanal fertig gebaut war, reiste Kaiser Sui Yangdi mit einem vierstöckigen Drachenboot auf dem Kanal südwärts nach Jiangdu, begleitet von einer eindrucksvollen 100 Kilometer langen Flotte, bestehend aus einigen tausend Schiffen und mehr als hunderttausend Begleitern. In Jiangdu stand ihm für seine Ausflüge jeweils eine Ehrengarde von zehn Kilometern Länge zur Verfügung. Der enorme Aufwand an Arbeitskräften, die großen Ausgaben und die endlose Zwangsarbeit bedrückten die Bevölkerung am Großen Kanal sehr. Immer wieder kam es zu Aufständen. Im Jahr 618 wurde Kaiser Sui Yangdi bei einer Meuterei seiner Untergebenen in Jiangdu getötet.

贞观之治

Die Zhenguan-Herrschaft — in Ruhe, Ordnung und Prosperität

唐太宗李世民在年轻时辅佐父亲李渊创建唐朝，他很会打仗，也很善于用人，有很高的威望。唐太宗李世民当皇帝时，年号是贞观。贞观年间（627—649年），唐太宗吸取隋朝灭亡的教训，用心治理国家，实行了很多开明的政策和利国利民的措施，使唐朝政权得到巩固，社会经济得到恢复和发展，从而出现了一个比较安定祥和的社会环境。历史学家把这一时期称为"贞观之治"。

唐太宗知道要做到政治清明，就要善于用人，还要广泛听取意见。因此只要有才能的人，不管出身贵贱，都能够得到他的重用。丞相魏征敢向太宗直接提意见，即使太宗生气，也不退让。魏征病死时，太宗痛哭着说："用铜作镜子，可以整理衣帽；用历史作镜子，可以了解兴亡；用人作镜子，可以明白对错，魏征死了，我失去了一面镜子。"

唐太宗采取了许多措施，如合并州县，节省开支；让农民拥有一定的土地；减轻劳役负担，让农民的生产时间得到保证等。这些措施很得民心，唐太宗引用古人的话说，皇帝是船，人民是水；水能载船，也能覆船。

唐太宗采用较为开明的民族政策，赢得各民族的拥护。北方各族尊称他为"天可汗（kèhán）"。唐太宗还将文成公主嫁给吐蕃（Tǔbō）的王，使汉藏民族关系更加友好亲密，对中国多民族国家的稳定作出了贡献。

Die Zhenguan-Herrschaft —

in Ruhe, Ordnung und Prosperität

Der Tang-Kaiser Taizong (Li Shimin) war noch sehr jung, als er zusammen mit seinem Vater Li Yuan die Tang-Dynastie gründete. Er war ein guter Krieger und verstand es, seine Leute einzusetzen. Das verhalf ihm zu einem hohen Ansehen. Seine Regierungsperiode hieß „Zhenguan". In der „Zhenguan-Zeit" (627-649) zog Kaiser Tang Taizong wichtige Lehren aus dem raschen Verfall der Sui-Dynastie und setzte sich für eine effiziente Verwaltung des Reiches ein. Während seiner Regierungszeit führte er zahlreiche neue Maßnahmen ein, die sich sehr vorteilhaft auf Land und Menschen auswirkten. Dadurch wurde seine Herrschaft konsolidiert, die Konjunktur lebte auf und entwickelte sich rasch. Die Gesellschaft erlebte eine relativ ruhige und friedliche Zeit, die von den Historikern als „Zhenguan-Herrschaft - in Ruhe, Ordnung und Prosperität" bezeichnet wird.

Kaiser Tang Taizong wusste, dass eine gute Regierung fähige Leute und Meinungsfreiheit benötigte. So wählte er seine Leute nach ihren Fähigkeiten, und nicht nach ihrer Herkunft. Der Reichskanzler Wei Zheng wagte es, seine Meinung frei und direkt vor Taizong zu äußern. Selbst wenn der Kaiser sich ärgerte, gab Wei Zheng nicht auf. Als Wei Zheng starb, weinte Taizong und sagte: „Um die Bekleidung in Ordnung zu bringen, benutzt man ein Stück Kupfer als Spiegel; um den Aufstieg und den Niedergang zu verstehen, benutzt man die Geschichte als Spiegel; um die Wahrheit zu erkennen, benutzt man einen Menschen als Spiegel. Mit Wei Zhengs Tod verlor ich einen Spiegel."

Der Kaiser Tang Taizong ergriff eine Reihe von Maßnahmen, z. B. die Zusammenlegung der Präfekturen (zhou) und der Kreise (xian), um die Ausgaben zu senken. Er gab den Bauern ein eigenes Stück Ackerland. Die Fronarbeit wurde gekürzt, um ihnen mehr Zeit für ihr Land zuzusichern. Diese Maßnahmen waren der Bevölkerung sehr willkommen. Tang Taizong zitierte die Ahnen mit den Worten: „Der Kaiser ist wie ein Boot, und das Volk wie Wasser. Wasser kann das Boot tragen aber auch umwerfen."

Kaiser Taizong gewann die Unterstützung aller Völker, indem er eine verhältnismäßig einleuchtende Politik in ihrem Interesse durchführte. Die ethnischen Gruppen im Norden redeten ihn respektvoll mit „Großer Khan" an. Tang Taizong sandte seine Tochter, Prinzessin Wencheng, nach Tubo, um den Tubo-König zu heiraten. Durch die Eheschließung verbesserten sich die Beziehungen zwischen den Han-Chinesen und den Tibetern wesentlich. Tang Taizong leistete einen beträchtlichen Beitrag zur Stabilität des Vielvölkerstaates China.

1	2
	3

1. 唐太宗像
   Porträt des Tang-Kaisers Taizong
2. 唐三彩
   Glasierte dreifarbige Tang-Keramik
3. 唐阎立本《步辇图》（唐太宗会见吐蕃王松赞干布派来求婚的使者）
   Bu Nian Tu aus der Tang-Dynastie, gemalt von Yan Liben (Im Bild: Kaiser Taizong empfängt die Gesandten des Tubo-Königs Songtsen Gampo aus Tibet, der um eine Tang-Prinzessin wirbt)

女皇帝武则天

Wu Zetian: Chinas erste Monarchin

武则天（624—705年）是杰出的政治家，也是中国历史上唯一的女皇帝。

武则天从小聪明果断，通文史，长得又漂亮，14岁那年被唐太宗召进皇宫，成为才人。太宗死后，武则天被送进寺院做尼姑。太宗的儿子高宗当太子时就看中了武则天，他当上皇帝两年后，就把武则天从尼姑庵（ān）里接了出来。后来又废掉皇后，立武则天为皇后。

武则天当上皇后以后，帮高宗处理朝廷事务，并趁机除掉了一些反对她的大臣。唐高宗身体不好，他看武则天十分能干，有时就把朝政大事交给她去处理，武则天的权力因此越来越大。当时高宗与武则天被称为"二圣"，就是两个皇帝的意思。

683年，高宗死后，武则天就以太后的名义管理朝政。690年，武则天改国号为周，正式做了皇帝。此后，武则天继续推行唐太宗发展生产的政策，还破格提拔许多有才能的人。唐朝的政治经济在武则天时又得到发展。但是，她统治时期重用武氏家族、大建寺院、过分崇佛等，也给老百姓增加了负担。武则天去世前在大臣的逼迫下将皇位传给了儿子中宗，死后被封为"大圣则天皇后"，后称"武则天"。

Wu Zetian: Chinas erste Monarchin

Wu Zetian (624-705) war eine hervorragende Politikerin und die einzige Monarchin in der chinesischen Geschichte.

Wu Zetian war nicht nur ein intelligentes und resolutes Kind, sie war auch ausgesprochen hübsch und interessierte sich besonders für Literatur und Geschichte. Als sie 14 Jahre alt war, wurde sie von Kaiser Taizong als Konkubine an den Kaiserhof gerufen. Nach Taizongs Tod lebte sie abgeschlossen in einem Kloster. Taizongs Sohn Gaozong war schon als Kronprinz in sie vernarrt. Als Gaozong zwei Jahre später den Thron bestieg, holte er Wu Zetian aus dem Kloster. Er entmachtete die amtierende Kaiserin und ernannte Wu Zetian zu seiner Kaiserin.

Als Kaiserin beschäftigte sich Wu Zetian mit Staatsangelegenheiten, beteiligte sich an Palastintrigen und ließ Würdenträger beseitigen, die sich ihr widersetzten. Gaozong war oft krank und beauftragte die tüchtige Wu Zetian, an seiner Stelle die Hofangelegenheiten zu regeln. Ihre Macht wurde immer größer.

Wu Zetiana und Gaozong erhielten die Bezeichnung „die zwei Heiligen" (zwei Kaiser).

Als Kaiser Gaozong im Jahr 683 starb, regierte Wu Zetian als Kaiserinmutter das Land weiter. Im Jahr 690 bestieg sie offiziell den Thron und ersetzte die Tang-Dynastie durch die von ihr gegründete Zhou-Dynastie. Sie führte die von Kaiser Taizong geschaffene Produktionspolitik fort und förderte weiterhin besonders talentierte Leute, was zu einer schnellen Entwicklung der Politik und der Wirtschaft führte.

Wu Zetian befugte aber auch Mitglieder ihrer eigenen Familie mit der Betreuung wichtiger Staatsangelegenheiten, und als eine fromme Buddhistin ließ sie mit verschwenderischen Mengen an Staatsgeldern buddhistische Tempelanlagen bauen.

Schließlich wurde Wu Zetian von ihren älteren Ministern gezwungen, den Thron vor ihrem Tod ihrem Sohn zu übergeben. So kam die Tang-Dynastie wieder an die Macht.

小资料 Kurzinformation

宰相狄仁杰（630—700年）

武则天为了巩固自己的统治地位，十分重视选拔和任用有才能的人。她听说狄仁杰办事公道、执法严明，在百姓中间有着很高的威望，就破格提拔他为宰相（中国古代帮助皇帝治理国家的最高官员）。狄仁杰当上宰相后，也努力为朝廷举荐人才，他推荐的张柬之等几十人，后来都成为一代名臣。有人对狄仁杰说："天下桃李，都出自你狄公的门下了。"狄仁杰却回答："这实在算不上什么，推荐人才是为了国家，不是为了我个人的私利啊！"

Der Reichskanzler Di Renjie (630-700)

Um ihre Regierung zu festigen, legte die Kaiserin Wu Zetian großen Wert darauf, nur die besten Leute als Mitarbeiter auszuwählen und sie gezielt einzusetzen. Als sie erfuhr, dass Di Renjie wegen seiner strengen aber gerechten Behandlung seiner Untergebenen ein hohes Ansehen im Volk genoss, beförderte sie ihn zum Reichskanzler (das höchste Amt im Kaiserhof und engster Berater des Kaisers). In seiner Funktion als Reichskanzler setzte Di Renjie besonders kompetente Leute in verschiedene Ämter ein, darunter auch Zhang Jianzhi. Sie zählen heute zu den berühmtesten Ministern in der chinesischen Geschichte. „Alle begabten Beamten sind von Ihnen empfohlen worden", hörte Di Renjie eines Tages jemanden sagen. Da antwortete er:„Das ist wirklich nicht von Belang. Ich empfehle die begabten Leute nicht für mein eigenes Wohl, sondern ganz im Interesse des Staates!"

1 | 2

1. 四川广元皇泽寺（为纪念武则天而修建的寺院）
   Der Huangze-Tempel für Wu Zetian in Guangyuan, Provinz Sichuan
2. 皇泽寺内的武则天像
   Statue der Wu Zetian im Huangze-Tempel

开元盛世

Kaiyuan-Blütezeit

"开元"是唐玄宗李隆基前期的年号。从唐太宗贞观初年到开元末年，经过100多年的积累，唐朝出现了全面繁荣的景象，历史上叫做"开元盛世"。

唐玄宗又称唐明皇，是武则天的孙子。他当上皇帝后，立志继承唐太宗的事业，任用有才能的人，接受大臣的正确意见，精心治理国家。有一年河南闹蝗（huáng）灾，蝗虫飞过时，黑压压的一大片，连太阳都遮没了。田里的庄稼都被蝗虫吃光了。许多人都认为这是上天降给人们的灾难。但唐玄宗听从当时宰相的意见，认为蝗虫只不过是一种害虫，没有什么可怕的，应坚决消灭它。由于采取了有效的措施，各地的虫灾都得到了治理。

唐玄宗在位最初的20年里，唐朝出现了兴盛的景象。大诗人杜甫在《忆昔》诗中这样描述："忆昔开元全盛日，小邑（yì）犹藏万家室。稻米流脂粟米白，公私仓廪（cānglǐn）俱丰实。"诗句的意思是：开元全盛时期，连小县城都有上万户人家；农业连年获得丰收，粮食装满了公家和私人的仓库，人民生活十分富裕。

开元年间，社会安定，天下太平，商业和交通也十分发达。扬州位于大运河和长江交汇处，中外商人汇集，城市特别繁华。唐都长安城里更是热闹非凡，世界上很多国家的使臣、商人、学者、工匠都争相前往唐朝进行友好交往，开展贸易、学习文化和技术。中国封建社会出现了前所未有的盛世景象，这就是历史上有名的"开元盛世"。

1 | 2

1. 唐玄宗像
Porträt des Tang-Kaisers Xuanzong
2. 唐开元通宝（唐代流行时间最长、最重要的货币）
Kaiyuantongbao-Hauptzahlungsmittel in der Tang-Dynastie, das am längsten gebraucht wurde

Kaiyuan-Blütezeit

„K Kaiyuan" heißt die frühe Regierungszeit von Tang-Kaiser Xuanzong. Vom Anfang der „Zhenguan-Periode" des Kaisers Taizong bis zum Ende der „Kaiyuan-Periode" florierte die Tang-Dynastie in allen Bereichen. In der Geschichte wird diese Zeit als „Kaiyuan-Blütezeit" bezeichnet.

Der Kaiser Xuanzong war auch unter dem Namen „Tang Minghuang" bekannt. Nach seiner Thronbesteigung wollte er die Politik von Tang Taizong fortsetzen. Er setzte nur die besten Leute als Beamte des Kaiserhauses ein, erkannte und befolgte die richtigen Vorschläge der Minister. Eines Tages wurde die Provinz Henan von einer Heuschreckenplage heimgesucht. Schwarze Wolken von Heuschrecken verdeckten die Sonne und die Tiere fraßen das gesamte Getreide auf. Die Einwohner hielten die Katastrophe für eine Strafe des Himmels. Aber Tang Xuanzong hörte auf seinen klugen Reichskanzler, der die Schädlinge mit radikalen Maßnahmen in kurzer Zeit restlos beseitigte.

In den ersten 20 Regierungsjahren des Kaisers Tang Xuanzong erlebte die Tang-Dynastie einen großen Aufschwung. Der berühmte Dichter Du Fu beschrieb den Wohlstand dieser Zeit in seinem Gedicht „Erinnerung": „Erinnern Sie sich an die schöne alte Kaiyuan-Zeit/ Als sogar eine kleine Grafschaft zehntausend glänzende Haushalte hatte/ Der geschälte Reis voller Fett und der weiße Mais/ Überfluteten das private und staatliche Getreidemagazin".

(In der vergangenen „Kaiyuan-Blütezeit" umfasste selbst ein kleiner Kreis mehr als zehntausend Familien. Jedes Jahr gab es eine reiche Ernte. Sowohl die privaten als auch staatlichen Lagerhäuser waren mit Getreide angefüllt. Das Volk führte ein gutes Leben.)

In der „Kaiyuan-Zeit" herrschten Stabilität und Frieden. Der Handel und der Verkehr waren sehr fortschrittlich. Die Stadt Yangzhou befand sich am Schnittpunkt zwischen dem Großen Kanal und dem Yangtse. Kaufleute aus dem In- und Ausland machten Yangzhou zu einer belebten Stadt. Nur die Tang-Hauptstadt Chang'an (heute Xi'an) war noch belebter. Botschafter, Kaufleute, Gelehrte und Handwerker strömten nach Chang'an, um Kontakte aufzunehmen, um Handel zu treiben oder um Neues über Kultur und Technik zu lernen. Die chinesische Feudalgesellschaft erreichte in dieser Zeit einen nie dagewesenen Aufschwung und ging unter dem Namen „Kaiyuan-Blütezeit" in die Geschichte ein.

▶ 小资料 Kurzinformation

安史之乱

唐玄宗晚年宠爱杨贵妃，不专心治理国家，朝廷政治腐败，军队战斗力也大大减弱。他为了加强边防，在边境重要的地方设立了10个藩镇（fānzhèn），藩镇的长官叫节度使，是朝廷派出镇守边境的重要官员。

天宝年间，安禄山得到皇帝的信任，成为一身兼任三镇的、最有权势的节度使，控制了北部边境的大部地区。755年，安禄山和他的部将史思明在范阳发动叛乱，发兵15万，进攻长安，史称"安史之乱"。直到762年叛乱才最后平息。这场叛乱使北方经济遭受严重摧残，唐朝国力大大削弱，唐朝从此走向了衰落。

„Anshi-Revolte"

Kaiser Xuanzong war in seinen alten Jahren so sehr von seiner Lieblingskonkubine, Madam Yang, besessen, dass er seine Pflichten vernachlässigte. Korruption machte sich breit und schwächte die Kampfkraft der Armee. Um die Grenzen besser zu schützen, ließ Kaiser Xuanzong in den wichtigsten Grenzgebieten Zentralchinas zehn Militärstützpunkte errichten. Beamte der Tang-Regierung wurden als Befehlshaber eingesetzt, um die Grenzgebiete zu bewachen.

In den Tianbao-Regierungsjahren gewann An Lushan das Vertrauen des Kaisers Xuanzongs. An Lushan wurden drei Militärstützpunkte anvertraut, was ihn zum mächtigsten Befehlshaber in der Armee machte. Er hatte die Kontrolle über die meisten nördlichen Grenzgebiete in der Hand. Im Jahr 755 rebellierten An Lushan und Shi Siming, einer seiner untergebenen Offiziere, an der Spitze einer 150 000 Mann Armee in Fanyang gegen die Tang-Dynastie und stürmten die Tang-Hauptstadt Chang'an. Das Ereignis ging als „An-Shi-Revolte" in die chinesische Geschichte ein. Erst im Jahr 762 wurden die Rebellen zerschlagen. Diese Rebellion hat der Wirtschaft Nordchinas großen Schaden zugefügt und die geschwächte Tang-Dynastie kämpfte mit dem Untergang.

繁盛的 长安城

唐代的都城长安（今名西安）建于隋代，叫大兴城，唐代改称长安城，经过近100年的建设，规模宏大的长安城才最后建成。唐代的长安城比现在的西安旧城大近10倍，是当时的国际性都市。

唐都长安，有雄伟的宫城，是皇帝居住和处理国家政务的地方。宫城南面的皇城里有政府的官署。城内街道和住宅设计得像棋盘，布局整齐，东西对称。城里的很多街道宽度都在100米以上，其中朱雀大街最宽。这充分体现出当时国力的强盛和经济的繁荣。明清时代的北京城就是仿照唐代长安城修建的。

长安城内有坊（fāng），有市。坊为住宅区，市为繁华的商业区，市坊分开。市里开设了许多店铺，叫做"行"，

有"肉行"、"鱼行"、"药行"、"绢行"、"铁行"、"金银行"等，据说仅东市就有200多种行业。四面八方的奇珍异宝，在这里都有出售。

长安城还是当时的文化中心，娱乐活动丰富多彩，如音乐、舞蹈、斗鸡、拔河、荡秋千等。唐代最有名的画家、书法家和诗人经常聚集在长安城中，他们的创作活动给长安城增添了许多光彩。

长安城还是东西方文明的交汇点。当时和唐朝交往的国家有70多个，丝绸之路进入了全盛时期。日本、新罗（今朝鲜半岛）等许多国家都派人来长安留学，波斯（今伊朗一带）和大食（今中亚一带）的商人也纷纷前来长安城经商。当时，百万人口的长安，长期居住的外国人达万人以上。长安不仅是唐代中国的政治、经济、文化中心，而且已经成为了当时国际上著名的城市。

Die blühende Hauptstadt:
Chang'an

Die Tang-Hauptstadt Chang'an (heute Xi'an) wurde in der Sui-Dynastie errichtet und nannte sich damals Daxing. In der Tang-Dynastie erhielt sie den Namen Chang'an. Der Bau der prächtigen Stadt Chang'an dauerte über hundert Jahre. Das damalige Chang'an war zehnmal größer als das heutige Xi'an und galt damals als eine internationale Metropole.

Die Tang-Hauptstadt Chang'an besaß einen herrlichen Palast, in dem der Kaiser wohnte und regierte. Im Süden des Palastes lag die sogenannte imperiale Stadt, Sitz der Regierungsämter. Die Straßen und die Wohnsitze von Chang'an waren wie ein Schachbrett angeordnet mit einer symmetrischen Planung von Ost nach West. Viele Straßen und Alleen innerhalb der Stadt waren über 100 m breit, darunter war die Zhuque-Allee am breitesten. Die Stadt Chang'an repräsentierte die Stärke und den Wohlstand des Reiches. Die Stadt Beijing entstand in der Ming- und Qing-Dynastie nach dem Muster von Chang'an.

Chang'an gliederte sich in „fang" (Gassen, Viertel) und „shi" (Markt). Unter „fang" verstand man die Wohnbereiche und unter „shi" die Geschäftsbereiche. Die Wohn- und Geschäftsbereiche innerhalb der Stadt waren getrennt. In den kommerziellen Bereichen konnte man die verschiedensten Gewerbebetriebe finden: Fleisch, Fische, Medizin, Seide, Eisen, Gold und Silber u.a., mehr als 200 verschiedene Gewerbebranchen befanden sich allein im östlichen kommerziellen Viertel. Waren aller Art, aber auch Luxusgüter aus aller Welt wurden hier verkauft.

Chang'an war zu dieser Zeit auch ein Zentrum für kulturelle Angebote wie Musik, Tanz, Hahnenkämpfe, Tauziehen, Schaukeln u. a. Die berühmtesten Maler, Kalligraphen und Dichter haben sich in Chang'an eingefunden und trugen zum Ruhm der Stadt bei.

Chang'an lag am Schnittpunkt zwischen der östlichen- und der westlichen Kultur. Mehr als 70 Länder nahmen mit der Tang-Dynastie Kontakte auf. Die Seidenstraße erreichte ihre größte Bedeutung. Viele Abgesandte aus Japan, Silla (heute koreanische Halbinsel) und aus anderen Ländern reisten nach China, um dort zu studieren. Die Kaufleute aus Persien (heute der Iran und umliegende Gebiete) und Dashi (heute Mittelasien) strömten ebenfalls nach Chang'an. In der 1 Millionen Stadt Chang'an waren weit über 10 000 Fremde angesiedelt. Während der Tang-Dynastie war Chang'an nicht nur das politische, wirtschaftliche und kulturelle Zentrum des Landes, sondern auch eine berühmte internationale Metropole.

1 | 2

1. 今陕西西安市的明代城墙，部分建在唐长安皇城墙上
   Die Stadtmauer aus der Ming-Dynastie in Xi'an, Provinz Shaanxi, hat sich bis heute erhalten. Sie wurde zum Teil auf der Basis der kaiserlichen Stadtmauer von Chang'an, der Hauptstadt der Tang-Dynastie, errichtet.
2. 唐玄宗李隆基的离宫——兴庆宫的拓片
   Xingqing-Palast, Residenz des Tang-Kaisers Xuanzong (Li Longji) außerhalb der Hauptstadt

松赞干布与文成公主

Songtsan Gampo und Prinzessin Wencheng

吐蕃人是藏族的祖先，很早就生活在青藏高原一带，过着农耕和游牧的生活。7世纪前期，吐蕃杰出的首领松赞干布统一了那里的许多部落，定都逻些（Luóxiē，今西藏拉萨）。

松赞干布非常喜爱唐朝文化，也希望得到先进而强盛的唐朝的支持，他几次向唐求婚，于是，唐太宗把文成公主嫁给了他。

641年，文成公主在唐朝官员的护送下来到吐蕃，与松赞干布举行盛大的婚礼。吐蕃人民像过节一样，唱歌跳舞，欢迎文成公主入藏。吐蕃人原来住帐篷，据说为了迎接文成公主，特地修建了华丽的王宫，就是今天布达拉宫的前身。

文成公主读过许多书，很有才华。她入吐蕃时带去了许多医药、生产技术书籍和谷物、蔬菜的种子，还有唐朝精制的手工艺品。与她一起进藏的还有许多会养蚕、酿酒、造纸的工匠和会纺织、刺绣的侍女。文成公主信佛教，据说大昭寺的基址就是她选定的。先进的汉族文化传入吐蕃，对吐蕃生产和文化的发展起了很大的促进作用。

文成公主在吐蕃生活了40年。她为汉藏两族人民的友谊作出了贡献，一直受到藏族人民的怀念和爱戴。直到现在，在大昭寺和布达拉宫中，还保存着文成公主的塑像。在藏族人民中间，流传着许多关于文成公主的美好传说。

Songtsan Gampo und Prinzessin Wencheng

Die Tubo-Menschen, die Vorfahren der tibetischen Nationalität, lebten seit langem als Bauern und Nomaden auf dem Qinghai-Tibet-Plateau. Im frühen 7. Jahrhundert war es dem Oberhaupt Songtsan Gampo gelungen, die verschiedenen tibetischen Stämme zu vereinigen und Luoxie (heute Lhasa) zur Hauptstadt des Tubo-Königreiches zu machen.

Songtsan Gampo bewunderte die Kultur der Tang-Dynastie und war eifrig bemüht, ein Bündnis mit diesem erfolgreichen Land zu schließen. Er hielt mehrmals um die Hand einer Tang-Prinzessin an. Schließlich schickte ihm Kaiser Taizong die Prinzessin Wencheng als Braut.

Im Jahre 641 kam Prinzessin Wencheng in Begleitung der Tang-Beamten in Tubo an, wo eine offizielle Hochzeitszeremonie für Songtsan Gampo und die Prinzessin veranstaltet wurde. Die Tubo tanzten und sangen, wie bei ihren großen Festen, um Prinzessin Wencheng willkommen zu heißen. Da die Tubo in Zelten wohnten, baute man einen herrlichen Palast für Prinzessin Wencheng, heute bekannt als Potala-Palast.

Prinzessin Wencheng war eine belesene und intelligente Frau. Sie brachte zahlreiche medizinische und technische Fachbücher, große Mengen von Korn- und Gemüsesamen, sowie ausgezeichnete Handwerker der Tang-Dynastie nach Tubo. Handwerker, die sowohl Seidenraupen züchten, Alkohol brennen als auch Papier herstellen konnten und Dienerinnen, die weben oder sticken konnten. Prinzessin Wencheng war eine leidenschaftliche Buddhistin. Sie soll die Lage des Jokhang-Tempels in Lhasa bestimmt haben.

Die fortschrittliche Han-Kultur der Tang- Dynastie hatte einen sehr positiven Einfluss auf die Produktion und die Kultur in Tubo.

Prinzessin Wencheng lebte 40 Jahre in Tubo und leistete einen großen Beitrag zur Freundschaft zwischen Han und Tibetern. Aus diesem Grund wurde sie von den Tibetern sehr verehrt. Ihr Statuen sind im Jokhang-Tempel und im Potala-Palast in Lhasa zu sehen und zahlreiche Legenden von Prinzessin Wencheng werden heute noch unter den Tibetern erzählt.

1	2	4
	3	

1. 松赞干布像
   Statue von Songtsen Gampo
2. 文成公主像
   Statue der Tang-Prinzessin Wencheng
3. 文成公主入藏图
   Reise der Prinzessin Wencheng nach Tibet
4. 西藏拉萨布达拉宫
   Potala-Palast in Lhasa, Tibet

玄奘西游

Xuanzang: Reise nach dem Westen

《西游记》讲的是唐僧去西天（今印度半岛）取经的故事。故事中的唐僧带着他的3个徒弟——孙悟空、猪八戒、沙和尚，历尽艰辛、斩妖除魔，经过"九九八十一难"，终于到达西天，取到了真经。这虽然是个虚构的故事，但历史上，还真有这么一位去西天取经的僧人，他的法号叫玄奘（Xuánzàng）。

玄奘（602—664年）少年时就出家做了和尚，认真研究佛学，精通佛教经典。他发现翻译过来的佛经错误很多，于

玄奘西游行程略图
Skizze der Pilgerreise von Xuan Zang nach dem Westen

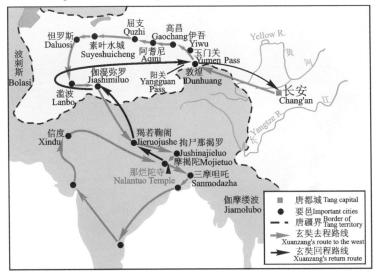

▶ 小资料 Kurzinformation

《大唐西域记》

玄奘西游回国后还写了《大唐西域记》一书，共12卷。书中详细记载了取经途中经过的100多个国家和地区不同的风土人情、物产、气候以及地理、历史、语言、宗教的情况，其中大多数是他西行的所见所闻，是今天研究中亚和南亚古代的地理和历史的重要资料。现此书已被译成多种外国文字，成为一部世界名著。

Datang Xiyu Ji

Nach seiner Rückkehr nach China schrieb Xuanzang ein Buch mit dem Titel *Datang Xiyu Ji* (Aufzeichnungen über die westlichen Regionen des großen Tang-Reiches), in dem er die lokalen Sitten und Gebräuche, die Produkte, das Klima, die Geographie, die Geschichte, die Sprachen und die religiösen Riten von mehr als 100 Ländern und Gebieten beschrieb. Den größten Teil der Aufzeichnungen bilden seine eigenen Erlebnisse. Dieses Meisterwerk ist heute für die Forschungsarbeit über Geographie und Geschichte von Mittel-und Südasien von größter Bedeutung und wurde in viele Sprachen übersetzt.

是决心到佛教发源地的天竺（Tiānzhú，今印度半岛）去取经求学。

627年，玄奘从长安出发，一路西行。他穿过大片沙漠，克服重重困难，整整走了一年，终于到达天竺。

玄奘在天竺先后拜访佛教六大圣地，留学天竺达15年之久。他的壮举感动了许多天竺人，有的国王还派人为他抄录经典，他也把当地失传的佛经介绍给他们。他还学会了天竺的语言，参加那里研究佛学的盛会，发表演讲。玄奘的博学，受到天竺人民的尊敬。

42岁时，玄奘带着657部佛经回到长安，受到热烈欢迎。回国后，玄奘立即开始大规模的翻译佛经工作，前后翻译佛经74部，约1 335卷。还培养出一大批出色的弟子。

作为一名高僧、一位大翻译家、中印人民的友好使者，玄奘为中国文化的发展，为中外尤其是中国和印度之间的文化交流作出了巨大的贡献。

1

1. 西安大雁塔玄奘塑像
   Statue von Xuanzang im Park der Großen Wildgans-Pagode in Xi'an

Xuanzang: Reise nach dem Westen

Eine der vier klassischen chinesischen Romane, *Reise nach Westen*, erzählt die Legende von einem Mönch namens Tang Seng (Tang-Mönch). Er reiste nach dem „Westlichen Himmel"(heute Indien), um buddhistische Sutren nach China zu holen. Zusammen mit seinen Schülern Sun Wukong (ein Affe), Zhu Bajie (ein Schwein) und Sha Hesang beging er die beschwerliche Reise und bekämpfte die bösen Geister auf seinem Weg. Erst nachdem er die sogenannten „81 Schwierigkeiten" überwunden hatte, war seine Mission erfolgreich erfüllt.

Auch in der Wirklichkeit machte ein Mönch der Tang-Dynastie eine Pilgerreise nach Indien, um buddhistische Schriften zu holen. Sein buddhistischer Name war Xuanzang.

Xuanzang (602-664) bekehrte sich bereits in jungen Jahren zum Buddhismus und ging ins Kloster. Er studierte fleißig die buddhistische Lehre und wurde bald ein großer Kenner der

klassischen Werke des Buddhismus. Er bemerkte jedoch viele Fehler in den übersetzten buddhistischen Schriften. Folglich beschloss er, zum Ursprungsort des Buddhismus, Tianzhu (heute Indische Halbinsel) zu reisen, um die authentischen Schriften zu studieren und nach China zu holen.

Im Jahr 627 brach er von Chang'an aus nach Westen auf. Er durchquerte weite Wüsten und überwand unzählige Schwierigkeiten. Nach einem Jahr erreichte er schliesslich Tianzhu.

In Tianzhu besuchte Xuanzang die sechs Wallfahrtsorte des Buddhismus und studierte dort 15 Jahre lang. Seine Erlebnisse beeindruckten und bewegten viele Leute in Tianzhu. Mehrere Könige schickten Xuanzang ihre Leute, um ihm beim Abschreiben der klassischen Werke zu helfen. Schon damals veröffentlichte Xuanzang verlorengegangene buddhistische Schriften vor. Er beherrschte die Sprache von Tianzhu, nahm an buddhistischen Symposien teil und hielt Vorträge. Seine Gelehrsamkeit wurde von den Einwohnern in Tianzhu hoch geschätzt.

Im Alter von 42 Jahren kam Xuanzang mit 657 buddhistischen Werken nach Chang'an zurück und wurde freudig empfangen. Sofort begann er mit dem Übersetzen der buddhistischen Schriften. Insgesamt 74 buddhistische Werke aus 1335 Bänden wurden übersetzt. Außerdem bildete Xuanzang eine große Anzahl ausgezeichneter Schüler aus.

Als hochrangiger Mönch, großartiger Übersetzer und Freundschafts-Botschafter zwischen China und Indien hat Xuanzang einen großen Beitrag zur Entwicklung der chinesischen Kultur sowie zum Kulturaustausch zwischen China und verschiedenen Ländern, besonders Indien, geleistet.

1 | 2

1. 西安大雁塔（玄奘在此翻译从印度带回的佛经）
   Die Große Wildgans-Pagode in Xi'an (hier übersetzte Xuanzang die Sutras, die er aus Indien mitgebracht hatte)
2. 西安大唐芙蓉园，唐玄奘 "西游记" 雕塑
   Skulpturen: Pilgerreise Xuanzangs nach dem Westen. Standort: Park Datang Furongyuan in Xi'an

鉴真东渡

Jianzhen: Reise über den Ozean nach Japan

当玄奘西游取经返回长安差不多100年以后，唐代另一位佛教大师鉴真，决心东渡日本，传播佛法。

鉴真，扬州人，少年时出家当和尚。他学问渊博，有深厚的佛学基础，曾担任扬州大明寺住持。

742年，日本天皇派人来到大明寺，请鉴真去日本传播佛法。当时海上交通十分艰险，有人表示疑虑，鉴真果断地说："为了传播佛法，我怎么能怜惜自己的生命呢？"但是，鉴真去日本的计划一次又一次受阻。一次出海不久，船只触礁（chùjiāo），又有一次被官府扣留。当他第5次东渡时，遇上狂风大浪，航向发生偏差，船在海上漂流14天后才获救，这次东渡又没有成功。

不久，鉴真因病而双目失明，但他去日本传播佛法的决心没有丝毫动摇。753年，他已经66岁了，又开始了第6次航行。在海上与风浪搏斗了一个多月，鉴真终于登上日本岛，实现了自己的愿望。跟随鉴真渡海东去的还有23名弟子。他们随身带去许多书籍、佛像、经书和其他珍贵物品。

鉴真居留日本10年，不仅传播了佛法，而且对日本建筑、医学、艺术等方面都有突出贡献。鉴真在奈良（Nàiliáng）设计创建的唐招提寺，被日本人民看作艺术明珠。他的医术在日本也有很大影响，被日本人誉为"医术之祖"。后来他在日本去世。

Jianzhen: Reise über den Ozean nach Japan

Fast 100 Jahre nach Xuanzangs Rückkehr nach Chang'an unternahm ein großer buddhistischer Gelehrter der Tang-Dynastie eine Reise nach Japan, um den Buddhismus zu verbreiten.

Jianzhen aus der Stadt Yangzhou bekehrte sich bereits in seinen jungen Jahren zum Buddhismus. Dank seiner Weisheit und seinem tiefen buddhistischen Glauben wurde er Abt des Daming-Tempels in Yangzhou.

Im Jahr 742 wurde Jianzhen von Kaiser Mikado nach Japan eingeladen, um auch in Japan den Buddhismus zu verbreiten. Eine Seereise war damals ein gefährliches Unternehmen. Jianzhen jedoch sagte ohne zu zögern: „Wie könnte ich auf mein eigenes Leben Rücksicht nehmen, wenn es um die Verbreitung des Buddhismus geht?" Während der Reise stieß er jedoch auf große Hindernisse. Einmal lief das Schiff kurz nach dem Start auf ein Riff auf. Ein anderes Mal wurde Jianzhen von der lokalen Regierung festgenommen. Beim fünften Versuch brach unterwegs ein Sturm los, das Schiff verlor die Richtung und die Besatzung wurde erst nach 14 Tagen gerettet. Auch dieser Versuch war erfolglos.

Später erblindete Jianzhen infolge einer Krankheit. Aber sein Wille, in Japan den Buddhismus zu verbreiten, war nicht gebrochen. Im Jahr 753 unternahm er im Alter von 66 Jahren seinen 6. Versuch. Nach einem einmonatigen Kampf gegen Sturm und Wogen auf hoher See erreichte er schließlich mit seinen 23 Schülern Japan und erfüllte sich damit seinen jahrelangen Wunsch. In seinem Gepäck waren Bücher, Buddhastatuen, buddhistische Schriften und andere wertvolle Gegenstände.

Jianzhen lebte 10 Jahre in Japan. Er verbreitete nicht nur die buddhistische Lehre, sondern leistete auch große Beiträge in den Bereichen Architektur, Medizin und Kunst. Nach seinem Entwurf und unter seiner Leitung wurde im Jahr 759 in Nara der buddhistische Toshodai-Tempel gebaut, der als „Perle der Kunst" gilt. Auch seine medizinischen Fähigkeiten hatten großen Einfluss in Japan, wo er als „Urheber der Heilkunst" verehrt wurde. Jianzhen starb in Japan.

▶ 小资料 Kurzinformation

遣唐使

唐朝时期，中国是东方最先进的国家，日本先后派了十几批遣唐使前往长安学习唐朝的政治制度、文化和佛法，人数多时达五六百人。这些遣唐使回国以后，积极传播中国的社会制度和文化，促进了中日友好关系和文化交流。

Entsandte im Tang-Reich

Während der Tang-Dynastie spielte China eine führende Rolle im Orient. Mehr als zehn japanische Delegationen von bis zu 500 Mitgliedern, wurden nach Chang'an geschickt, um das politischen System, die Kultur und den Buddhismus zu studieren. Nach ihrer Rückkehr verbreiteten sie Chinas Sozialsystem und Kultur in Japan und förderten damit die Freundschaftsbeziehungen und den Kulturaustausch zwischen China und Japan.

1 | 2

1. 鉴真六次东渡日本传法的海船模型
   Modell des seetüchtigen Schiffs, mit dem Jianzhen sechsmal ostwärts nach Japan fuhr, um dort den Buddhismus zu verbreiten
2. 江苏扬州鉴真纪念堂鉴真像
   Statue Jianzhens in der Gedenkstätte für Jianzhen in Yangzhou, Provinz Jiangsu

三大石窟

Drei berühmte Grotten

佛教起源于古印度，在大约1世纪前后就传入中国。进入南北朝以后，统治者为宣扬佛教，在一些地方劈山削崖，开凿石窟。隋唐时期，石窟艺术又有很大的发展。著名的有山西大同的云冈石窟、河南洛阳的龙门石窟和甘肃敦煌的莫高窟，三大石窟中的最大的洞窟都是在这一时期开凿的。它们以藏有大量丰富多彩、千姿百态的佛教壁画与雕像塑像闻名于世，被称为艺术的宝库。

山西的云冈石窟在北魏佛教艺术中最有名。它依山开凿，东西长1 000米，雕刻着成千上万大大小小的佛像，最大的佛像高达17米。

龙门石窟里最大的洞窟是唐朝时开凿的，佛像的造型和服饰更加东方化，更加真实，体现

了唐代社会人们的审美观念。

莫高窟有1 000多个洞窟，又叫千佛洞，现有几百个洞窟，其中十分之六七的洞窟是隋唐时期开凿的。洞窟的四壁和顶上画满了彩色壁画，著名画家吴道子、阎立本等许多著名画派的作品，在莫高窟壁画中都有反映。现存壁画总面积有45 000多平方米，内容表现了佛教故事，不少画面反映出隋唐时期社会的繁荣。莫高窟的塑像共有2 400多尊，隋唐时期占了近一半。这些塑像都富于艺术魅力。

1. 敦煌莫高窟佛像
   Buddhastatuen in den Mogao-Grotten
   in Dunhuang
2. 山西大同云冈石窟第20窟雕像
   Buddhastatuen in der Grotte Nr. 20 der
   Yungang-Grotten in Datong, Provinz
   Shanxi

Drei berühmte Grotten

D er Buddhismus fand seinen Ursprung in Indien und gelangte im ersten Jahrhundert nach Christus nach China.

In der Drei-Reiche-Periode, den Zwei-Jin-Dynastien und den Südlichen und Nördlichen Dynastien, gewann der Buddhismus in China immer mehr an Bedeutung. Jedoch erst in der Tang-Dynastie erhielt der Buddhismus seine volle Integration in die chinesische Kultur. Der Einfluss des Buddhismus auf die chinesischen Religionen war erheblich und bald bildete sich eine neue chinesisch-buddhistische Glaubensrichtung: „Zen" (chan-zong), bei der weniger auf das asketische Leben geachtet wird, als auf die inneren Gedanken und Gefühle.

Viele buddhistische Schriften wurden unter der Tang-Regierung

<table>
<tr><td></td><td>2</td></tr>
<tr><td>1</td><td>3</td></tr>
</table>

1. 洛阳龙门石窟奉先寺北壁塑像
   Buddhastatuen in den Longmen-Grotten in Luoyang
2. 四川乐山大佛
   Große Buddhastatue in Leshan, Provinz Sichuan
3. 敦煌莫高窟壁画
   Außenansicht der Mogao-Grotten in Dunhuang

übersetzt. Kunstvolle buddhistische Grotten sind ewige Zeugen der tiefen Verehrung des Buddhismus in der Tang Zeit. Zu den bekanntesten Grotten gehören die Yungang-Grotten bei Datong in der Provinz Shanxi, die Longmen-Grotten bei Luoyang in der Provinz Henan und die Mogao-Grotten bei Dunhuang in der Provinz Gansu. Während der Tang-Dynastie wurden die größten buddhistischen Grotten geschaffen, weltbekannt für ihre kunstvollen Wandgemälde und Skulpturen.

Die sogenannten „Schatzkammern der Kunst".

Die Yungang-Grotten in Shanxi sind die berühmtesten unter den buddhistischen Kunstwerken der Nördlichen Wei-Dynastie. Die Grotten wurden über eine Länge von 1000 Metern in den Fels gehauen. Hunderttausende von Buddhastatuen bewohnen die Grotten, die größte Statue misst 17 Meter.

In der größten Höhle der Longmen-Grotten aus der Tang-Dynastie, tragen die buddhistischen Figuren orientalische Kleidung, was ihnen ein sehr lebensnahes Aussehen verleiht. Dies entspricht dem ästhetischen Konzept der Tang-Dynastie.

Die Mogao-Grotten, auch Tausend-Buddha-Grotten genannt, verfügten über 1000 Höhlen. Heute sind noch einige hundert Höhlen zu sehen. Mehr als die Hälfte Grotten stammen aus der Tang-Dynastie. An den Wänden und an den Decken sind auf einer Fläche von mehr als 45 000 qm Farbgemälde von den Kunstmalern Wu Daozi und Yan Liben zu sehen. Die Malereien zeigen nicht nur Szenen aus dem Buddhismus, sondern auch Bilder aus der gesellschaftlichen Prosperität der Sui- und Tang-Dynastie. Über die Hälfte der 2400 Skulpturen der Mogao-Grotten stammen aus der Sui- und Tang-Dynastie.

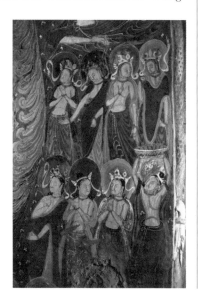

▶ 小资料　Kurzinformation

乐山大佛

四川乐山的乐山大佛是世界上现存最大的一尊石刻坐佛像，于唐玄宗开元元年（713年）动工兴建，于唐德宗贞元十九年（803年）完工。乐山大佛是弥勒（Mílè）坐像，全身通高70.8米，肩宽24米。完工时的弥勒坐像全身彩绘，上面盖有宽60米的7层楼阁，这楼阁后来毁于战火。乐山大佛拥有"山是一尊佛，佛是一座山"的美誉。

Der Große Buddha von Leshan

Der Große Buddha von Leshan in der Provinz Sichuan ist der größte gut erhaltene, sitzende Buddha der Welt. Das Projekt wurde im ersten Jahr der Kaiyuan-Zeit des Tang-Kaisers Xuanzong (713) begonnen und im 19. Jahr der Zhenyuan-Zeit (803) beendet. Der Größe Buddha von Leshan, ein sitzender Maitreya-Buddha, ist 70,8 m hoch, seine Schultern sind 24 m breit. Nachdem die Statue fertig gemeißelt war, wurde sie völlig bemalt. Über ihr erhob sich ein siebenstöckiges 60 m breites Gebäude, das jedoch in Kriegsgefechten zerstört wurde. Über den Großen Buddha von Leshan wird gesagt: „Der Berg ist ein Buddha und der Buddha ist ein Berg."

科举制

Das kaiserliche Beamtenprüfungssystem

科举制也称"开科取士"，就是朝廷开设科目公开考试，然后根据考试成绩来选取人才，分别授予官职的一种制度。科举制产生于隋朝，唐朝继承了这一制度，并进一步完善，成为国家选拔官员的主要方式。

唐朝科举考试分为常科和制科两种。常科每年举行，考试科目有秀才、明经、进士等。在众多科目中考进士科难度最大，往往百人中才取一两名，因此特别受到读书人的重视。进士科考试合格称为"及第"。及第的人要在曲江池参加庆祝宴会，并在长安慈恩寺大雁塔下题名，十分荣耀。制科是皇帝临时诏令设置的科目，名目也很多，通常由皇帝亲自主持，但在士人眼里往往被视为非正途出身，不受重视。

唐代考生有两个来源：一是由学馆选送的学生，称为生徒；二是经州县初考合格后，再进京参加考试，称为乡贡。唐代科举考试一般由礼部主持，考生录取以后，再经吏部复试，根据成绩授予各种官职。

隋唐时期形成的科举制，使普通的读书人获得参加考试然后被选拔做官的机会。这就使封建王朝能在更大的范围内选拔官员。科举制历经隋、唐、宋、元、明、清，一直为历代王朝所采用。许多历史学家都认为，科举制是一项很好的文官选拔制度，也是中国从隋唐到明清一千多年顺利发展的一个保证。不过到了明清时，科举制演变成一种刻板、僵化的制度，也束缚了中国读书人的思想，对历史发展产生了消极的影响。

Das kaiserliche Beamtenprüfungssystem

Bei der kaiserlichen Beamtenprüfung, auch öffentliche Prüfung genannt, wurde der Prüfungsinhalt vom Kaiserhof vorgegeben. Nur die besten Teilnehmer erhielten ihren Ergebnissen entsprechend hohe Beamtenposten. Dieses Prüfungssystem entstand in der Sui-Dynastie und wurde von der Tang-Dynastie übernommen und ausgearbeitet. In der Tang-Dynastie wurden die begabtesten Leute für den Staatsdienst ausschließlich mit dieser Prüfungsmethode ausgewählt.

Die Beamtenprüfung hatte zwei Varianten: das „regelmäßige Fach" und das „unregelmäßige Fach".

Zu dem jährlich durchgeführten „regelmäßigen Fach" gehörten Xiucai, Mingjing, Jinshi u. a. Die schwerste Prüfung, „Jinshi" (Doktortitel) schafften jährlich nur ein oder zwei Prozent aller Kandidaten.

Deswegen achteten die Gelehrten ganz besonders auf das Fach „Jinshi". Die Bestehensnote bei „Jinshi" hieß „Jidi". Diejenigen, die Jinshi bestanden hatten, wurden zu einem verschwenderischen Bankett am Qujiang-Teich eingeladen und ihre Namen wurden unter der Großen Wildgans-Pagode des Ci'en-Tempels in Chang'an verkündet.

Das „unregelmäßige Fach" wurde spontan, auf Befehl des Kaisers, und mit unterschiedlichem Inhalt durchgeführt. Normalerweise führte der Kaiser persönlich den Vorsitz bei der Prüfung. Die Gelehrten hielten dieses Vorgehen jedoch für ungerecht und legten keinen Großen Wert auf die Prüfungsergebnisse.

Die Prüfungskandidaten bestanden aus zwei Gruppen: Die auserwählten Kursteilnehmer von Lehranstalten, „shengtu" genannt und die „Xianggong" Kandidaten, die eine Vorprüfung in den Präfekturen oder Kreisen bestanden hatten und erst dann an der kaiserlichen Prüfung in Chang'an teilnehmen durften. Die Beamtenprüfung wurde normalerweise vom Kultusministerium durchgeführt. Die erfolgreichen Kandidaten wurden vom Ministerium für Beamtenangelegenheiten nachgeprüft, bevor man ihnen den Leistungen entsprechende Beamtenposten verlieh.

Das in der Sui- und Tang-Dynastie ausgearbeitete Prüfungssystem bot den normalen Gelehrten die Chance, nach bestandener Prüfung die Beamtenlaufbahn einzuschlagen. Das System der Tang-Dynastie ermöglichte es, im noch größeren Umfang Beamte auszuwählen und wurde sowohl von der Sui- und der Tang-Dynastie, als auch von der Song-, der Yuan-, der Ming- und der Qing-Dynastie weiter angewendet. Historiker halten es für das perfekte System zur Auswahl der Zivilbeamten und eine Garantie für die erfolgreiche Entwicklung der mehr als 1000-jährigen chinesischen Geschichte von der Sui- und Tang-Dynastie bis zur Ming- und Qing-Dynastie.

In der Ming- und Qing-Dynastie wurde die Beamtenprüfung jedoch schablonenhaft und starr. Sie hemmte den freien Gedankengang der Gelehrten und übte infolgedessen einen eher negativen Einfluss auf die Entwicklung der Geschichte aus.

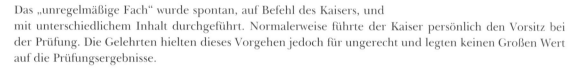

1	3
	2

1. 状元殿试策
   Verfassen eines Essays als Prüfung beim kaiserlichen Palastexamen für Zhuangyuan
2. 清代殿试试卷局部
   Teil der Prüfungsblattes für ein kaiserliches Palastexamen in der Qing-Zeit
3. 宋人科举考试图
   Beim kaiserlichen Examen in der Song-Dynastie

封建社会的继续发展和民族政权并立时期——
五代、辽、宋、夏、金、元

Weiterentwicklung der Feudalgesellschaft und
Zusammenschließung nationaler Staatsmächte —
Fünf Dynastien, Liao, Song, Xia, Jin, Yuan

概述

Überblick

　　五代、辽、宋、夏、金、元时期，从907年后梁建立开始，到1368年元朝灭亡为止，长达460多年。从朱温废掉唐朝皇帝，建立梁朝（史称后梁）以后的50多年里，中国北部先后出现后梁、后唐、后晋、后汉、后周五个朝代，史称五代。南方各地和北方的山西，还先后出现了前蜀、吴、闽（Mǐn）、吴越、楚、南汉、南平、后蜀、南唐、北汉等十个割据政权，总称十国。

　　960年，后周大将赵匡胤（Zhào Kuāngyìn）发动陈桥兵变，建立宋朝，都城在今天的开封，历史上称北宋。当时，中国还有辽、西夏等几个少数民族政权。1127年，女真贵族建立的金朝派军队攻入开封，北宋灭亡，继位的皇帝赵构逃往南方，后来在今天的杭州定都，史称南宋，出现了宋、金对峙的局面。1206年，铁木真统一蒙古，称成吉思汗。蒙古先后灭西夏、金，并一直打到多瑙河流域。1260年，忽必烈继承汗位，后来定都于今天的北京。1271年，忽必烈正式定国号为元。元军于1276年攻占杭州，1279年消灭了南宋残余势力，统一了中国。1368年，朱元璋的军队攻占北京，元朝灭亡。

　　这一时期，欧洲经济、文化的发展很不平衡。中国的经济、文化在世界上继续处于领先地位。北宋商品经济发达，科技水平高超。出现了世界上最早的纸币，火药兵器广泛应用，罗盘针（指南针）用于航海，发明了活字印刷。这些都极大地推动了世界历史的进步。元朝的疆域比过去的任何朝代都要辽阔，北京是当时闻名世界的大商业都市，意大利人马可·波罗在元世祖当朝时来到中国，居住了十几年，在《马可·波罗行纪》一书里描述了大都（今北京）的繁华景象。

Weiterentwicklung der Feudalgesellschaft und Zusammenschließung nationaler Staatsmächte— Fünf Dynastien, Liao, Song, Xia, Jin, Yuan

Die Periode der Fünf Dynastien, der Liao-, der Song-, der Xia-, der Jin- und der Yuan-Dynastie dauerte über 460 Jahre, von der Gründung der Späteren Liang-Dynastie im Jahr 907 bis zum Untergang der Yuan-Dynastie 1368. In den mehr als 50 Jahren, nachdem Zhu Wen den letzten Kaiser der Tang-Dynastie entthront und die Liang-Dynastie (historisch die Spätere Liang-Dynastie genannt) gegründet hatte, entstanden in Nordchina nacheinander die Spätere Liang-, die Spätere Tang-, die Spätere Jin-, die Spätere Han- und die Spätere Zhou-Dynastie, in der Geschichte Chinas die Fünf Dynastien genannt. Außerdem wurden im Süden und im nördlichen Shanxi zehn separate Regime gegründet, die Frühere Shu-, die Wu-, die Min-, die Wuyue-, die Chu-, die Südliche Han-, die Nanping-, die Spätere Shu-, die Südliche Tang- und die Nördliche Han-Dynastie und wurden die Zehn Teilstaaten genannt.

Im Jahr 960 entfesselte der Armeegeneral Zhao Kuangyin der Späteren Zhou-Dynastie eine Meuterei in Chenqiao und gründete kurz darauf die Nördliche Song-Dynastie mit dem heutigen Kaifeng als Hauptstadt. Daneben existierten im damaligen China noch verschiedene Dynastien der nationalen Minderheiten wie die Liao und die Xixia. 1127 fielen die Truppen der von Nüzhen-Adligen gegründeten Jin-Dynastie in die Hauptstadt Kaifeng ein und stürzten damit die Nördliche Song-Dynastie. Der Thronfolger Zhao Gou der Nördlichen Song-Dynastie floh in den Süden und machte später das heutige Hangzhou zur Hauptstadt. So entstand die Südliche Song-Dynastie, aber auch die Konfrontation zwischen Song und Jin.

1206 gründete Genghis Khan die mongolische Staatsmacht und vereinigte die Mongolei. Seine Truppen stürzten die Xixia- und die Jin-Dynastie und marschierten bis zum Einzugsgebiet der Donau. Nach Genghis Khans Tod wurde Kublai im Jahr 1260 Khan des mongolischen Reiches und machte das heutige Beijing zur Hauptstadt. 1271 gab Kublai Khan seinem Reich den Regierungsnamen Yuan. 1276 fielen die Yuan-Truppen in Hangzhou ein, vernichteten 1279 die Überreste der Südlichen Song-Dynastie und machten aus China ein vereinigtes Reich. 1368 eroberten die Truppen von Zhu Yuanzhang Beijing und beendeten die Herrschaft der Yuan-Dynastie.

In dieser Zeit befand sich Europa auf dem Tiefstand der wirtschaftlichen und kulturellen Entwicklung, während Chinas Wirtschaft und Kultur aufblühten

Die Warenwirtschaft der Nördlichen Song-Dynastie war hoch entwickelt und das wissenschaftlich-technische Niveau sehr fortgeschritten. Damals entstand das weltweit erste Papiergeld, der Gebrauch von Pulver -Waffen war schon verbreitet, der Kompass wurde in der Hochseeschifffahrt als Navigationshilfe benutzt und die Buchdruckkunst mit beweglichen Lettern wurde damals erfunden. Dies waren große Beiträge zum Fortschritt der Weltgeschichte. Das Territorium der Yuan-Dynastie war größer als die Territorien der früheren Dynastien Chinas und Beijing war damals eine weltbekannte Handelsmetropole. Der Italiener Marco Polo kam während der Regierungsperiode des Yuan-Kaisers Shizu (Kublai Khan) nach China und lebte da mehr als zehn Jahre lang. Im *Reisebericht von Marco Polo* beschrieb er die belebten Straßenbilder der Stadt Dadu (heute Beijing).

杯酒释兵权

Die Militärmacht mit dem Schnapsbecher aufheben

唐朝灭亡以后，中国的历史进入五代十国的混乱时期。到了后周（951—960年）的时候，周世宗让赵匡胤掌握了军事大权。周世宗死后由他年幼的儿子继位，赵匡胤趁机夺取了皇权，建立了宋朝。他就是宋太祖。

宋太祖赵匡胤当上皇帝以后没多久，就有两个地方节度使反叛宋朝。宋太祖花了很大劲儿，才平定了叛乱。因为这件事，宋太祖心里总不踏实。有一次，他找跟随他多年的赵普说话，问他说："自从唐朝以后，换了许多朝代，不停地打仗，不知道死了多少百姓。这到底是为什么呢？"赵普说："这道理很简单。国家混乱，毛病就出在军事权力不集中，如果把兵权集中到中央，

天下就太平了。"宋太祖听了连连点头。他自己就是利用手中的兵权夺取皇位的。为了防止这样的事情再次发生，宋太祖决定收回兵权。

961年秋天的一个晚上，宋太祖在宫中举行宴会，请石守信等几位老将喝酒。他举起一杯酒，先请大家干了杯，说："我要不是有你们的帮助，也不会有今天。但是你们哪里知道，做皇帝日子也不好过呀，还不如做个节度使快乐！"石守信等人听了十分惊奇，连忙问这是什么缘故。宋太祖接着说："这还不明白？皇帝这个位子，哪个不想坐呀？"石守信等人听出话中有话。大家着了慌，跪在地上说："我们决不会对您三心二意。"宋太祖摇摇头说："对

你们几位难道我还信不过？只怕你们的部下将士当中，有人贪图富贵，把黄袍披在你们身上。你们想不干，能行吗？"石守信等人吓得满头大汗，连连磕头，第二天就说自己年老多病请求辞职。宋太祖马上同意了，给他们一大笔财物，收回了他们的兵权。历史上把这件事称为"杯酒释（shì，解除的意思）兵权"。

1 | 2

1. 宋太祖像
   Porträt des Song-Kaisers Taizu
2. 宋太祖请大臣喝酒，言谈间解除他们的兵权，史称"杯酒释兵权"。
   Kaiser Taizu lud seine hohen Beamten zum Trinken ein. Bei einer Ansprache hob er ihre militärischen Befugnisse auf, was in der Geschichtsschreibung „Die Militärmacht mit dem Schnapsbecher aufheben" genannt wurde.

Die Militärmacht mit dem Schnapsbecher aufheben

Nach dem Untergang der Tang-Dynastie begann in den Fünf Dynastien und den Zehn Teilstaaten eine Zeit der Unruhe und Verwirrung. In der Späteren Zhou-Dynastie (951–960) überließ der Kaiser Zhou-Shizong die Militärmacht Zhao Kuangyin. Nach dem Tod von Zhou Shizong bestieg sein kleiner Sohn den Thron. Der war jedoch noch zu jung zum Regieren und Zhao Kuangyin nutzte diese Gelegenheit, um den Thron an sich zu reissen und die Song-Dynastie zu gründen. Er gab sich den Titel Kaiser Song Taizu.

Kurz nach Kaiser Zhao Kuangyins Machtübernahme rebellierten zwei Militärgouverneure. Ihr Anschlag wurde nur mit großer Mühe niedergeschlagen, was Zhao Kuangyin sehr beunruhigte. Eines Tages sprach er zu seinem langjährigen treuen Diener Zhao Pu: „Seit der Tang-Dynastie gibt es ständig neue Dynastien und herrscht immer Krieg. Wer weiß, wie viele einfache Menschen dadurch schon ums Leben gekommen sind. Warum ist das denn so?" Zhao Pu erwiderte: „Das ist einfach zu erklären. Der Grund für das Chaos im Staat liegt darin, dass die Militärmacht nicht zentralisiert ist. Hätte die Zentralregierung allein die Militärmacht, gäbe es Frieden unter dem Himmel." Zhao Kuangyin nickte zustimmend, denn auch er hatte dank seiner Militärmacht den Thron gestürzt. Um einen weiteren solchen Fall zu vermeiden, nahm er die Militärmacht wieder in die Hand.

An einem Herbstabend des Jahres 961 gab er im Palast ein Bankett, zu dem einige alte Armeegenerale wie Shi Shouxin eingeladen waren. Während des Banketts erhob Zhao Kuangyin sein Glas und bat alle, ihr Glas zu leeren. Danach sagte er: „Ohne eure Hilfe wäre ich nicht Kaiser geworden. Aber ihr wisst ja gar nicht, wie schwer es ist, Kaiser zu sein. Ich würde mich glücklicher fühlen, wenn ich ein Militärgouverneur wäre!" Shi Shouxin und die anderen Generale waren sehr überrascht und verlangten eine Erklärung. Zhao Kuangyin antwortete: „Ist das denn noch nicht klar? Wer möchte denn nicht den Thron besteigen?" Shi Shouxin und den anderen war klar, was hinter diesen Worten steckte und waren so verängstigt, dass sie sich auf die Knie warfen und sagten: „Wir würden Eurer Majestät niemals nur mit halbem Herzen dienen." Zhao Kuangyin schüttelte den Kopf und sagte: „Meint ihr wirklich, dass ich euch nicht vertraue? Ich fürchte nur, dass es unter euren Offizieren und Soldaten einige gibt, die auf Reichtum und Ruhm versessen sind und euch mit der gelben Robe des Kaisers bekleiden wollen. Wie könntet ihr das ablehnen?" Shi Shouxin und die anderen waren so erschrocken, dass ihnen der kalte Schweiß ausbrach und sie unentwegt Kotaus machten. Am darauf folgenden Tag reichten sie den Rücktritt ein unter dem Vorwand, dass sie schon alt waren und darum an vielen Krankheiten litten. Damit war der Kaiser natürlich einverstanden. Er gab ihnen eine große Summe Geld und andere Wertgegenstände und entledigte sie jeglicher militärischer Befugnis. In der Geschichte wurde dieses Ereignis als „die Militärmacht mit dem Schnapsbecher aufheben" bezeichnet.

赤胆忠心的 杨家将

Die treuen Generäle der Familie Yang

历史上杨家将的主要人物是杨业。北宋初年，北方的辽国不断进扰宋朝边境。杨业带领部队守卫边境重镇雁门关。980年，辽国派10万大军攻打雁门关。那时候，杨业只有几千人马。他就让大部分人马守卫雁门关，自己带领几百名骑兵，悄悄绕到辽军背后，给辽军一个突然袭击。辽军毫无防备，心惊胆战，大败而归。

雁门关一仗取得胜利后，杨业又带领宋兵打了几个大胜仗。从此以后，辽军一看到"杨"字旗号，就吓得不敢再战。人们给杨业起了个外号，叫"杨无敌"。

过了两年，宋太宗决定大举攻辽，令宋军分三路进军。杨业担任西路军副帅。开始，三路军进展顺利。后来，东路军轻率冒进，导致溃败，宋军只得撤退。撤退时，由于西路主帅指挥错误，杨业的部队遭到辽国大军伏击。士兵们都战死了，杨业孤军奋战，身受几十处创伤仍坚持战斗，最后被俘。杨业在辽营里宁死不肯投降，绝食了三天三夜，就牺牲了。

杨业死后，杨家子孙继承了他的事业。儿子杨延昭、孙子杨文广都在保卫宋朝边境的战争中立了功。民间传说的杨家将的故事就是根据他们的事迹加工而成的。

1. 雁门关
Der Yanmenguan-Pass

Die treuen Generäle der
Familie Yang

Yang Ye spielte die Hauptrolle in der Geschichte der Generäle der Familie Yang. In den ersten Jahren der Nördlichen Song-Dynastie griffen die Liao-Truppen aus dem Norden wiederholt das Grenzgebiet der Song-Dynastie an. Yang Ye führte eine Armee-Einheit und bewachte Yanmenguan, ein strategisch wichtiger Stützpunkt. Im Jahr 980 stürmten die Liao-Truppen mit 100 000 Mann gegen Yanmenguan. Yang Yes Truppe hatte nur einige Tausend Mann. Yang Ye befahl dem großen Teil seiner Truppe, Yanmenguan zu verteidigen, während er mit einigen Hundert Kavalleristen den Feind heimlich von hinten überfiel. Der völlig unerwartete Überfall versetzte die Liao-Truppe in große Schrecken, sie mussten sich der Niederlage beugen und traten den Rückzug an.

Die Song-Truppen schlugen unter Yang Yes Führung einige weitere erfolgreiche Schlachten. Von da an verloren die Liao-Truppen den Mut zum Kampf, sobald sie auch nur die Fahne vom Yang Yes sahen. So erhielt Yang Ye der Spitzname „Unbesiegbarer Yang".

Zwei Jahre später beschloss der Song-Kaiser Taizong einen groß angelegten Angriff gegen Liao. Er befahl seinen Truppen den Vormarsch über drei Routen. Yang Ye fungierte als Vizebefehlshaber der westlichen Route. Am Anfang kamen die Truppen problemlos voran. Dann aber riskierte die Truppe auf der östlichen Route einen voreiligen Vorstoß und wurde alsbald in die Flucht geschlagen. Die Song-Truppen mussten sich zurückziehen, wobei die Truppe von Yang Ye infolge eines Fehlkommandos aus dem Hinterhalt von den Liao-Streitkräften überfallen wurde. Der schwer verwundete Yang Ye kämpfte als einziger heldenhaft weiter, wurde aber schließlich gefangen genommen. Er wollte lieber sterben als sich beugen und begann einen Hungerstreik, drei Tage und drei Nächte, bis zu seinem Tod.

Nach Yang Yes Tod verteidigten seine Nachkommen weiter das Grenzgebiet der Song-Dynastie. Im Krieg erwarben sich sein Sohn Yang Yanzhao und sein Enkel Yang Wenguang hohe Verdienste.

▶ 小资料 Kurzinformation

澶渊之盟

契丹（Qìdān）族是生活在辽河流域的一支游牧民族。916年耶律阿保机建契丹国，后改国号为"辽"，定都上京（今内蒙古境内）。五代与契丹对峙时期，辽得到石敬瑭割让的幽云十六州后势力壮大起来，对北宋构成严重的威胁。1004年，辽的太后和辽圣宗耶律隆绪亲自发兵南下，连破宋军，11月已抵达黄河边的重镇澶州（Chánzhōu），威胁北宋的都城东京，北宋朝野人心惶惶。宋真宗在寇准的坚持下亲自出征，鼓舞士气。宋、辽两军出现对峙局面。不久，双方达成和议，北宋朝廷每年输送给辽国岁币银10万两，绢20万匹。历史上把这次和议称为"澶渊（chányuān）之盟"。此后，宋辽百余年间不再有大规模的战事，这对中原与北部边疆经济文化的交流和民族的融合有积极的意义。

Der Chanyuan-Pakt

Qidan (Kitan) war ein Nomadenvolk im Einzugsgebiet des Liaohe-Flusses. Im Jahr 916 gründete Yelü Abaoji das Qidan(Kitan)-Reich, später Dynastie Liao genannt und machte Shangjing (in der heutigen Inneren Mongolei) zur Hauptstadt. In der Periode der Fünf Dynastien bekam Liao 16 Bezirke des Gebiets Youyun, die der Militärgouverneur Shi Jingtang nach militärischen Konfrontationen abtrat. Liao verstärkte allmählich seine Kräfte, was eine Bedrohung für die Nördliche Song-Dynastie darstellte. Im Jahr 1004 führten die Liao-Kaiserinmutter und der Liao-Kaiser Yelü Longxu (Liao Shengzong) die Armee persönlich nach Süden und verzeichneten einen Sieg nach dem anderen. Im November erreichte die Liao-Armee Chanzhou, einen Ort von strategischer Bedeutung am Ufer des Gelben Flusses, was eine große Gefahr für die Hauptstadt der Nördlichen Song-Dynastie Dongjing darstellte. Der Kaiserhof und das gemeine Volk waren äußerst beunruhigt. Der Song-Kaiser Zhenzong unternahm nach beharrlicher Bitte des hohen Beamten Kou Zhun persönlich einen Feldzug, um den Kampfgeist der Song-Truppen zu wecken. Da kam es zur Konfrontation zwischen Song und Liao. Kurz danach unterschrieben beide Seiten einen Friedensvertrag, nach dem die Song-Regierung jährlich 100 000 Tael Silber und 200 000 Ballen feinster Seide an Liao abgeben musste. In der Geschichte wird dieser Friedensvertrag „Chanyuan-Pakt" genannt. Danach gab es über 100 Jahre lang keine großen Kriege mehr zwischen Song und Liao, was für den wirtschaftlichen und kulturellen Austausch zwischen den zentralen Gebieten Chinas am Mittel- und Unterlauf des Gelben Flusses und den nördlichen Grenzgebieten von großer Bedeutung war.

秉公执法的 "包青天"

Der gerechte „Bao Qingtian"

　　中国民间流传着许多有关包公的传说，称他为"包青天"、"青天大老爷"，称赞他执法严明，铁面无私，为老百姓做主。确实，历史上有这样一个清官，他就是宋朝的包拯（Bāo Zhěng）。

　　包拯（999—1062年）是安徽合肥人，在地方和朝廷都做过官。他在做县官时，有一次，他的堂舅犯了法。包拯不讲私情，照样依法办事，派人把他抓到官府，判了死刑。许多亲戚赶来求情，包拯说："不是我没有情义，谁叫他犯法呢？"

1 | 2

1. 安徽合肥包公墓
   Grab des Bao Gong in Hefei, Provinz
   Anhui
2. 安徽合肥包公祠内的包公铜像
   Bronzestatue des Bao Gong im
   ihm gewidmeten Tempel in Hefei,
   Provinz Anhui

后来，包拯又到朝廷做官，他依然秉公执法。有一年开封发大水，威胁到老百姓的安全。包拯发现涨水的原因是河道被阻塞了。原来一些大官在河道上修筑了花园亭台。为了保证开封的安全，包拯立刻下令，要这些人把河道上的建筑全部拆掉。即使是皇亲国戚，违反了法令，包拯也毫不留情，他向皇帝提出自己的意见，直到让这些人受到应有的惩罚，才肯罢休。

对受冤枉的老百姓，包拯却充满了同情。每次遇到这样的案情，他总是深入调查，详细分析，替百姓伸冤。人们感激他公正执法，都称他为"包青天"。

包拯做了大官，家里的生活也没什么变化，穿衣吃饭，跟普通老百姓一样。包拯死了以后，留下一份遗嘱（yízhǔ）说："后代子孙做了官，如果犯了贪污罪，不许回老家；死了以后，也不许葬在包家坟地上。"

包拯一生做官清清白白，受到老百姓的敬仰，民间流传着许多他的故事，大家习惯上都叫他"包公"，包拯的本名倒很少有人提起了。

Der gerechte „Bao Qingtian"

Im Volksmund werden viele Geschichten über Bao Zheng erzählt, in denen er „Bao Qing-tian" (Qingtian bedeutet soviel wie „gerechter Richter" oder „unbestechlicher Beamter") oder „Qingtian Dalaoye" (Dalaoye bedeutet „hoher Beamter") genannt wird, weil er sich immer streng an die Gesetze hielt, unparteiisch und unbestechlich war und sich für gewöhnliche Leute einsetzte. In der Song-Dynastie gab es tatsächlich einen solchen gerechten und unbestechlichen Beamten namens Bao Zheng.

Bao Zheng (999–1062) stammt aus Hefei in der Provinz Anhui und war sowohl bei der lokalen Verwaltung als auch im Kaiserhof als Beamter tätig. Man erzählt, dass er aus Rücksicht auf Verwandte auch dann nicht widerrechtlich handelte, als sein eigener Onkel das Gesetz gebrochen hatte. Damals war er Kreisvorsteher und ließ seinen Onkel vor Gericht bringen. Nach dem Gesetz musste sein Onkel zum Tod verurteilt werden. Viele

Verwandte baten um Gnade. Dazu sagte Bao Zheng: „Nicht ich bin es, der keinen Familiensinn hat. Wer hieß ihn denn das Gesetz zu übertreten?"

Bao Zheng arbeitete wieder am Kaiserhof und setzte sich weiterhin für die gerechte Anwendung der Gesetze ein. Einige Jahre später gab es in Kaifeng eine schreckliche Überschwemmung und versetzte die Bevölkerung in große Angst. Bao Zheng erkannte die Gründe der Überschwemmung; hohe Beamte hatten am Fluss ihre Gärten und Pavillions gebaut und verstopften dadurch den Flusslauf. Um die Sicherheit der Stadt Kaifeng zu gewährleisten, befahl Bao Zheng den sofortigen Abriss aller Anlagen in der Nähe des Flusses. Bei Nichtbefolgen der Befehle, egal ob Verwandte des Kaisers oder nicht, hatte Bao Zheng nicht das geringste Erbarmen. Er beschwerte sich beim Kaiser persönlich, bis die Beamten schließlich gebührend bestraft wurden.

Den einfachen Leuten, die ungerecht behandelt wurden, brachte Bao Zheng dagegen große Sympathie entgegen. Wenn er einen solchen Rechtsfall in der Hand hatte, stellte er immer besonders gründliche Nachforschungen und Untersuchungen an und analysierte die Tatbestände genauestens, um Unrecht zu vermeiden oder Wiedergutmachung zu verlangen. Die Bevölkerung war ihm für diese Grechtigkeit sehr dankbar und nannte ihn „Bao Qingtian".

Obwohl Bao Zheng ein hoher Beamter war, veränderten sich die Lebensbedingungen seiner Familie kaum. Seine Familienangehörigen aßen und kleideten sich wie gewöhnliche Leute. In Bao Zhengs Testament hieß es: „Wenn sich meine Nachkommen, die Beamte geworden sind, als korrupt erweisen, soll ihnen die Rückkehr in die Heimat unverzüglich verboten werden und nach ihrem Tod sollen sie nicht in der Grabstätte der Familie Bao beerdigt werden."

Wegen seiner Gerechtheit und Unbestechlichkeit wurde Bao Zheng vom Volk sehr geliebt und geachtet. In den zahlreichen Überlieferungen redete man respektvoll von „Bao Gong (Gong auf Deutsch: Verehrter Herr)", sein ursprünglicher Name Bao Zheng hingegen wurde nur selten erwähnt.

1. 广东肇庆端砚
   Duan–Tuschstein, hergestellt in Zhaoqing, Provinz Guangdong
2. 河南开封包公祠内的狗头铡等
   Häckselmesser in Form eines Hundekopfs u. a. im Tempel für Bao Gong in Kaifeng, Provinz Henan

1

2

▶ 小资料 Kurzinformation

包拯小故事

包拯一生清廉，从不贪污受贿。他在端州（今广东肇庆，Zhàoqìng）当了将近3年官。端州有一种著名的特产——端砚（duānyàn）。笔、墨、纸、砚合称为文房四宝，而湖笔、徽墨、宣纸、端砚被称为四宝之最。端砚石质坚实温润，纹理细密，发墨快而不易干，书写流利生辉，从唐代起就很有名，是上贡皇帝的贡品。包拯以前的县官常征收老百姓的端砚，用来贿赂（huìlù）朝中权贵。包拯当县官时不加征端砚，也不贿赂权贵。虽然他十分喜爱书法，但他离开端州时竟然连一块端砚也没带走。

Eine kleine Geschichte über Bao Zheng

Bao Zheng war ehrlich und unbestechlich. Er war knappe drei Jahre in Duanzhou (heute Zhaoqing der Provinz Guangdong) als Kreisvorsteher tätig. Duanzhou war bekannt für seine Tuschsteine. In China galten Papier, Pinsel, Tusche und Tuschstein als „die vier Schätze der Studierstube". Am besten jedoch waren Schreibpinsel aus Huzhou, die Tusche aus Huizhou, das Papier aus Xuancheng und Tuschsteine aus Duanzhou, dank ihrer excellenten Qualität. Der Tuschstein aus Duanzhou war von fester und feiner Struktur, ließ sich schnell zu einer geschmeidigen Tusche anreiben und eignete sich wunderbar für die Kalligraphie.

Schon während der Tang-Dynastie war Tuschsteine aus Duanzhou weit und breit bekannt und waren damals eine beliebte Tributgabe. Die Vorgänger von Bao Zheng erhoben vom Volk hohe Abgaben für Tuschsteine, um die mächtigen Adligen im Kaiserhof damit zu bestechen. So etwas kam bei Bao Zheng niemals vor. Zwar war Bao Zheng ein großer Freund der Kalligraphie, er nahm aber keinen einzigen Tuschstein mit, als er Duanzhou verließ.

忠心报国的 岳飞

Yue Fei gab sich dem Staat mit Leib und
Seele hin

岳飞是南宋时期抗击金朝进犯的名将。他从小刻苦读书，特别爱读兵法，20岁时参加了军队，以勇敢出名。

岳飞一心想收复被金朝占领的中原大地，对自己要求十分严格，又关心爱护士兵。他领导的岳家军作战十分勇猛，从没打过败仗。

1140年，金大将兀术（Wūzhú）带领金朝的军队向南宋进攻。岳飞带领岳家军与金兀术作战。兀术有一支经过专门训练的骑兵，人马都披上厚厚的铁甲，叫做"拐子马"，向岳家军进攻。岳飞看准了拐子马的弱点，等敌人冲过来，命令士兵弯着身子，专砍马腿。马砍倒了，金兵跌下马来，这样就把拐子马打败了。兀术听到这个消息，伤心地哭了。他说，自从带兵打仗以来，全靠拐子马打胜仗，这下全完了。岳家军乘胜收复了许多中原失地。那时候金兵中流传着一句话："撼（hàn）山易，撼岳

家军难！"意思是，推倒一座山很容易，可是想打败岳飞率领的军队太难了！

但后来，昏庸的宋高宗却与金朝讲和，命令岳飞从前线撤兵，又解除了他的兵权。1142年，奸臣秦桧（Qín Huì）又以"莫须有"（即当地语言"可能有"的意思）的罪名把岳飞害死了。岳飞死时只有39岁。

1. 浙江杭州岳王庙内的岳飞塑像
   Statue des Yue Fei im ihm gewidmeten Yuewang-Tempel in Hangzhou, Provinz Zhejiang
2. 奸臣秦桧等铸铁像长跪在岳飞坟前
   Kniende Statuen der ungetreuen hohen Beamten, darunter Qin Hui, vor dem Grab von Yue Fei

Yue Fei gab sich
dem Staat mit Leib und Seele hin

Yue Fei, ein berühmter General der Südlichen Song-Dynastie, machte sich einen Namen bei der Invasion der Jin-Truppen. Schon als Kind war er sehr fleißig und las besonders gerne Bücher über die Kriegskunst. Im Alter von 20 Jahren trat er in den Militärdienst ein und war bekannt für seine Tapferkeit.

Yue Fei war ganz erfüllt von dem Gedanken, das von der Jin-Dynastie eroberte Territorium zurück zu gewinnen. Er stellte hohe Anforderungen an sich und kümmerte sich mit Respekt und Behutsamkeit um seine Soldaten, daher schlugen sich die von ihm geführten Truppen tapfer und kämpferisch und verloren keine einzige Schlacht.

Im Jahr 1140 führte General Wuzhu der Jin-Armee einen Angriff gegen die Südliche Song-Dynastie. Yue Fei und seine Armee setzten sich energisch zur Wehr. Wuzhu griff mit seiner speziell ausgebildeten Kavallerie aus gepanzerten Kriegern und Pferden an. Yue Fei jedoch kannte den schwachen Punkt dieser Kavallerie und befahl seinen Soldaten, sich nach vorne zu beugen und den Pferden beim Angriff in die Beine zu schlagen. Diese Methode funktionierte sehr gut und die Jin-Kavallerie wurde besiegt. Als Wuzhu davon hörte, weinte er bitterlich und sagte: „Diese Kavallerie war meine einzige Hoffnung, erfolgreich eine Schlacht zu schlagen. Jetzt sind wir am Ende." Dank diesem Sieg gewann Yue Fei viele verlorene Gebiete zurück. Unter den Jin-Truppen wurde gesagt: „Es ist leichter einen Berg umzustürzen, als die Armee von Yue Fei zu besiegen!".

Der törichte Kaiser der Südlichen Song-Dynastie, Song Gaozong, wollte mit der Jin-Dynastie Frieden schließen. Er befahl Yue Fei, seine Truppen von der Front abzuziehen, und entledigte ihn seiner militärischen Macht. 1142 wurde Yue Fei im Alter von 39 Jahren vom hinterhältigen Beamten Qin Hui einer „wahrscheinlichen" Straftat beschuldigt und ermordet.

▶ 小资料 Kurzinformation

靖康之变

金灭辽以后，看到北宋统治腐朽，防备空虚，决定一鼓作气，灭掉宋朝，统一中国。1125年10月，金兵从北方长驱直入，直逼东京。宋徽宗惊惶失措，不敢承担抗敌的重任，于1126年1月让太子赵桓（Zhāo Huán，即宋钦宗）继位，改年号为靖康（jìngkāng）。第二年，金军攻陷了北宋的都城东京，掳走宋徽宗、宋钦宗以及后妃、宗室、大臣等三千多人，北宋灭亡，历史上称这一变故为"靖康之变"。这一年，宋钦宗的弟弟赵构在应天府（今河南商丘）即位，后来定都临安（今浙江杭州），这就是历史上的"南宋"。

Der Jingkang - Zwischenfall

Nachdem die Liao-Dynastie von der Jin-Dynastie vernichtet wurde, warf der Jin-Herrscher nun den Blick auf die Nördliche Song-Dynastie und sah ihre korrupte Politik und die schwachen Verteidigungskräfte. Da entschied der Jin-Herrscher, die Song-Dynastie zu zerstören und ganz China unter seiner Herrschaft zu vereinen. Im Oktober 1125 marschierten die Jin-Truppen geradewegs zum Stadttor von Dongjing. Der in große Panik versetzte Song-Kaiser Huizong verkündete sofort seinen Rücktritt und rief seinen Sohn Zhao Huan (später Kaiser Qinzong genannt) auf den Thron. Im folgenden Jahr stürmten die Jin-Truppen die Hauptstadt der Nördlichen Song-Dynastie Dongjing und nahmen Huizong, Qinzong, Kaiserinnen, kaiserliche Konkubinen und andere Angehörige des kaiserlichen Hauses sowie verschiedene Minister gefangen, insgesamt über 3000 Personen Das war das Ende der Nördlichen Song-Dynastie. In der Geschichte Chinas wird dieses Ereignis „ der Jingkang-Zwischenfall" genannt. Im gleichen Jahr bestieg der jüngere Bruder Qinzongs, Zhao Gou, in der Stadt Yingtianfu (heute Shangqiu, Provinz Henan) den Thron und machte später Lin'an (heute Hangzhou, Provinz Zhejiang) zur Hauptstadt des Reiches.

历史名臣 文天祥

Wen Tianxiang,
eine historische Persönlichkeit

文天祥是中国历史上的名臣，江西人。他从小爱读历史上忠臣烈士的传记，立志要向他们学习，年轻时就考中了状元。

忽必烈建立元朝以后，开始进攻南宋，一路南下逼近临安（南宋首都，今杭州）。这时南宋朝廷连忙号召各地派兵救援。文天祥在江西响应，组织了几万义兵，准备赶到临安去。有个朋友劝他说："你用这些临时招来的人马去抵抗元军，好比赶着羊群去跟猛虎搏斗，还是不要去吧！"文天祥说："国家危急，却没有人为国出力，难道不叫人痛心吗？我明知道自己力量有限，宁愿为国献身。"

南宋朝廷在危急中任命文天祥为右丞相，去和元军谈判。文天祥被元军扣留，在押往大都的途中，他趁机逃走。

文天祥逃到福州、广东，重新组织力量抗击元军，最终因力量悬殊，被元军抓住，随后被押往大都。

文天祥在大都被关了3年多，宁愿死也不肯投降。最后元世祖忽必烈亲自劝他说："你的忠心，我也完全了解。现在你如果能改变主意，做元朝的臣子，我仍旧让你当丞相。"文天祥回答说："宋朝已经灭亡，我只求一死，别的没有什么可说了。"1283年，年仅47岁的文天祥去世。

文天祥在监狱中写下的《正气歌》，成为千古传诵的不朽诗篇。

《正气歌》

天地有正气，杂然赋流形。下则为河岳，上则为日星。于人曰浩然，沛乎塞苍冥。
皇路当清夷，含和吐明庭。时穷节乃见，一一垂丹青。在齐太史简，在晋董狐笔。
在秦张良椎，在汉苏武节。为严将军头，为嵇侍中血。为张睢阳齿，为颜常山舌。
或为辽东帽，清操厉冰雪。或为出师表，鬼神泣壮烈。或为渡江楫，慷慨吞胡羯。
或为击贼笏，逆竖头破裂。是气所磅礴，凛烈万古存。当其贯日月，生死安足论。
地维赖以立，天柱赖以尊。三纲实系命，道义为之根。嗟余遘阳九，隶也实不力。
楚囚缨其冠，传车送穷北。鼎镬甘如饴，求之不可得。阴房阒鬼火，春院閟天黑。
牛骥同一皂，鸡栖凤凰食。一朝蒙雾露，分作沟中瘠。如此再寒暑，百沴自辟易。
哀哉沮洳场，为我安乐国。岂有他缪巧，阴阳不能贼。顾此耿耿在，仰视浮云白。
悠悠我心忧，苍天曷有极。哲人日已远，典刑在夙昔。风檐展书读，古道照颜色。

1

1. 江西吉安文天祥纪念馆
Wen-Tianxiang-Gedenkhalle Ji'an, Provinz Jiangxi

Wen Tianxiang,

eine historische Persönlichkeit

Wen Tianxiang, eine historische Persönlichkeit Chinas, wurde in der heutigen Provinz Jiangxi geboren. Bereits in seiner Kindheit las er gerne Biografien von treuen Beamten und Helden in der Geschichte und nahm sich diese zum Vorbild. Als junger Mann setzte er sich in der Beamtenprüfung durch und erreichte sogar den ersten Platz.

Nach der Gründung der Yuan-Dynastie ergriff Kublai-Khan die Offensive gegen die Südliche Song-Dynastie und rückte in bedrohliche Nähe der Song-Hauptstadt Lin'an (heute Hangzhou). Der Kaiserhof war höchst beunruhigt und bat alle Streitkräfte des Landes um Hilfe. Infolge des kaiserlichen Appells stellte Wen Tianxiang in Jiangxi sofort eine Truppen von mehreren Zehntausend Freiwilligen auf und wollte unverzüglich nach Lin'an marschieren. Ein Freund riet ihm aber davon ab, „Wenn du mit dieser in großer Hast aufgestellten Truppe Widerstand gegen die Yuan-Armee leisten willst, stehst du da, wie mit einer Schafherde vor dem bösen Tiger. Gib deinen Plan auf!" Wen Tianxiang erwiderte, „Unser Staat befindet sich vor einer großen Bedrohung. Wie könnte ich es ertragen, meine Heimat nicht zu verteidigen und untätig da zu stehen? Über meine beschränkten Kräfte bin ich zwar im Klaren, trotzdem würde ich lieber mein Leben für meinen Staat hingeben."

In diesem Moment der größten Gefahr ernannte der Kaiserhof Wen Tianxiang zum Kanzler und beauftragte ihn, mit der Yuan-Armee Friedensverhandlungen aufzunehmen. Während der Gespräche wurde Wen Tianxiang von der Yuan-Armee festgenommen. Auf dem Weg nach Dadu, der Hauptstadt der Yuan-Dynastie, konnte er aber entkommen.

Wen Tianxiang flüchtete über Fuzhou nach Guangdong und stellte erneut Widerstandskräfte auf. Wegen der ungleichen Kräfteverhältnisse wurde er schließlich von der Yuan-Armee wieder gefangen genommen und nach Dadu abtransportiert.

1

1. 文天祥像
Porträt von Wen Tianxian

Nach mehr als drei Jahren Gefangenschaft verweigerte Wen Tianxiang nach wie vor, sich dem Feind zu unterwerfen. Schließlich versuchte Kublai-Khan persönlich ihn zu überreden: „Ihre Treue macht einen tiefen Eindruck auf mich. Aber wenn Sie Ihre Meinung ändern und ab jetzt der Yuan-Dynastie dienen könnten, würde ich Sie sofort zum Kanzler ernennen." Wen Tianxiang antwortete: „Da die Song-Dynastie bereits nicht mehr existiert, möchte ich nur noch sterben. Das ist alles, was ich zu sagen habe."

Im Gefängnis verfasste Wen Tianxiang das sogenannte „Lied des rechtschaffenen Geistes", das von Generation zu Generation überlieft, uns ewig als ein unvergängliches Meisterwerk erhalten bleiben wird.

成吉思汗与忽必烈

Dschingis-Khan und Kublai-Khan

　　蒙古族是中国北方一个古老的民族。12世纪末，铁木真经过10多年战争统一了蒙古各部，1206年被推举为蒙古的大汗（dàhán），被尊称为"成吉思汗"，意思是"坚强的君主"。成吉思汗建立横跨亚欧大陆的大蒙古国以后，国力强盛，军事行动波及欧洲的多瑙河流域，对世界历史发展进程产生了重大影响。成吉思汗死后，蒙古军队相继灭西夏和金，统一了中国整个北方地区。

1260年，忽必烈（成吉思汗的孙子）继承了汗位，1264年，建都大都（今北京）。到1271年，忽必烈正式称皇帝，建立了元朝（1271—1368年），他就是元世祖。元世祖逐步巩固对北方的统治之后，就集中力量攻打南宋，终于灭了南宋。1279年，实现了中国南北大统一。

元世祖忽必烈做了皇帝以后，就对中央和地方的行政机构进行改革。他先在中央设立中书省，为最高的行政机构。在全国各地设立了行中书省，简称"行省"，在全国各地共设立10个行中书省，正式作为地方最高的行政机构。另外，吐蕃（今西藏）地区在元朝时也正式成为中国的一个行政区，由中央的宣政院管辖。元朝政府还设置了澎湖巡检司，管辖台湾与澎湖，这是台湾归属中国中央政府管辖的开始。

元朝行省制度的建立，加强了中央与行省、行省与行省之间的联系，使元朝中央对边疆少数民族地区的管理比以前任何朝代都有效，有利于多民族统一国家的稳定和发展。这是元世祖忽必烈的一项创举。

元朝创设的行省制度一直沿用到今天。

1 | 2
  | 3

1. 内蒙古伊金霍洛旗成吉思汗陵
   Mausoleum des Dschingis-Khan im Banner Ejin Horo,
   Innere Mongolei
2. 成吉思汗像
   Porträt von Dschingis-Khan
3. 元世祖忽必烈像
   Porträt von Kublai-Khan

Dschingis-Khan und Kublai-Khan

Die Mongolen sind eine alte Nationalität im Norden Chinas. Ende des 12. Jahrhunderts vereinigte Temu-jin nach 10 Jahren Krieg alle mongolischen Stämme. 1206 wurde er zum Großkhan der Mongolen ernannt und erhielt den Ehrentitel „Dschingis-Khan", der „eiserne Herrscher". Dschingis-Khan gründete ein großes Mongolenreich, das sich damals über den ganzen eurasischen Kontinent ausdehnte. Die Feldzüge des mächtigen Reiches griffen bis auf das Einzugsgebiet der Donau über und hatten großen Einfluss auf die Entwicklung der Weltgeschichte. Nach Dschingis-Khans Tod stürzte die mongolische Armee das Westliche Xia-Reich und das Jin-Reich und vereinigte ganz Nordchina.

1260 wurde Kublai, Enkel von Dschingis-Khan, Großkhan der Mongolen und verlegte die Reichshauptstadt nach Dadu (heute Beijing). 1271 ernannte sich Kublai-Khan zum Kaiser und gründete die Yuan-Dynastie (1271 – 1368). Er war später als Yuan-Shizu bekannt. Nachdem Yuan-Shizu seine Herrschaft über den Norden nach und nach konsolidiert hatte, ergriff er mit allen Kräften die Offensive gegen die Südliche Song-Dynastie und vernichtete sie schließlich im Jahr 1279. Der Vereinigung von Süd- und Nordchina stand somit nichts mehr im Wege..

Als Yuan-Kaiser führte Kublai in den zentralen und lokalen Verwaltungsorganen Reformen durch. Zuerst schuf er auf zentraler Ebene das kaiserliche Sekretariat (Zhongshusheng) als oberste Exekutive. Dann errichtete er landesweit zehn Xing-Zhongshusheng, kurz Xingsheng (Provinzen) genannt oder mobile Zhongshusheng, als oberste Verwaltungseinheiten auf lokaler Ebene. Zur Zeit der Yuan-Dynastie wurde Tibet zu einer offiziellen Verwaltungseinheit Chinas und unterstand dem zentralen Organ Xuanzhengyuan. Außerdem errichtete die Yuan-Regierung Penghu-Xunjiansi, ein Inspektionsorgan für Taiwan und Penghu. Damit begann die Zugehörigkeit Taiwans zur zentralen Regierung Chinas.

Mit dem Provinzensystem intensivierte die Yuan-Regierung die Verbindung zu den Provinzen und die Beziehungen unter den Provinzen selbst. Damit ermöglichte die Yuan-Regierung eine effektivere Verwaltung der von nationalen Minderheiten bewohnten Grenzgebiete und leistete einen großen

Beitrag zur Stabilität und Entwicklung des Vielvölkerstaates. Das Provinzsystem war eine Pionierleistung von Yuan-Shizu.

Das Provinzsystem der Yuan-Dynastie findet heute noch Anwendung.

1

1. 成吉思汗陵内以成吉思汗为主题的大型壁画
Große Wandmalerei im Mausoleum Dschingis-Khans

马可·波罗 来华

Marco Polos China-Reise

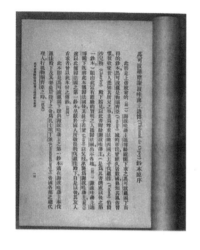

元朝同亚、非、欧各国的交往很多，在当时来中国的外国人之中，最著名的是意大利威尼斯人马可·波罗（Marco Polo，1254—1324年）。

1271年夏天，马可·波罗的父亲和叔父带着他离开故乡，经过4年的艰辛旅程，来到了中国。

马可·波罗聪明好学，来到中国以后，很快学会了蒙古语、骑马和射箭。忽必烈很喜欢他，经常派他出去视察。马可·波罗后来在书中描述了中国西北、华北、西南、中南和华东的许多地方，其中多数是他游历过的，但也有一些可能来自传闻。据说，他在扬州呆过，还当了3年总管呢。

在中国时间久了，3个欧洲人非常怀念故乡，一再要求回国。获得批准后，他们再次踏上了充满艰险的归途。经过4年多的时间，终于在1295年回到了威尼斯。

这时他们已经远离故土24年，当地人以为他们已经死在国外了。现在他们却穿着东方的服装回来了。人们认为他们带回了无数黄金珠宝，给马可起了个外号，叫"百万"。

没有多久，威尼斯和另外一个城邦热那亚发生了战争。马可·波罗自己花钱买了一条船，亲自驾船参加威尼斯的舰队。结果威尼斯打了败仗，他做了俘虏，被热那亚人关进了监狱。热那亚人听说他到过东方，常常到监狱里听他讲东方和中国的见闻。牢里关着一个作家，把马可讲的事都记了下来，编成了一本书，叫《马可·波罗行纪》。

在这本游记里，马可·波罗描绘了一个新奇的东方世界，详细介绍了中国忽必烈时期的一些重大政治事件、风俗习惯、宗教信仰、著名城市、物产和商业活动等。这本书一出版，就受到了欧洲人的欢迎，激起了他们对东方文明的向往。

15世纪以后，欧洲的航海家、探险家，普遍受到了马可·波罗的影响，去东方寻找一个遍地黄金的国家。

Marco Polos China-Reise

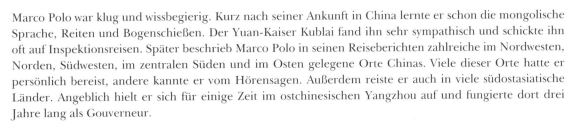

Die Yuan-Dynastie unterhielt enge Kontakte zu vielen Ländern in Asien, Afrika und Europa. Unter den fremden Reisenden war der Italiener Marco Polo am bekanntesten. Er kam während der Regierungsperiode von Yuan-Shizu Kublai nach China.

Im Sommer 1271 brach Marco Polo mit seinem Vater und seinem Onkel nach Ostasien auf und vier Jahre später erreichten sie endlich China.

Marco Polo war klug und wissbegierig. Kurz nach seiner Ankunft in China lernte er schon die mongolische Sprache, Reiten und Bogenschießen. Der Yuan-Kaiser Kublai fand ihn sehr sympathisch und schickte ihn oft auf Inspektionsreisen. Später beschrieb Marco Polo in seinen Reiseberichten zahlreiche im Nordwesten, Norden, Südwesten, im zentralen Süden und im Osten gelegene Orte Chinas. Viele dieser Orte hatte er persönlich bereist, andere kannte er vom Hörensagen. Außerdem reiste er auch in viele südostasiatische Länder. Angeblich hielt er sich für einige Zeit im ostchinesischen Yangzhou auf und fungierte dort drei Jahre lang als Gouverneur.

Nach dem langen Auslandaufenthalt litten die drei Italiener an schrecklichem Heimweh und baten mehrmals, in die Heimat zurückkehren zu dürfen. Mit der Einwilligung des Kaisers machten sie sich schließlich auf die lange und beschwerliche Heimreise. Gut vier Jahre später, im Jahr 1295, waren sie endlich wieder in Venedig.

Da sie aber 24 Jahre lang im Ausland geweilt hatten und auch niemand etwas von ihnen gehört hatte, glaubten die Einheimischen, sie seien längst im Ausland gestorben. Nun kehrten sie plötzlich in orientalischer Kleidung zurück. Die Leute waren überzeugt, dass sie Unmengen von Gold und Juwelen mitgebracht hatten und gaben Marco Polo den Spitznamen „Million".

Kurz danach brach der Krieg zwischen Venedig und Genua aus. Marco Polo kaufte ein eigenes Schiff und zog mit der Venediger Flotte in den Kampf, der allerdings mit der Niederlage Venedigs und der Gefangennahme Marco Polos endete. Da die Bewohner von Genua von Marco Polos Reise in den Orient gehört hatten, besuchten sie ihn oft im Gefängnis und fragten ihn nach seinen Erfahrungen im Orient und vor allem in China. Im Gefängnis saß auch ein Schriftsteller, der alles aufschrieb und das Buch namens „Reisebericht von Marco Polo" verfasste.

In dem Reisebericht schildert Marco Polo eine fremdartige orientalische Welt und er erzählt über wichtige politische Ereignisse, Sitten und Gebräuche, Religionen und Glauben, berühmte Städte, Erzeugnisse und über den Handel in Kublais China. Das Buch löste große Begeisterung unter den Europäern aus und weckte ihre Sehnsucht nach der orientalischen Zivilisation.

Beeinflusst von Marco Polo, begannen europäische Seefahrer und Abenteurer im 15. Jahrhundert ihre Suche nach dem orientalischen Land, wo das Gold nur so vom Himmel fallen soll.

1 | 2

1. 《马可·波罗行纪》汉译本
   Chinesische Ausgabe vom „Reisebericht Marco Polos"

2. 马可·波罗像
   Porträt von Marco Polo

四 大 发 明

Die vier großen Erfindungen des alten China

造纸术

西汉时期已经出现植物纤维纸，但比较粗糙，书写不方便。东汉时的宦官（huàn guān）蔡伦，改进了造纸方法，用树皮、麻头、破布和旧鱼网作原料，制造出既美观又便宜，并且书写方便的纸张，并使这种以麻为主要原料的纸得到推广，对书写起到了重要的推动作用。造纸术逐步推广开来，到了三四世纪，纸取代竹简和丝帛成为中国的主要书写材料。

指南针

战国时，人们用天然磁石磨成"司南"，这是世界上最早的指南针，到今天已经有两千多年了。司南磁性较弱，指南效果比较差。

到了宋朝，发明了人造磁铁，磁性比天然磁铁稳定。指南针的装置也有很大改进，人们发明了指南鱼、指南龟、水浮指南针等指南工具。

在宋代，海外贸易非常发达。为了克服在海洋中航行的

困难，到北宋末年，在航海上已经应用了指南针。南宋时还出现了将指南针安装在刻着度数和方位的圆盘上的罗盘针，使海上航行的人，在没有太阳的白天，没有月亮的夜晚，也能辨别方向。

印刷术

在人类文明发展史上，印刷术的地位非常重要。大约在隋朝的时候，雕版印刷术被发明了出来。但雕版印刷费时长，花钱多。

毕昇是北宋时一个聪明能干的印刷工人，发明了泥活字。先在粘土制成的一个个小方块上刻出反字。制成一批后，就放在火中烧硬成为陶字。排版时，在一块铁板上铺上一层用松香、蜡和纸灰混合的粉末，把一个个陶字排在

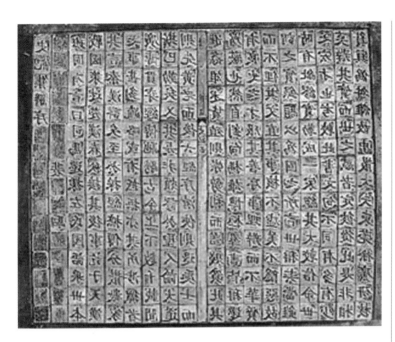

狩猎、开石、采石，制造爆竹和焰火，也被用在军事上。火器的制造技术也提高到了一个新的阶段。北宋制造的火药武器主要是燃烧性的、爆炸性的，如火箭、霹雳（pīlì）火球、蒺藜（jílí）火球等。到了南宋，发明了管状火器，把火药装在竹筒里点火喷射。有一次，宋朝军队和蒙古军队打仗，宋军发明了管状"突火枪"，即把火药装在竹筒里，然后装上"子窠（zǐkē）"。"子窠"和子弹的性质差不多，是用石子和铁块做的。这是世界上最早使用的原始步枪。它的出现是火器制造历史上划时代的进步。

有框的铁板上，然后把铁板放到火上加温，等粉末熔化后，用一块平板把字压平。铁板温度降低后，活字固定，就可以印刷了。印版中如果有错别字，可以随时更换，印完一版，活字拆了，铁板可以再用。

毕昇为印刷术的改进打下了基础，西夏有了木活字，明代改成铜活字，直到后来使用的铅活字。

火药与火器

中国古代有专门炼丹的人，他们中有人把硫磺（liúhuáng）、硝石、木炭放在一起烧炼，引起了燃烧和爆炸，人们把这三种物质的混合叫做"火药"。唐朝中期的书籍里记载了制成火药的方法。唐朝末年，火药开始用于军事。

在宋代，火药得到了广泛使用。火药不仅被用在生活中，

1. 蔡伦像
   Porträt von Cai Lun
2. 罗盘针
   Kompass
3. 泥版活字
   Drucktypen aus Ton

Die vier großen Erfindungen des alten China

Papierherstellung

Bereits zur Zeit der Westlichen Han-Dynastie wurde Papier aus Pflanzenfasern hergestellt, was jedoch zu rau und daher ungeeignet zum Schreiben war. Zur Zeit der Östlichen Han-Dynastie verbesserte ein Eunuch namens Cai Lun die Technik der Papierherstellung. Aus Baumrinden, Ramiegras, Hadern und gebrauchten Fischnetzen gewann er Papier, das nicht nur stilvoll und billig war, sondern sich auch ausgezeichnet zum Schreiben eignete. Cai Luns Papierherstellungstechnik mit Ramiegras als Hauptrohmaterial war innert kürzester Zeit weit verbreitet und verbesserte die Qualität der Schriftstücke erheblich. Mit der Verbreitung der Papierherstellung ersetzte das Papier im dritten bzw. vierten Jahrhundert die Schreibtafeln aus Bambus und den Seidenstoff als Schreibmaterial.

Kompass

Zur Zeit der Streitenden Reiche vor mehr als 2000 Jahren gewann man das sogenannte „Sinan" aus natürlichem Magnet, so entstand der erste Kompass der Welt. Wegen dem schwachen Magnetismus hatte jedoch Sinan nur eine beschränkte Wirkung.

Zur Zeit der Song-Dynastie erfand man die künstliche Herstellung von Magneten, die im Vergleich zu natürlichen Magneten ein stabileres Magnetfeld aufwiesen. Die Anwendungsbereiche wurden erweitert, Kompasse in verschiedensten Formen wurden hergestellt, wie zum Beispiel der Fischkompass, der Schildkrötenkompass und der Schwimmkompass.

In der Song-Dynastie wurde reger Seehandel betrieben. Zur Überwindung der Schwierigkeit auf hoher See machte man bereits Ende der Nördlichen Song-Dynastie Gebrauch vom Kompass. Zur Zeit der Südlichen Song-Dynastie benutzte man sogar Kompasse mit Gradeinteilung und Richtungsanzeigern, so konnte man sich auf hoher See zu jeder Zeit orientieren, egal ob es ein Tag ohne Sonne oder eine Nacht ohne Mond war.

Drucktechnik

Bei der Entwicklung unserer Zivilisation spielte die Drucktechnik eine bedeutende Rolle. Schon zur Zeit der Sui-Dynastie benutzte man hölzerne Druckplatten. Diese Methode zeigte sich jedoch als sehr zeit- und geldaufwendig.

Zur Zeit der Nördlichen Song-Dynastie erfand der kluge und tüchtige Drucker Bi Sheng bewegliche Druckstempel aus Ton. Schriftzeichen wurden spiegelverkehrt auf Tonstempel geschnitzt und dann gebrannt. Pulver aus Kolofonium, Wachs und Papierasche wurden auf einem Blech gemischt und die Tonstempel daraufgelegt. Danach wurde das Blech auf dem Feuer erhitzt. Sobald das Pulver geschmolzen war, wurden die Tonstempel angedrückt. So blieben sie nach dem Abkühlen auf dem Blech heften und man konnte mit dem Drucken beginnen. Wenn Schreibfehler auf der Druckplatte auftauchen, konnten die Tonstempel jederzeit ausgewechselt werden. Nach dem Drucken konnten die gebrauchten Tonstempel wieder von der Eisenscheibe entfernt und neue Tonstempel angebracht werden.

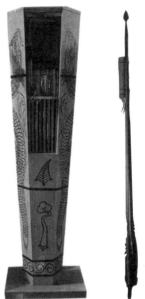

Bi Sheng hatte einen Grundstein für die Verbesserung der Druckkunst gelegt. Im Westlichen Xia-Reich erschienen dann Druckstempel aus Holz. Zur Zeit der Ming-Dynastie verwendete man auch Druckstempel aus Bronze und später schließlich aus Blei

Schießpulver und Feuerwaffen

Als Alchemisten im Altertum Schwefel zusammen mit Salpeter und Holzkohle erwärmten, lösten sie damit unerwartete Brände und Explosion aus. Diese Mischung der drei Stoffe heißt „Huoyao" (Schießpulver). In Büchern aus der Tang-Dynastie wird die Herstellung vom Schießpulver dokumentiert. Ende der Tang-Dynastie fand das Schießpulver zum ersten Mal Anwendung im Militärwesen.

Zur Zeit der Song-Dynastie war die Anwendung von Schießpulver weit verbreitet. Schießpulver wurde bei der Jagd, bei Bergsprengungen, Steinabbau oder bei der Herstellung von Feuerwerkskörpern, vorwiegend jedoch im Militärwesen gebraucht. Damit entstand ein neues Kapitel in der Herstellung von Feuerwaffen. Die Feuerwaffen aus der Nördlichen Song-Dynastie bestanden hauptsächlich aus Brennmaterial und Sprengstoff, verschiedenen Urformen von Raketen, Bomben und Landminen. Während der Südlichen Song-Dynastie wurde die „Rohrfeuerwaffe" erfunden, bei denen man Schießpulver in Bambusrohre einfüllte und zündete. In einem Gefecht gegen die Mongolen benutzten die Song-Soldaten eine Rohrfeuerwaffe, die „Tuhuoqiang".

Man füllte Schießpulver ins Bambusrohr ein und lud es dann mit „Zike", einer Art Munition aus Stein und Eisen. Diese Waffe war die Urform des heutigen Gewehrs.

1. 北宋出现了世界上最早印刷的 "纸币"，即交子
   Jiaozi aus der Nördlichen Song-Dynastie — das erste gedruckte Papiergeld der Welt
2. 突火枪
   Tuhuoqiang — Urform des Gewehrs
3. 火箭
   Huojian — Urform der Rakete

《清明上河图》

Am Qingming-Fest den Fluss hinauffahren

宋朝绘画，除了人物画、山水画、花鸟画之外，还出现了描写城乡生活的社会风俗画。生活在北宋末年南宋初年的张择端所画的《清明上河图》是其中最优秀、最有名的。《清明上河图》描绘了北宋首都东京（今河南开封）汴河（Biànhé）两岸清明节前后的风貌。

《清明上河图》现收藏在北京故宫博物院。长卷共分3部分：第一部分画着晨光下，郊外河岸上慢慢行进着的一支驮着重物的驴队；第二部分描写汴河交通繁忙的景象，尤其引人注目的是像彩虹般横跨汴河两岸的"虹桥"，桥上熙（xī）熙攘（rǎng）攘，车水马龙，非常热闹；第三部分描绘了市区街景，各行各业，应有尽有，街上行人，来来往往。整幅画宽25.5厘米，长525厘米，共画了各类人物800多个，牲畜94头，树木170多棵。它把汴京郊外的菜园风光、汴河上的交通运输、街头的买卖状况、沿街房屋的建筑特征、船夫们的紧张劳动、士大夫们的悠闲自得、雄伟的虹桥、巍峨的城楼以及车子、轿子、骆驼，——描绘得十分逼真。这幅画感染力强，欣赏价值高，受到人们的普遍喜爱，并被很多画家摹仿。

《清明上河图》直观地反映了北宋时代东京的城市面貌。它不仅欣赏价值高，而且是研究北宋时期东京的重要材料。

2

1

1. 《清明上河图》局部
   Teil der Querrolle „Während des Qing-
   ming-Festes den Fluss hinauffahren"
2. 《清明上河图》局部
   Teil der Querrolle „Während des Qing-
   ming-Festes den Fluss hinauffahren"

Am Qingming-Fest den Fluss hinauffahren

Neben Figuren-, Landschafts-, Blumen- und Vögelmalerei entstand zur Zeit der Song-Dynastie auch Genremalerei, die das Stadt- und Landleben widerspiegelte. Das Gemälde „Am Qingming-Fest den Fluss hinauffahren" von Zhang Zeduan, der Ende der Nördlichen Song-Dynastie und Anfang der Südlichen Song-Dynastie lebte, war das repräsentativste Werk der damaligen Genremalerei. Es zeigt Alltagsszenerien von Dongjing (dem heutigen Kaifeng, Provinz Henan), der Hauptstadt der Nördlichen Song-Dynastie, während des chinesischen Totenfestes Qingming am Ufer des Bian-Flusses.

Das Gemälde „Am Qingming-Fest den Fluss hinauffahren" ist heute im Palastmuseum in Beijing ausgestellt. Die Querrolle besteht aus drei Teilen. Im ersten Teil sieht man eine Reihe schwer beladener Esel, die in der Morgensonne den Fluss entlang gehen. Im zweiten Teil wird der rege Verkehr auf dem Bian-Fluss gezeigt. Besonders eindrucksvoll ist die „Hong-Brücke", die wie ein Regenbogen über dem Bian-Fluss dargestellt ist. Auf der verkehrsreichen Brücke herrscht Hochbetrieb. Im dritten Teil sind verschiedene Straßenbilder der Innenstadt zu sehen. Man findet alle möglichen Berufe und Geschäfte, und in den Strassen herrscht ein endloses Kommen und Gehen. Die ganze Rolle ist 25,5 cm breit und über 5 Meter lang und beinhaltet mehr als 800 Personen, 94 Stück Vieh und über 170 Bäume. Die Gemüsegärten der Vorstadt, der Verkehr auf dem Bian-Fluss, die Straßenhändler, die Gebäude die Straße entlang, die beschäftigten Fährmänner und die bedächtigen Gelehrten und Beamten, die imposante Hong-Brücke, hochragende Tortürme, Kutschen, Sänften und Kamele, alles ist sehr lebensecht dargestellt. Das Gemälde hat eine starke Ausstrahlungskraft und ist wirklich bewundernswert, weswegen es auch von vielen Malern kopiert wurde.

Mit der Querrolle „Am Qingming-Fest den Fluss hinauffahren" blieb uns ein lebhaftes Porträt der damaligen Metropole erhalten. Das Gemälde liefert uns wichtige Informationen über die Stadt Dongjing zur Zeit der Nördlichen Song-Dynastie.

司马光与《资治通鉴》

Sima Guang und „Die Geschichte als Spiegel"

▶ 小资料 Kurzinformation

司马光砸缸

传说司马光7岁那年，跟小伙伴在院子里玩。院子里有一口大水缸，有个小孩爬到缸沿上，不小心掉进了水缸。缸很大，水很深，眼看孩子快被淹死了，别的孩子都哭喊着往外跑。司马光没有慌，想出了一个主意，拿起一块大石头，用尽力气砸向水缸，缸破了，水流了出来，小孩得救了。

Sima Guang zerschlägt die Wassertonne

Als Sima Guang sieben Jahre alt war, spielte er eines Tages mit anderen Kindern im Hof, wo eine große Wassertonne stand. Plötzlich fiel ein Kind in die Wassertonne, weil es auf den Rand der Wassertonne geklettert war. Die tönerne Tonne war groß und tief und bis zum Rand mit Wasser gefüllt. Die anderen Kinder rannten weinend davon, während das arme Kind dem Ertrinken nah war. Sima Guang jedoch behielt klaren Kopf und hatte sofort eine rettende Idee. Er griff nach einem großem Stein und warf ihn mit aller Kraft gegen die Wassertonne. Die Tonne zerbrach und das Wasser floss heraus. So rettete er das ins Wasser gefallene Kind.

司马光（1019—1086年），北宋政治家、史学家，陕州夏县人（今属山西省）。他出生在一个官僚的家庭，曾经做过宰相。

司马光平生最大的成就之一就是主持编写了《资治通鉴》。司马光认为治理国家的人一定要了解历史，他用了两年的时间，写成了一部从战国到秦末的史书，名叫《通志》。后来他把《通志》拿给宋英宗看，宋英宗很满意，让他把这本书编下去。宋英宗允许司马光自己挑选编写人员，阅读官府藏书。司马光非常高兴，马上成立书局，邀请当时许多著名史学家做助手，共同编写通史。他们收集了大量材料，其中有很多在以前的历史书中都没有见到过的历史资料，非常珍贵。

为了编写这本书，司马光花费了大量心血。为了防止自己睡觉过多，耽误编书，他还特意请人用圆木做了一个枕头。睡觉时，只要一翻身，枕头就会滚掉，人也就醒了。这个枕头被称为"警枕"。

司马光用了19年完成了这部历史巨著。继位的宋神宗觉得很好，定名为《资治通鉴》。《资治通鉴》是一部编年体通史，记载了从公元前403到公元959年间1 362年的历史，共294卷，300多万字，材料详细真实，文字优美通畅，是编年体史书的典范，也是中国古代宝贵的文化遗产。

Sima Guang und „Die Geschichte als Spiegel"

Sima Guang (1019 – 1086), ein Politiker und Historiker der Nördlichen Song-Dynastie, stammte von einer Beamtenfamilie aus dem Kreis Xia, Gouvernement Shan in der heutigen Provinz Shanxi , wo er das Amt eines Kanzlers innehatte.

Das Meisterwerk seines Lebens war „Die Geschichte als Spiegel". Sima Guang war der Meinung, dass ein Herrscher mit der Geschichte vertraut sein sollte. Er verfasste daher während zwei Jahren ein Geschichtsbuch namens „Allgemeine Annalen", das von der Periode der Streitenden Reiche bis zum Untergang der Qin-Dynastie erzählte. Als er dem damaligen Song-Kaiser Yingzong sein Werk zeigte, war dieser sehr zufrieden und verlangte eine Fortsetzung. Er erlaubte Sima Guang, selbst seine Mitverfasser auszuwählen und sich an die kaiserliche Bücherei zu wenden. Sima Guang war sehr erfreut und bildete sofort eine Redaktion. Er lud viele berühmte Historiker seiner Zeit zur gemeinsamen Verfassung der Universalgeschichte ein. Die Redaktion sammelt eine große Menge an Material, vieles davon war noch in keinem früheren Geschichtsbuch erschienen und daher sehr wertvoll.

Das Buch kostete Sima Guang größte Anstrengung. Er ließ eigens ein Kopfkissen aus einem runden Stück Holz herstellen, um nicht zu lange zu schlafen und so die Verfassung des Werks aufzuhalten. Sobald er sich im Schlaf umdrehte, rollte das Holzkissen weg und er wachte auf.. Das Kopfkissen wurde „Alarmkissen" genannt.

19 Jahre später war Sima Guangs Meisterwerk endlich fertig. Der Nachfolger von Yingzong, Shenzong, fand das Buch ausgezeichnet und gab ihm den Namen „Die Geschichte als Spiegel". Dieses chronologische Universalgeschichtsbuch enthält die 1362-jährige Geschichte vom Jahr 403 v. Chr. bis zum Jahr 959 n. Chr., es besteht aus 294 Bänden und mehr als drei Millionen Wörtern. Mit dem äußerst ausführlichen und wahrheitsgetreuen Inhalt und dem ausgezeichneten Schreibstil ist es für die kommenden Generationen ein Beispiel für die hervorragende Verfassung von chronologischen Geschichtsbüchern und zählt gleichzeitig zum wertvollen Kulturerbe des alten China.

| 1 | 2 |

1. 司马光因编《资治通鉴》被后人公认
   为司马迁之后又一史学大家
   Porträt von Sima Guang
2. 元刊本《资治通鉴》
   Ausgabe aus der Yuan–Zeit

统一的多民族国家进一步发展和封建社会由盛而衰时期——
明、清（鸦片战争以前）

Die Weiterentwicklung des geeinten Nationalitätenstaates und der Übergang der feudalen Gesellschaft vom Gedeihen zum Verderben — Ming- und Qing-Dynastie (bis zum Opiumkrieg)

概述
Überblick

14至19世纪，是中国封建社会衰落的明清时期。明朝从朱元璋在南京建立政权（1368年），到1644年崇祯皇帝在北京煤山上吊自杀，历时280多年。从1644年清朝顺治皇帝入主北京，到1840年鸦片战争爆发，清朝前期的统治长达190多年。明朝时，统一的多民族国家进一步发展。明朝前期经济发展，社会繁荣，郑和多次出使西洋各国，促进了中外友好交往。清朝的康熙（Kāngxī）、雍正（Yōngzhēng）和乾隆（Qiánlóng）时期，出现了繁荣的盛世。明清时期，中国人民创造了丰富的物质财富

和精神财富，涌现出许多政治家、思想家、军事家、探险家和科学家，他们在中华民族的史册上谱写了光辉的篇章。

这一时期，世界历史进展迅猛，东西方经济文化接触日益频繁，新航路的开辟使世界密切联系起来。14至15世纪，欧洲地中海沿岸一些城市出现了资本主义萌芽。17至18世纪，英、美、法三国先后发生资产阶级革命，世界历史进入新的时期。西方先进国家已经进入工业革命的成熟阶段，资本主义发展迅速。相比之下，中国却未能同步发展。虽然中国从明朝中后期产生资本

主义萌芽，但由于封建制度的束缚，生产力发展受到严重阻碍，商品经济发展艰难，封建社会由盛而衰。随着中国社会发展的逐步落伍和西方殖民主义侵略势力的到来，中国封建统治者对外部世界的态度，逐渐由交往转向闭关锁国，同西方国家的差距迅速拉大。

Die Weiterentwicklung des geeinten Nationalitätenstaates und der Übergang der feudalen Gesellschaft vom Gedeihen zum Verderben —
Ming- und Qing-Dynastie
(bis zum Opiumkrieg)

Vom 14. bis zum 19. Jahrhundert gab es in China die Ming- und die Qing-Dynastie. In dieser Zeit begann der Niedergang der feudalen Gesellschaft. Vom Jahr 1368, als Zhu Yuanzhang in Nanjing die Mingherrschaft begründete, bis zum Jahr 1644, als sich Kaiser Chongzhen an einem Baum des Meishan-Berges in Beijing selbst strangulierte, existierte die Ming-Dynastie, also mehr als 280 Jahre. Von 1644, als der Qing-Kaiser Shunzhi Beijing zur Hauptstadt des Landes machte, bis zum Jahre 1840, als der Opiumkrieg begann, herrschte die Qing-Dynastie, die dann 1911 gestürzt wurde, über China bereits mehr als 190 Jahre. In der Ming-Zeit entwickelte sich der geeinte Nationalitätenstaat weiter. Im früheren Stadium der Ming-Dynastie war die Wirtschaft gut entwickelt und die Gesellschaft gedieh. Zheng He fuhr als Regierungsbeauftragter mit seiner Flotte mehrmals zu den Ländern des westlichen Ozeans, was den freundschaftlichen Verkehr zwischen China und dem Ausland förderte. Die Regierungsperioden der Qing-Kaiser Kangxi, Yongzheng und Qianlong waren Blütezeiten. Während der Ming- und der Qing-Zeit haben Chinesen zahlreiche materielle und geistige Reichtümer geschaffen. Eine große Anzahl von Politikern, Denkern, Strategen, Forschungsreisenden und Wissenschaftlern schrieb glänzende Kapitel der Geschichte der chinesischen Nation.

In dieser Periode wandelte sich die Welt immer schneller. Die wirtschaftlichen und kulturellen Kontakte zwischen dem Osten und dem Westen wurden stetiger und enger. Die Eröffnung neuer Schifffahrtslinien trug dazu bei, dass verschiedene Teile der Welt einander näher kamen. Vom 14. bis 15. Jahrhundert keimte der Kapitalismus in manchen Städten am Mittelmeer. Zwischen dem 17. und dem 18. Jahrhundert gab es in England, Nordamerika und Frankreich bürgerliche Revolutionen. Damit trat die Welt in eine neue Periode ein. Die westlichen fortgeschrittenen Länder befanden sich bereits in einer reifen Phase der industriellen Revolution. Dort entwickelte sich der Kapitalismus schnell. Im Vergleich mit diesen Ländern konnte China nicht Schritt halten. Zwar gab es auch in China in der mittleren und späteren Periode der Ming-Dynastie Keime des Kapitalismus, aber die Entwicklung der Produktivkräfte wurde durch ein feudales System gefesselt und schwer gehemmt, die Warenwirtschaft entwickelte sich nur unter Schwierigkeiten, der Aufstieg der feudalen Gesellschaft schlug in den Niedergang um. Mit immer größer werdender Rückständigkeit der chinesischen Gesellschaft und dem Eindringen westlicher kolonialistischer Aggressionsmächte änderten Chinas Herrscher ihre Einstellung zur Außenwelt. Die frühere Politik der Kontaktaufnahme wurde allmählich durch eine Politik der verschlossenen Türen ersetzt. Als Folge davon wuchsen die Unterschiede zwischen China und den westlichen Ländern immer schneller an.

明朝开国皇帝 朱元璋

Zhu Yuanzhang — der Begründer und erste Kaiser der
Ming-Dynastie

元朝末年，统治者昏庸无能，社会经济发展迟缓，甚至倒退，黄河又多次决口。连年的天灾人祸，农民几乎没有办法生活下去，于是在14世纪中叶爆发了大规模的农民起义。

朱元璋（1328—1398年），是元末农民起义领袖之一，他出生于濠州(Háozhōu)（今安徽凤阳）一个贫苦的农民家庭。1352年，郭子兴率领农民在濠州起义，朱元璋参加到这支队伍中来，作战勇敢又足智

多谋，很快就得到郭子兴的重用。郭子兴死后，朱元璋成了这支队伍的首领。1356年3月，朱元璋亲自带领大军，攻占了集庆（今江苏南京），并改名为"应天府"。他接受谋士的建议，在应天召集了许多有才能的人。同时朱元璋以应天为中心，采取先易后难的战斗策略，一个一个地消灭附近的元军。这时候，其他起义队伍也都各霸一方，割地称王。1364年，朱元璋消灭了他最强大的敌人——陈友谅的起义队伍，此后，其他农民起义队伍都被他一个个打败。

1368年，朱元璋在应天称帝，定国号为"明"，史称明朝，朱元璋就是明太祖。同年秋天，明军攻克元大都，结束了元朝在全国的统治。此后，

他又用近20年的时间，完成了统一大业。

朱元璋说，国家刚刚稳定，就像小鸟刚出窝不可以拔毛一样，需要好好管理。他重视农业生产，命令在战争中流亡的农民回家种田，鼓励他们开垦新的农田；提倡种植棉、桑、麻等经济作物，免除他们3年的赋税。到1393年，全国可耕种的土地是元末的4倍。他恢复了手工匠人的自由身份，推动手工业的发展。他还重视水利，建国后，修建了许多水利工程。这些措施为全国社会经济文化的进一步发展提供了有利的条件。

明太祖废除丞相，在中央设立六部，六部直接对皇帝负责，加强了中央集权；他设立新的特务机构锦衣卫等，强化

皇权；他以猛治国，制定严酷的法律，严惩贪官污吏和骄横的武将，为巩固明朝的统治打下了良好的基础。

▶ 小资料 Kurzinformation

明孝陵

朱元璋和皇后马氏的合葬陵墓，位于南京城外的紫金山南。1382年马皇后死后，葬在这里。因她死后被封为"孝慈"，所以称为"明孝陵"。1389年朱元璋死后，与马皇后合葬。明孝陵于1381年开始动工，历时32年才修建完成，至今已有600多年的历史。它由下马坊、大金门、碑亭、方城、宝城等组成，是中国现存的最大的皇帝陵墓之一。明孝陵壮观宏伟，代表了明初建筑和石刻艺术的最高成就，直接影响了明清两代500多年帝王陵寝的形制。2003年明孝陵作为明清皇家陵寝的一部分被列入世界遗产名录。

Das Ming-Grab Xiaoling

Südlich des Zijin-Berges, außerhalb der Stadt Nanjing gelegen, wurden der erste Ming-Kaiser Zhu Yuanzhang und seine Gemahlin, deren Familienname Ma war, bestattet. Kaiserin Ma starb im Jahr 1382. Weil ihr nach dem Tod der Titel „Xiaoci"(pietätvoll und barmherzig) verliehen wurde, wurde das Grab Ming Xiaoling genannt. Zhu Yuanzhang starb im Jahre 1389. Die Bauarbeiten am Xiaoling begannen 1381 und dauerten insgesamt 32 Jahre. Dieses Grab hat also eine mehr als 600jährige Geschichte. Es besteht u. a. aus dem Bogen des Absteigens vom Pferd, dem Dajin-Tor, dem Gedenksteinpavillon, der „Quadratischen Stadt" und der „Schatzstadt". Es zählt zu den größten kaiserlichen Gräbern Chinas, die sich bis heute erhalten haben. Das eindrucksvolle Ming-Grab Xiaoling repräsentiert das höchste Niveau der Baukunst und Steinschnitzerei zu Beginn der Ming-Zeit und beeinflusste direkt die Konstruktion der kaiserlichen Gräber während der folgenden mehr als 500 Jahre der Ming- und Qing-Dynastie. 2003 wurde das Ming-Grab Xiaoling als Bestandteil der kaiserlichen Ming- und Qing-Gräber in die Liste des Welterbes aufgenommen.

1　2

1. 朱元璋像
   Porträt von Zhu Yuanzhang
2. 江苏南京明孝陵
   Das Ming-Grab Xiaoling in Nanjing, Provinz Jiangsu

Zhu Yuanzhang — der Begründer und erste Kaiser der Ming-Dynastie

Die letzten Jahre der Yuan-Dynastie waren durch wirrköpfige und törichte Herrscher gekennzeichnet. Wirtschaft und Gesellschaft entwickelten sich nur langsam bzw. stagnierten gänzlich. Am Gelben Fluss brachen mehrmals die Deiche. Wegen zahlreicher Naturkatastrophen und Verwüstungen von Menschenhand konnten die Bauern Jahr um Jahr kaum noch überleben. So brach Mitte des 14. Jahrhunderts ein großer Bauernaufstand aus. Zhu Yuanzhang (1328–1398) war einer der Bauernführer. Er wurde in einer armen Bauernfamilie in Haozhou (heute Fengyang, Provinz Anhui) geboren. 1352 führte Guo Zixing in Haozhou Bauern zu einem Aufstand, an dem Zhu Yuanzhang teilnahm. Weil er kühn und geschickt im Kampf war und Scharfsinn und Findigkeit besaß, wurde er von Guo Zixing auf eine wichtige Stelle gesetzt. Nach dem Tod Guo Zixings wurde Zhu Yuanzhang Führer dieser Armee. Im März 1356 führte er persönlich Truppen und eroberte die Stadt Jiqing (heute Nanjing, Provinz Jiangsu). Jiqing wurde in Yingtianfu umbenannt. Auf Vorschläge seiner Ratgeber rief er viele tüchtige und fähige Menschen in Yingtian zusammen. Gleichzeitig vernichtete Zhu Yuanzhang von seinem Zentrum Yingtian aus mit seiner Taktik „zuerst das Leichte und dann das Schwere vollbringen" eine Yuan-Truppe nach der anderen in der Umgebung. Viele Führer der aufständischen Bauern warfen sich zu separatistischen Herrschern auf und hielten mehr oder weniger große Gebiete gewaltsam besetzt. 1363 vernichtete Zhu Yuanzhang die größte gegnerische Truppe – eine Armee unter Führung von Chen Youliang. Später besiegte er eine Bauernarmee nach der anderen.

Im Jahr 1368 machte sich Zhu Yuanzhang in Yingtian Fu zum Kaiser und bestimmte „Ming" als offizielle Benennung der Dynastie. Als Kaiser nannte er sich Ming Taizu. Im Herbst desselben Jahres wurde Dadu, die Hauptstadt der Yuan-Dynastie, eingenommen. Damit war die Herrschaft der Yuan-Dynastie im ganzen Land beendet. Es dauerte dann aber noch fast 20 Jahre, bis Zhu Yuanzhang das ganze Land geeinigt hatte.

Zhu Yuanzhang meinte, der Staat könne gut verwaltet werden, eben weil er gerade stabilisiert worden war. Es sei wie bei den Vögeln, die gerade das Nest verlassen hätten und deren Federn man nicht ausrupfen dürfe. Zhu Yuanzhang legte großen Wert auf die Landwirtschaft und befahl den Bauern, die infolge der Kriege in der Fremde lebten, in ihre Heimat zurückzukehren und dort Ackerbau zu betreiben. Die Bauern wurden ermuntert, neue Anbauflächen zu erschließen und Industriepflanzen wie Baumwolle,

明成祖迁都

明成祖朱棣(Zhū Dì)是明朝的第三个皇帝。明太祖朱元璋60多岁的时候，太子朱标死了，于是立朱标的长子朱允炆(Zhū Yǔnwén)为皇太孙。朱元璋死后，朱允炆即位(即建文帝)。朱元璋的四子燕王朱棣正拥兵驻守北方，抵御蒙古入侵。朱棣看到皇位落到了侄子的手里，心中不服。1399年7月，朱棣以帮助皇帝除掉奸臣为理由，从北方起兵南下，发动"靖难之役"。1402年攻入了都城南京，建文帝在兵乱中下落不明。朱棣夺取了帝位，为了防范元朝残余势力，把政治、军事中心移向北方，他把都城从南京迁到北平，改北平为北京。

Ming Chengzu verlegte die Hauptstadt

Ming Chengzu war der Kaisertitel von Zhu Di, dem dritten Ming-Kaiser. Als der erste Ming-Kaiser Zhu Yuanzhang bereits über 60 Jahre alt war, starb der Kronprinz Zhu Biao. So wurde Zhu Yunwen, der älteste Sohn von Zhu Biao, zum Thronfolger bestimmt. Nach dem Tod von Zhu Yuanzhang bestieg Zhu Yunwen den Thron und nannte sich als Kaiser Jianwen. Damals bewachte der Yan-Prinz Zhu Di, der vierten Sohn von Zhu Yuanzhang, mit seinen Truppen den Norden, um das Reich vor den aggressiven Mongolen zu schützen. Als er seinen Neffen die Thronfolge antreten sah, wollte er sich damit nicht abfinden. Im Juli 1399 führte er Truppen von seinem Stationierungsort Beiping (heute Beijing) nach Süden mit der Erklärung, er müsse dem Kaiser bei der Beseitigung ungetreuer hoher Beamter helfen. In der Geschichtsschreibung wurde dieses Ereignis „Jingnan-Schlacht" (Schlacht zum Befrieden des Landes) genannt. 1402 erstürmten die Truppen von Zhu Di die Hauptstadt Nanjing. Durch die Kriegswirren konnte der Verbleib von Kaiser Jianwen nicht geklärt werden. Zhu Di bestieg mit kaiserlicher Macht den Thron. Um sich gegen die Überreste der Yuan-Dynastie zu schützen und den politischen wie militärischen Schwerpunkt nach Norden zu verschieben, verlegte er die Hauptstadt des Landes von Nanjing nach Beiping und benannte die neue Hauptstadt in Beijing um.

Maulbeerbäume und Hanf anzubauen. Darüber hinaus wurden den Bauern die Steuern und Abgaben für drei Jahre erlassen. Bis 1393 war landesweit die anbaubare Fläche viermal so groß wie am Ende der Yuan-Dynastie. Außerdem gab Zhu Yuanzhang den Handwerkern größere Freiheiten. Ferner schenkte er der Wasserwirtschaft große Aufmerksamkeit. Nach Gründung der Dynastie wurden viele Bewässerungsanlagen gebaut. Diese Maßnahmen schufen für die Weiterentwicklung von Gesellschaft, Wirtschaft und Kultur des Landes günstige Bedingungen.

Zhu Yuanzhang schaffte den Posten des Kanzlers ab und gründete stattdessen sechs Ministerien der Zentralregierung, die unmittelbar dem Kaiser unterstanden. Damit wurde die Macht weiter zentralisiert. Er etablierte einen neuen Geheimdienst, Jinyiwei, um die kaiserliche Macht zu stärken; er regierte den Staat mit einer eisernen Faust, erließ strenge Gesetze und bestrafte ohne Nachsicht korrupte Beamte und arrogante Offiziere. So schuf Zhu Yuanzhang eine gute Grundlage für die Konsolidierung der Ming-Herrschaft.

1

1. 江苏南京天妃宫（由明成祖朱棣赐建）
Der Tianfei-Palast in Nanjing, Provinz Jiangsu, den der Ming-Kaiser Chengzu, Zhu Di, bauen ließ

郑和 下西洋

Zheng He befuhr als Regierungsbeauftragter den westlichen Ozean

明朝前期，中国是世界上最先进、最发达的国家之一。为了显示中国富强，扩大明朝在海外各国的政治影响，加强与世界各国的联系，明成祖朱棣派郑和多次出使西洋（指文莱以西的东南亚和印度洋一带）。

郑和（1371—1435年），云南回族人，小名三保，又称三宝太监。他聪明好学，立过战功，明成祖非常信任他，派他出使西洋。1405年6月，郑和奉命第一次出使西洋。他率领两万多人，包括水手和士兵，还有技术人员、翻译等，携带大量的金、帛等货物乘坐200多艘海船，从江苏太仓刘家港出发，先到占城（今越南中南部），一路经过爪哇、孟加拉等地，到达红海沿岸，后从锡兰、古里（今印度卡里卡特）回国，历经两年，于1407年秋，返回南京。

郑和的船队满载着金银珠宝、丝绸、瓷器等中国特产，每到一个国家或地区，郑和都把这些东西当作明朝的礼物送给他们，表达了和他们友好交往的愿望。西洋各国非常友好地接待了郑和和他的船队，有些国家还派使者跟随他前来朝见中国皇帝。同时，郑和也从各国换回了珠宝、香料等特产。明成祖对郑和的成绩非常满意。郑和前后7次出使西洋，最远到达了非洲东海岸和红海沿岸。

这一时期南洋、西洋许多国家的国王、使臣和商队纷纷来到中国。郑和的出航也为人类航海史作出了巨大的贡献，他的第一次远航，比哥伦布发现美洲大陆早87年，比达·伽马开辟东方新航路早93年，比麦哲伦航行菲律宾早116年。因此郑和下西洋是世界航海史上的创举，现在东南亚一带还有许多纪念郑和的建筑物，表达了人们对他的崇敬。

郑和航海图
Navigationskarte von Zheng He

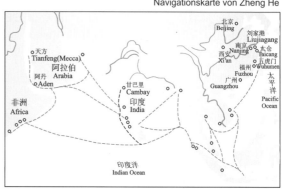

郑和下西洋

Zheng He befuhr als Regierungsbeauftragter den westlichen Ozean

In der ersten Zeit der Ming-Dynastie zählte China zu den fortgeschrittensten und entwickeltsten Ländern der Welt. Um den Reichtum und die Stärke des Staates zu demonstrieren, den politischen Einfluss der Ming-Dynastie in anderen Ländern zu vergrößern und die Verbindungen mit dem Ausland zu intensivieren, sandte Kaiser Ming Chengzu Zheng He mehrmals in diplomatischer Mission in den westlichen Ozean (Südostasien westlich von Brunei und die Gebiete am Indischen Ozean).

Zheng He (1371–1435) wurde in der Provinz Yunnan geboren und gehörte der Hui-Nationalität an. Weil er als Kind den Nennnamen Sanbao trug und kaiserlicher Eunuch (auf Chinesisch: Taijian) war, wurde er auch Sanbao Tiajian genannt. Er war klug und lerneifrig und hatte sich früh militärische Verdienste erworben. Kaiser Ming Chengzu vertraute ihm sehr und schickte ihn als Regierungsbeauftragter zum westlichen Ozean. Im Juni 1405 segelte Zheng He erstmals in diplomatischer Mission zum westlichen Ozean. Er führte eine Flotte von über 20 000 Mann, darunter waren Seeleute, Soldaten, Techniker und Dolmetscher. In den mehr als 200 hochseetüchtigen Schiffen wurden große Mengen von Gold, Seide und anderen Gütern mitgeführt. Die Flotte brach vom Liujia-Hafen von Taicang, Provinz Jiangsu, auf und gelangte zunächst nach Zhancheng (heute Mittel- und Südteil Vietnams). Weiter ging es über Java und Bengalen bis an die Küste des Roten Meeres. Danach weilte Zheng He mit seiner Begleitung in Xilan (Sri Lanka) und Guli (Kalicut in Indien). Diese Reise dauerte zwei Jahre. Im Herbst 1407 kehrte die Flotte von Zheng He nach Nanjing zurück.

Zheng Hes Flotte war mit Gold, Silber, Perlen und anderen Kostbarkeiten sowie mit chinesischen Spezialitäten wie Seide und Porzellan gut versehen. Erreichte Zheng He ein neues Gebiet, schenkte er im Namen der Ming-Dynastie der einheimischen Regierung und der Bevölkerung einen Teil dieser Kostbarkeiten, um damit den Wunsch nach Herstellung freundschaftlicher Kontakte auszudrücken. In allen Ländern wurde Zheng He und seine Flotte freundlich empfangen. Manche Regierungen schickten Gesandte, die mit Zheng He nach China segeln sollten, um beim chinesischen Kaiser eine Audienz zu erlangen. Zugleich erhielt Zheng He von den ausländischen Regierungen spezielle Produkte ihrer Länder wie Perlen oder Juwelen sowie Aromastoffe. Der Kaiser Ming Chengzu war mit den Ergebnissen der Reise Zheng Hes sehr zufrieden. Zheng He fuhr insgesamt siebenmal zum westlichen Ozean. Die weiteste Fahrt führte ihn bis zur Ostküste Afrikas und zum Roten Meer.

▶ 小资料 Kurzinformation

郑和七次下西洋

第一次	1405—1407年到锡兰山、古里等地。
第二次	1407—1409年到古里、小葛兰等地。
第三次	1409—1411年到忽鲁谟斯（波斯湾）、阿拉伯等地。
第四次	1413—1415年到非洲东海岸。
第五次	1417—1419年到东非。
第六次	1421—1422年到忽鲁谟斯（波斯湾）、阿拉伯等地。
第七次	1431—1433年到红海、麦加等地。

Die sieben Seeschifffahrten von Zheng He

Bei der ersten Reise (1405—1407) wurden das Xilan-Gebirge und Guli erreicht,

bei der zweiten (1407—1409) Guli und Kleinkollam (heute Quilon in Indien),

bei der dritten (1409—1411) der Persische Golf und Arabien,

bei der vierten (1413—1415) die Ostküste Afrikas,

bei der fünften (1417—1419) Ostafrika,

bei der sechsten (1421—1422) der Persische Golf und Arabien,

bei der siebenten (1431—1433) das Rote Meer und Mekka.

Während dieser Zeit kamen Könige, Gesandte und Handelskarawanen aus vielen Ländern Südostasiens bzw. von den Küsten des Indischen Ozeans nach China. Die Flottenexpeditionen Zheng Hes waren bedeutende navigatorische Leistungen in der Seefahrtgeschichte. Erst 87 Jahre nach der ersten Expedition entdeckte Kolumbus den Neuen Kontinent (Amerika), 93 Jahre später eröffnete Vasco da Gama die neue Schiffsroute nach dem Osten und gar erst 116 Jahre später erreichte Ferdinand Magellan die Philippinen. Daher kann man durchaus feststellen, dass die Fahrten Zheng Hes großartige Pioniertaten in der Weltgeschichte waren. Noch heute stehen an vielen Orten Südostasiens Gedenkbauten für Zheng He.

戚继光 抗倭

1. 戚继光塑像
   Statue von Qi Jiguang
2. 为抗倭寇而建的福建惠安崇武古城（戚继光曾在此操练兵马）
   Die Altstadt Chongwu in Hui'an, Provinz Fujian, die anlässlich des Widerstands gegen Wokou (japanische Piraten) erbaut wurde. Dort tranierte Qi Jiguang seine Armee

元末明初，一些日本海盗时常骚扰中国沿海地区，威胁沿海人民的生命安全。当时的人们把这些人叫做"倭寇（Wōkòu）"。明朝建立后，实行了严厉的"海禁"政策，除了政府与海外国家保持朝贡关系外，其他海上贸易一概禁止。到了明朝中期，倭寇与中国海盗勾结在一起从事海上武装走私贸易，大肆抢掠，杀人放火，无恶不作，对沿海人民的危害越来越大。朝廷下决心整治海防，命令戚继光平定倭寇。

戚继光（1528—1587年），山东蓬莱人，是中国历史上著名的民族英雄。1556年，年轻的将领戚继光被派到浙江东部沿海地区抗击倭寇。他到了浙江以后，发现明朝军队纪律不严，战斗力不强，于是决定重新招募军队，训练精兵，他很快就召集了一支4 000人左右的队伍。戚继光根据沿海地区的特点，精心训练士兵。经过两个月的严格训练，队伍纪律严明，战斗力很强，与敌人作战屡战屡胜，当地的人们亲切地称他们为"戚家军"。

1561年倭寇假装侵犯奉化、宁海，实际想进攻台州。戚继光识破了倭寇的诡计，在台州打败了倭寇。戚继光在台州先后九战九捷，消灭了浙东的倭寇。以后，倭寇到哪里，戚继光就打到哪里，打得倭寇落花流水。经过近10年的艰苦作战，到1565年，倭寇基本上被赶出了东南沿海。

Qi Jiguang leistete Widerstand gegen japanische Piraten

Ende der Yuan-Dynastie und zu Beginn der Ming-Dynastie operierten häufig japanische Piraten in chinesischen Küstengewässern, was die Sicherheit der Bevölkerung in den Küstengebieten gefährdete. Die japanischen Piraten wurden damals „Wokou" genannt. Bald nach der letzten Reise Zheng Hes wurde in der Ming-Dynastie auf eine Politik des strengen „Handels-und Verkehrsverbots mit überseeischen Ländern" orientiert. Abgesehen von den Vertretern überseeischen Länder, die dem kaiserlichen Hof der Ming-Dynastie Tribute brachten, wurde allen andern der Seeweg verboten. Bis zur Mitte der Ming-Dynastie arbeiteten sich Wokou und chinesische Piraten gegenseitig in die Hände. Sie mordeten und brandschatzten rücksichtslos und schmuggelten Waffen. Weil sie jede erdenkliche Untat verübten und die Bevölkerung in den Küstengebieten immer öfter in Gefahr geriet, beschloss der kaiserliche Hof, die Küstenverteidigung zu konsolidieren. Qi Jiguang erhielt den Befehl, gegen Wokou zu kämpfen.

Qi Jiguang (1528–1587) stammte aus Penglai in der Provinz Shandong und war ein berühmter Held der chinesischen Geschichte. 1556 wurde der junge General Qi Jiguang ins Küstengebiet im Osten der heutigen Provinz Zhejiang beordert, um gegen die Wokou zu kämpfen. Als er nach Zhejiang kam, bemerkte er bald die fehlende eiserne Disziplin bei den Ming-Truppen, die keine starke Kampfkraft hatten. Darum beschloss er, neue Soldaten anzuwerben, um aus ihnen eine Elitetruppe zu formen. Er bildete sorgfältig und streng rund 4000 Mann nach den konkreten Erfordernissen des Kampfes im Küstengebiet aus. Innerhalb von zwei Monate war dieser Truppe kampffähig. Im Kampf gegen die Wokou war sie nicht zu schlagen und wurde von der einheimischen Bevölkerung achtungsvoll „Truppe der Familie Qi" genannt.

1561 täuschten die Wokou Überfallvorbereitungen auf Fenghua und Ninghai vor, tatsächlich aber war Taizhou ihr Ziel. Qi Jiguang durchschaute das Manöver der Wokou und besiegte sie bei Taizhou. Dort gewann er neun Schlachten und vernichtete die Wokou im östlichen Teil Zhejiangs. Danach kämpfte er überall, wo Wokou auftauchten. Er schlug alle Feinde in die Flucht. Nach einem nahezu zehnjährigen harten Kampf, der bis 1565 dauerte, wurden die Wokou im Großen und Ganzen aus den südöstlichen Küstengewässern Chinas verjagt.

清官海瑞

Der gerechte und unbestechliche
Beamte Hai Rui

海瑞（1514—1587年），海南琼州人。1558年，他被任命为浙江淳安县知县。在他来之前，县里的官吏贪赃枉法，处理案件都是胡乱结案。海瑞到任后，认真处理案件，纠正了许多冤案错案，老百姓非常敬重他。

1564年，海瑞被调到京城做官。当时的皇帝明世宗相信长生不老，整天跟道士在皇宫里修炼，有20多年没上朝处理国家大事了，但大臣们都不敢劝皇帝。海瑞官虽不大，胆子却不小，他在1565年写了一道奏章批评明世宗。海瑞估计明世宗看了这一道奏章以后，可能杀自己的头，于是自己买了一口棺材，告别妻子，并且把他死后的事都交代好了。明世宗看到他的奏章后，果然大怒，把海瑞逮捕入狱。明世宗死后，海瑞获释。

1569年，海瑞又被任命为江南巡抚，巡视应天十府（包括苏州、应天、松江、常州、镇江、徽州等地）。应天府是明朝经济、文化最发达的地区，但也是大官僚、大地主最集中，国家最难管理的地方。大官僚、大地主霸占了大量的良田。海瑞坚决要求他们把霸占的土地无偿退还给农民，大官僚、大地主因此非常仇恨海瑞，于是和朝廷内的一些官员相勾结，在皇帝面前说海瑞的坏话，皇帝被这些人欺骗了，罢免了海瑞的官职，海瑞从此闲居10多年。

明神宗时，年迈的海瑞又被起用。1587年，海瑞死于南京任上。海瑞做官几十年，一生清廉，为人民做了许多好事，人们都叫他"海青天"。

1

2

1. 海瑞塑像
   Statue von Hai Rui
2. 海瑞墓（一代清官长眠于海南家乡）
   Grab von Hai Rui in seiner Heimat Hainan

Der gerechte und unbestechliche Beamte Hai Rui

Hai Rui (1514–1587) stammt aus Qiongzhou auf der Insel Hainan. 1558 wurde er zum Vorsteher des Kreises Chun'an der heutigen Provinz Zhejiang ernannt. Vor seinem Amtsantritt ließen sich die Beamten in Chun'an skrupellos bestechen und übertraten Gesetze. Rechtsfälle wurden nachlässig und willkürlich abgeschlossen. Im Gegensatz dazu behandelte Hai Rui Rechtsverfahren gewissenhaft und korrigierte viele Unrechtmäßigkeiten, Rechtsbeugungen und Justizirrtümer. Daher erwarb er sich großen Respekt bei der dortigen Bevölkerung.

1564 wurde Hai Rui Beamter in der Hauptstadt. Kaiser Ming Shizong wollte sich ewige Jugend erhalten und verschrieb sich dem Taoismus. Er lebte zusammen mit Taoisten im Kaiserpalast und unterwarf sich völlig ihren Doktrinen. Mehr als 20 Jahre hatte er keinen Hof gehalten. Die Minister wagten aber nicht, den Kaiser an seine Pflichten zu erinnern. Hai Rui war zwar kein hoher Beamter, aber er hatte größeren Mut als diese. 1565 verfasste er einen Thronbericht, in dem er Kaiser Ming Shizong kritisierte. Weil er annahm, der Kaiser würde ihn nach der Lektüre seines Thronberichtes enthaupten lassen, kaufte er sich vorsorglich einen Sarg und nahm Abschied von seiner Frau, wobei er ihr sagte, was nach seinem Tode getan werden solle. Wie zu erwarten, erzürnte der Bericht den Kaiser, der Hai Rui ins Gefängnis werfen ließ. Erst nach dem Tode des Kaisers Ming Shizong wurde Hai Rui aus der Haft entlassen.

1569 wurde Hai Rui zum Provinzgouverneur von Jiangnan ernannt. Er war für zehn Verwaltungsbezirke wie Suzhou, Yingtian, Songjiang, Changzhou, Zhenjiang und Huizhou zuständig. Von diesen war Yingtian das wirtschaftlich und kulturell am besten entwickelte Gebiet während der Ming-Dynastie. Hier lebten die meisten hohen Beamten und großen Grundherren des Landes. Darum war Yingtian zugleich auch das Gebiet, das am schwersten zu verwalteten war. Die hohen Beamten und die Grundherren hatten sich den größten Teil des fruchtbaren Landes unrechtmäßig angeeignet. Hai Rui verlangte entschieden von ihnen die entschädigungslose Rückgabe der besetzen Felder an die Bauern. Natürlich hassten die Beamten und Grundherren Hai Rui sehr und versuchten zusammen mit einigen Beamten am Kaiserhof gegen ihn vorzugehen. Sie verleumdeten ihn vor dem Kaiser und dieser schenkte ihren Worten leichtfertig Glauben. Er ließ Hai Rui von seinem Posten entfernen. In den folgenden mehr als zehn Jahren blieb Hai Rui unbeschäftigt zu Hause.

In der Regierungsperiode des Kaisers Ming Shenzong wurde der alte Hai Rui wieder eingesetzt. Er starb 1587 während seiner Amtszeit in Nanjing. Hai Rui war Dutzende von Jahren als Beamter tätig und blieb stets ehrlich und unbestechlich. Er hat für die Bevölkerung viel nützliches vollbracht und wurde deshalb „Hai Qingtian (ein unbestechlicher Beamter)" genannt.

闯王李自成

Der Chuang-König Li Zicheng

明朝后期，由于皇帝腐朽无能，宦官专权，政治黑暗腐败。官僚地主霸占了全国绝大部分的良田沃土，很多农民失去了土地，政府还不断地向农民征收赋税，困苦不堪的农民又遭到蝗灾、旱灾等自然灾害。在这种情况下，农民起义迅速地在全国酝酿（yùnniàng）。1627年，农民起义首先在灾情严重的陕北爆发。农民战争发展迅猛，短短几年内，就涌现出几十支起义军，其中以高迎祥领导的起义军规模最大。高迎祥死后，起义军主要有两支：一支由张献忠率领，另一支由李自成率领。

李自成（1606—1645年），陕西米脂人。1630年在家乡米脂起义，不久投奔高迎祥，成为高迎祥手下的一名闯将。高迎祥死后，李自成被拥为"闯王"，率领一支起义军转战于河南一带。当时，河南是灾情比较严重的地区，李自成在谋士的帮助下，提出"均田免粮"的口号，赢得了广大农民的支持，人们互相流传"杀牛羊，备酒浆，开了城门迎闯王"。起义军迅速壮大，发展到百万人。1641年，李自成起义军攻占了洛阳，活捉并杀死了福王朱常洵（Zhū Chángxún），没收王府中的财物，分给老百姓。1644年，李自成在西安建立了大顺政权，同年，乘胜进攻北京，明朝最后一个皇帝崇祯在煤山（今北京景山）上吊自杀，3月，李自成大军占领了北京。

农民军进了北京之后，严整军纪。大顺政权命令明朝的贵族、官僚、富户交出大量钱财，还镇压了一批罪大恶极的达官贵人，大顺政权控制了长城以南、淮河以北的广大地区。

李自成进北京的消息传到关外，满清摄政王多尔衮（Duōěrgǔn）急忙率兵南下，降服了驻守山海关的明将吴三桂。不久，李自成亲自率农民军同吴三桂的军队和清军在山海关展开大战，农民军战败。李自成被迫率军撤出北京，转战于河南、陕西等地。1645年，李自成战死于湖北九宫山。

1 | 2

1. 湖北通山县李自成墓墓碑
   Grabstein von Li Zicheng im Kreis Tongshan, Provinz Hubei
2. 陕西米脂县李自成行宫
   Residenz von Li Zicheng im Kreis Mizhi, Provinz Shaanxi

Der Chuang-König Li Zicheng

In der späteren Ming-Zeit war das herrschende Regime unfähig und verdorben bis hin zum Kaiser, der den Palasteunuchen die Macht überließ. Hohe Beamte und große Grundherren hielten landesweit die meisten fruchtbaren Böden besetzt und viele Bauern verloren ihr Land, mussten aber an die Regierung ständig Steuern und Abgaben zahlen. Die Bauern gerieten immer häufiger in Not und wurden überdies von Naturkatastrophen wie Heuschreckenplage und Dürre heimgesucht. Unter diesen Umständen flammten immer wieder Bauernaufstände im Land auf. 1627 brach ein Bauernaufstand zuerst im nördlichen Teil Shaanxis aus. Dort war die Situation katastrophal. Der Bauernkrieg griff schnell um sich. In wenigen Jahren entstanden Dutzende von Armeen aufständischer Bauern. Unter diesen war die von Gao Yingxiang geführte Armee die größte. Nach Gao Yingxiangs Tod existierten zwei besonders starke Bauernarmeen: eine wurde von Zhang Xianzhong, die andere von Li Zicheng geführt.

Li Zicheng (1606–1645) stammte aus Mizhi, Provinz Shaanxi. 1630 führte er einen Bauernaufstand in seiner Heimat an. Kurz danach fand er bei Gao Yingxiang Unterschlupf und wurde einer seiner wagemutigen Feldherrn. Nach Gao Yingxiangs Tod fand Li Zicheng allgemeine Unterstützung und wurde Chuang-König (sich durchkämpfender König). Mit seiner Truppe kämpfte er an verschiedenen Orten der Provinz Henan. Diese Provinz wurde damals schwer von Naturkatastrophen heimgesucht. Mit Hilfe von Beratern propagierte Li Zicheng die Forderung, „das Ackerland gleichmäßig zu verteilen und die Getreideabgabe zu erlassen", was sofort von allen Bauern unterstützt wurde. Im Volke rief man auf „Rinder und Schafe zu schlachten und alkoholische Getränke bereitzustellen, die Stadttore zu öffnen und den Chuang-König zu begrüßen." Die Reihen der Bauernarmeen füllten sich schnell, zählten bald eine Million Menschen. 1641 erstürmte die Truppe von Li Zicheng Luoyang. Die Fu-Prinz Zhu Changxun wurde gefangengenommen und getötet. Man beschlagnahmte das in des Prinzen Residenz vorgefundene Eigentum und verteilte es an die Bevölkerung. 1644 gründete Li Zicheng in Xi'an das Dashun-Regime. Im gleichen Jahr setzte er seinen siegreichen Marsch nach Beijing fort. Der letzte Ming-Kaiser Chongzhen beging am Mei-Berg (heute Jingshan-Berg in Beijing) Selbstmord. Im März eroberte die Truppe von Li Zicheng Beijing.

Nachdem Einzug der Bauernarmee in Beijing ging es darum, die militärische Disziplin zu festigen. Das Dashun-Regime befahl den Adligen, Beamten und reichen Familien der Ming-Dynastie, eine große Menge Geldes abzugeben. Auch wurde eine Anzahl hoher Beamter, die abscheuliche Verbrechen begangen hatten, hingerichtet. Das Dashun-Regime kontrollierte die weiten Gebiete zwischen der Großen Mauer im Norden und dem Huai-Fluss im Süden.

Als Dorgun, der Prinzregent der mandschurischen Qing-Dynastie, die außerhalb des Shanhaiguan-Pass der Großen Mauer ihr Gebiet hatte, von der Erstürmung Beijings durch die Bauernarmee Li Zicheng hörte, führte er eilig Truppen nach Süden. Der Ming-General Wu Sangui, der den Shanhaiguan-Pass zu bewachen hatte, kapitulierte alsbald vor ihm. Kurz darauf führte Li Zicheng selbst seine Bauerntruppen zum Shanhaiguan, um dort gegen die Truppe von Wu Sangui und die Qing-Armee zu kämpfen. Die Bauerntruppen wurden besiegt und zogen sich gezwungenermaßen aus Beijing zurück. Danach kämpfte Li Zicheng unter anderem in Henan und Shaanxi und fiel 1645 im Kampf am Jiugong-Berg in Hubei.

▶ 小资料 Kurzinformation

清军入关

1616年，女真首领努尔哈赤建立"金"，史称"后金"。1626年，皇太极继承皇位。1635年他改族名"女真"为"满洲"；次年，改国号为"清"，称皇帝。1644年，清军进攻山海关，山海关守将吴三桂投降。10月，清顺治皇帝从盛京（今沈阳）迁都北京，开始了对全中国的统治。

Die Qing-Truppen passierten den Shanhaiguan-Pass

1616 hatte Nurhachi, der Häuptling des Stammes der Nüzhen die Herrschaft „Jin" begründet, die in der Geschichtsschreibung als „Spätere Jin-Dynastie" bezeichnet wird. 1626 bestieg Huangtaiji den Thron und gab dem Stamm Nüzhens den neuen Namen „Manzhou". Im folgenden Jahr wurde „Qing" die offizielle Bezeichnung dieser Dynastie und Huangtaiji wurde offiziell „Kaiser" genannt. 1644 griffen die Qing-Truppen den Shanhaiguan-Pass der Großen Mauer an. Die Verteidigungstruppe der Ming-Dynastie unter Führung von Wu Sangui streckte die Waffen. Im Oktober verlegte der Qing-Kaiser Shunzhi seine Hauptstadt von Shengjing (heute Shenyang) nach Beijing. Damit begann die Qing-Herrschaft über ganz China.

郑成功 收复台湾

Zheng Chenggong gewann Taiwan zurück

宝岛台湾自古以来就是中国不可分割的领土，它风景秀丽，物产丰富。

从1624年开始，荷兰殖民统治者采用欺骗的手段逐步侵占了台湾，欺压台湾人民。台湾人民忍受不了他们的压迫和掠夺，不断起而反抗，可是因为他们力量弱小，都没有成功，在东南沿海抗清的将领郑成功决心赶走荷兰殖民者。

1661年3月，郑成功亲自率领大军，从金门出发，在台湾当地人的带领下登上了台湾岛。台湾人民听说郑成功来了，成群结队，去迎接自己的亲人。等到荷兰人发现时，中国军队已经像神兵天将一样遍布岛上、海上。郑成功的军队与荷兰殖民者展开了激烈的战斗，把敌军包围在赤嵌（ChìKǎn）城（今台南市），断绝了他们的水源，守城的荷兰军队如果不投降就只能渴死、饿死。荷兰殖民头领提出给郑成功10万两白银，请求他退兵。郑成功断然拒绝，他说台湾历来是中国的领土，荷兰殖民者必须退出。荷兰人不甘心，又派了援兵，企图打败郑成功，可是早有防备的郑成功给敌人援军一个迎头痛击，彻底打碎了他们的梦想，殖民者最终向郑成功投降。1662年，中国收回了台湾。

收复台湾是中国军民抗击外来侵略的一次大胜利，郑成功也因此成为载入中国历史的民族英雄。

郑成功收复台湾略图
Skizze über Zheng Chenggongs Operationen zur Rückgewinnung Taiwans

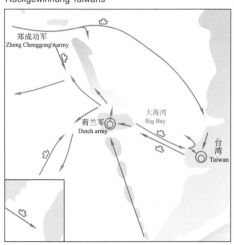

郑成功军
Zheng Chenggong's army

荷兰军
Dutch army

大海湾
Big Bay

台湾
Taiwan

1

1. 厦门鼓浪屿郑成功雕塑
Skulptur von Zheng Chenggong in Gulangyu, Xiamen

Zheng Chenggong
gewann Taiwan zurück

Die Schatzinsel Taiwan ist seit alters ein untrennbarer Bestandteil des chinesischen Territoriums. Dort gibt es bildschöne Landschaften und reiche Ressourcen.

1624 begannen holländische Kolonialisten mit betrügerischen Mitteln Taiwan Schritt für Schritt zu okkupieren. Die Bewohner Taiwans wollten ihre Unterdrückung und Ausplünderung nicht tatenlos erdulden und widersetzten sich hartnäckig. Aber ihr Widerstand war selten erfolgreich, denn ihre Kräfte waren zu schwach. Da beschloss der Ming-General Zheng Chenggong, der an der südöstlichen Küste gegen die Qing-Dynastie kämpfte, die holländischen Kolonialisten aus Taiwan zu vertreiben.

Im März 1661 führte Zheng Chenggong persönlich Truppen nach Taiwan. Sie brachen in Jinmen auf und landeten mit Hilfe von Einheimischen auf der Insel Taiwan. Als die Bewohner erfuhren, dass Zheng Chenggong gekommen war, begrüßten sie in Massen die Landsleute vom Festland. Als die Holländer davon erfuhren, waren die chinesischen Truppen bereits überall auf der Insel und auf dem Meer vor Taiwan zu sehen. Nach harten Kämpfen wurden die Holländer in der Stadt Chiqian (heute Tainan) eingekreist und von der Wasserversorgung abgeschnitten. Um nicht zu verhungern und zu verdursten, bat die holländische Führung Zheng Chenggong, seine Truppen abzuziehen. Dafür boten sie ihm 100 000 Tael Silber an. Zheng Chenggong lehnte das Angebot entschieden ab und erklärte, Taiwan gehöre von alters her zu China und die holländischen Kolonialisten hätten Taiwan zu verlassen. Die Holländer wollten sich damit nicht abfinden und holten Verstärkung, um zu versuchen, Zheng Chenggongs Truppen zu besiegen. Zheng Chenggong war darauf längst vorbereitet und versetzte der holländischen Entsatztruppe heftige Schläge. Schließlich ergaben sich die Holländer Zheng Chenggong und China erhielt 1662 Taiwan zurück.

Die Rückgewinnung Taiwans war ein großer Sieg im Kampf der chinesischen Nation gegen Aggressoren. Zheng Chenggong ging als Nationalheld in die chinesische Geschichte ein.

▶ 小资料 Kurzinformation

中国对台湾的管辖简史
230年，吴主孙权派卫温到台湾。
607年，隋炀帝派朱宽到台湾安抚当地人。
1292年，元世祖忽必烈派大臣到台湾安抚当地人。
1335年，元朝设 "澎湖巡检司" 正式管辖台湾。
1684年，清朝设立台湾府。

Kurzgeschichte der Verwaltung Taiwans durch China

Im Jahr 230 schickte Sun Quan, der Wu-König, Wei Wen nach Taiwan.

Im Jahr 607 entsandt Kaiser Sui Yangdi Zhu Kuan nach Taiwan, um die Einheimischen zu beschwichtigen.

Im Jahr 1292 schickte Kaiser Yuan Shizu, Kublai, Beamte nach Taiwan, um die Bewohner der Insel zu beruhigen.

Im Jahr 1335 gründete die Regierung der Yuan-Dynastie die Abteilung „Penghu Xunjian Si". Damit begann die offizielle Verwaltung Taiwans.

Im Jahr 1684 errichtete die Qing-Regierung den Verwaltungsbezirk Taiwan.

康乾盛世

清朝康熙（1661—1722年在位）、雍正（1722—1735年在位）和乾隆（1735—1796年在位）三位皇帝治理国家时，社会经济的发展水平达到了前所未有的高度，呈现出空前的繁荣和富强的局面，史称"康乾盛世"。

康熙是中国历史上在位时间最长的皇帝，同时也是清朝最贤明的君主，他的文治和武功几乎没有哪位皇帝可以和他相提

1

1. 故宫乾清宫外观
Qianqing-Palast in der Verbotenen
Stadt in Beijing

并论。

1661年康熙即位时，还是一个小孩子，那时清朝的统治还不稳固，明朝的旧臣想推翻清朝，恢复明朝的统治，形势十分危急。为了缓和矛盾，稳定政治局面，康熙把儒家学说定为官方思想，任用汉人做官，提倡汉文化。在他的倡导下，编成了《康熙字典》；他还派遣耶稣(Yēsū)会士到各地测量，绘制了中国第一部实测地图《皇舆全览图》。

康熙还非常注重农业生产，并采取一系列措施减轻农民的负担，让被战争破坏的经济得到迅速恢复。他还经常巡视各地，了解民情，关心人民的疾苦。

康熙平定了三藩之乱（吴三桂、耿精忠、尚可喜的叛乱）、蒙古准噶尔部的分裂活动和西藏叛乱，从郑成功后代手中收回了台湾，两次与沙皇俄国在雅克萨作战，阻止了沙俄的扩张，维护了清朝领土的完整，康熙对国家统一作出了很大贡献。康熙在位期间，社会经济发展，人民生活安定。

雍正在位时间较短，他

整顿吏治，重视用人，强调务实，使清朝的社会经济保持稳定和持续发展。

乾隆皇帝是雍正的儿子。1735年即位后，他鼓励农民开垦荒地，组织移民，并行农业生产，多次减免农民的赋税。他调整了雍正时中央与地方地主官僚的紧张关系。惩罚官吏结党营私，改善了官吏队伍。平定了回部贵族叛乱，并对西藏进行了政治和宗教改革，加强了对西藏的管理。消灭了西南少数民族地区的割据政权，这些措施奠定了近代中国的版图，把统一的多民族国家发展到一个新阶段。

乾隆在位期间，清朝经济发展，人口快速增长，进入了最强盛的时期。

▶ 小资料　Kurzinformation

达赖与班禅

1653年，清政府册封达赖五世为"西天大善自在佛所领天下释教普通瓦赤喇怛喇达赖喇嘛(lǎma)"。正式确定达赖喇嘛为西藏佛教格鲁派（黄教）的宗教领袖。1713年又封班禅五世为"班禅额尔德尼"，颁发金印金册。从此以后，历世达赖、班禅必经中央政权册封，成为定制。

Dalai und Panchen

1653 erkannte die Qing-Regierung den fünften Dalai Lama als offizielles „Oberhaupt des tibetischen Buddhismus" an. 1713 wurden der Titel „Panchen Erdeni", das Goldsiegel und die Goldurkunde dem fünften Panchen verliehen. Seither mussten die Dalai Lamas und die Panchen Lamas von der Zentralregierung bestätigt werden.

Die goldenen Zeiten unter drei Qing-Kaisern

Die Herrschaft der Qing-Kaiser Kangxi (Regierungszeit:1661–1722),Yongzheng (Regierungszeit: 1722–1735) und Qianlong (Regierungszeit:1735–1796) kennzeichnete eine Periode beispiellosen politischen und ökonomischen Wohlstandes, die als „Kangqian-Blütezeit" in die Geschichte eingegangen ist.

Kangxi genoss die längste Herrschaftszeit in der chinesischen Geschichte. Er war der fähigste Kaiser der Qing-Dynastie. Kein anderer Kaiser kommt ihm gleich, was zivile und militärische Fähigkeiten betrifft.

Als Kangxi 1661 den Thron bestieg, war er noch ein Kind. Es war eine kritische Zeit, denn Beamte des alten Ming-Regimes planten, die Qing-Dynastie zu stürzen und die Ming-Dynastie wieder einzusetzen. Um die Widersprüche zu entschärfen und die Herrschaft zu konsolidieren, bestimmte der Kaiser den Konfuzianismus als offizielle Ideologie, bestellte Han-Chinesen zu Beamten und förderte enthusiastisch die Han-Kultur. Auf seine Initiative wurde das Kangxi-Wörterbuch zusammengestellt. Er entsandte Jesuiten zur Vermessung des Reiches in alle Gebiete Chinas. Die erste Landkarte Chinas, „Kaiserliches Panorama" genannt, wurde auf Basis dieser Vermessungen gezeichnet.

Kaiser Kangxi legte großen Wert auf die Wiederbelebung der Landwirtschaft, die während der Kriege stark gelitten hatte. Er ergriff eine Reihe von Maßnahmen, um die Belastungen der Bauern zu vermindern. Der Wohlstand kehrte bald zurück. Er inspizierte oft verschiedene Gebiete, um sich über die Lebensverhältnisse der Bevölkerung zu informieren.

Während der Regierungsperiode Kangxis wurden Rebellionen von drei Vasallenstaaten unter Führung von Wu Sangui, Geng Jingzhong bzw. Shang Kexi niedergeschlagen, die separatistischen Bemühungen des mongolischen Stammes Zhunger sowie die Rebellion in Tibet unterdrückt. Taiwan, das damals von Zheng Chenggongs Nachkommen regiert wurde, kam an die Qing-Regierung. Angriffe durch das zaristischen Russland in Yaksa durch zwei Kriege abgewiesen. Dadurch wurde die Expansion des zaristischen Russland aufgehalten und die territoriale Einheit unter der Qing-Dynastie gewahrt. Kaiser Kangxi leistete folglich einen großen Beitrag zur territorialen Vollständigkeit des Landes. Unter seiner Regierung entwickelten sich

清代强盛时期疆域略图
Karte des Territoriums der Qing-Dynastie während ihrer Blütezeit

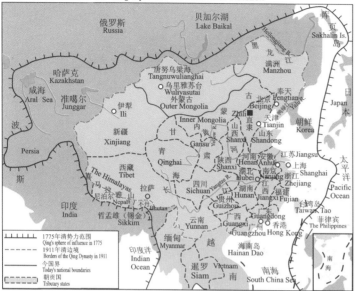

俄罗斯 Russia
贝加尔湖 Lake Baikal
库页岛 Sakhalin Is.
哈萨克 Kazakhstan
咸海 Aral Sea
准噶尔 Junggar
唐努乌梁海 Tangnuwulianghai
乌里雅苏台 Wuliyasutai
外蒙古 Outer Mongolia
伊犁 Ili
Persia
波斯
新疆 Xinjiang
甘肃 Gansu
青海 Qinghai
西藏 Tibet
The Himalayas
拉萨 Lhasa
尼泊尔 Nepal
不丹 Bhutan
哲孟雄（锡金） Sikkim
印度 India
印度洋 Indian Ocean
四川 Sichuan
云南 Yunnan
缅甸 Myanmar
暹罗 Siam
越南 Vietnam
黑龙江 Heilongjiang R.
满洲 Manzhou
奉天 Fengtian
内蒙古 Inner Mongolia
古北京 Beijing
直隶 Zhili
天津 Tianjin
山西 Shanxi
陕西 Shaanxi
河南 Henan
山东 Shandong
安徽 Anhui
江苏 Jiangsu
上海 Shanghai
湖北 Hubei
南京 Nanjing
浙江 Zhejiang
湖南 Hunan
江西 Jiangxi
福建 Fujian
贵州 Guizhou
广西 Guangxi
广东 Guangdong
广州 Guangzhou
香港 Hong Kong
台湾岛 Taiwan Tao
朝鲜 Korea
日本 Japan
太平洋 Pacific Ocean
菲律宾 The Philippines
海南岛 Hainan Dao
南海 South China Sea
南海

1775年清势力范围 Qing's sphere of influence in 1775
1911年清边境 Borders of the Qing Dynasty in 1911
今国界 Today's national boundaries
朝贡国 Tributary states

die Gesellschaft und die Wirtschaft kontinuierlich und die Bevölkerung lebte in gesicherten Verhältnissen.

Die Regierungszeit des Kaisers Yongzheng war relativ kurz. Er legte viel Wert auf die Verwaltung der Beamten, den Personaleinsatz und gezielte Aktionen. Unter seiner Regierung entwickelten sich Gesellschaft und die Wirtschaft weiter stabil.

Kaiser Qianlong, Sohn des Kaisers Yongzheng, folgte 1735 seinem Vater auf den Thron. Er regte Bauer an, Ödland zu kultivieren und die landwirtschaftliche Produktion zu beleben. Er verringerte die Steuerlast, entspannte die in der Regierungszeit seines Vaters gespannten Beziehungen zwischen der Zentralregierung und den Grundherren, und bestrafte Beamte, die Cliquen gebildet hatten. Die Regierung schlug Aufstände nieder, die von uigurischen Aristokraten angezettelt worden waren, und führte eine politische und religiöse Reform in Tibet durch, um die Kontrolle über das Gebiet zu verstärken. Die lokalen Regime der nationalen Minderheiten im Südwesten wurden unter seiner Regierung vernichtet. Diese Maßnahmen trugen zur erneuerten Entwicklung eines einheitlichen Vielvölkerstaates und zur Festlegung des Territoriums in der Neuzeit Chinas bei.

Die Qing-Dynastie erlebte ihre Blütezeit unter der Regierung des Kaisers Qianlong.

| 1 | 2 | 3 | 4 |

1. 康熙皇帝像
   Porträt des Qing-Kaisers Kangxi
2. 雍正皇帝像
   Porträt des Qing-Kaisers Yongzheng
3. 乾隆皇帝像
   Porträt des Qing-Kaisers Qianlong
4. 乾清宫（清朝皇帝处理国家大事的地方）
   Der Qianqing-Palast, wo die Kaiser der Qing-Dynastie Staatsangelegenheiten erledigten

▶ 小资料　Kurzinformation

闭关政策

清朝初年，为了防范东南沿海岛屿的反清势力，实行了比明朝更加严厉的海禁政策。后来虽有短暂的开放，允许商人进行有限制的贸易，但在1840年以前的大多时间里，清朝只有广州一地通商口岸，对丝绸、茶叶等传统商品的出口量严加限制，对国内商船到海外贸易规定了很多禁令，这就是"闭关政策"。由于清朝统治集团对当时世界大势缺乏足够的认识，以世界的中心自居，才在全球化贸易的背景下，采取了与西方资本主义自由贸易制度格格不入的消极防御政策，使中国丧失了与先进国家同步发展的机会。

Isolationspolitik

Auch zu Beginn der Qing-Dynastie blieb das strengere Handelsverbot mit Händlern aus Übersee bestehen, das bereits während der Ming-Dynastie eingeführt worden war, um rebellische Aktivitäten auf den südöstlichen küstennahen Inseln zu unterbinden. Später durfte man zwar Außenhandel während einer kurzen Zeit unter strengen Beschränkungen betreiben, aber vor 1840 gab es eigentlich nur einen Außenhandelshafen in Guangzhou. Der Export von Seide, Tees und anderer traditioneller Waren wurde stark kontrolliert. Ausländische Handelsschiffe hatten zahlreiche Verbote zu beachten. Es war eine Isolationspolitik. Die Zentralregierung der Qing-Dynastie kannte sich in den Tendenzen der Weltentwicklung nicht aus. Sie konnte ihr sinozentrisches Weltbild nicht dem internationalen Handel anpassen. Diese passive Verteidigungspolitik entsprach auch nicht dem vom Westen geforderten freien Handel. So verpasste China die Chance, sich gleichzeitig mit den führenden Ländern zu entwickeln.

科学巨匠与巨著

Große Wissenschaftler und ihre Werke

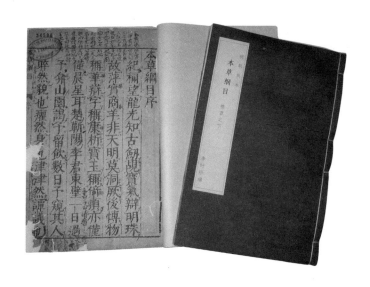

李时珍和《本草纲目》

李时珍（1518—1593年）是明代著名的医学家和药物学家，出生于湖广蕲州(Qízhōu,今湖北蕲春)一个世代行医的家庭。他受到家庭的影响，从小就对医学有着浓厚的兴趣，并决心做一个给人们解除病痛的好医生。李时珍24岁就开始正式给人治病，由于他刻苦钻研，医术高超，治好了许多疑难病症。

李时珍为了研究医术，读了很多古代的医书，他发现前人编著的医药书中有许多遗漏，甚至还有许多错误。他决心重编一本比较完备的药物著作。为了实现这一理想，李时珍阅读了大量的医学著作，还注重实地考察和采集草药。经过近30年的努力，他终于在60岁的时候写成了《本草纲目》一书。这本书内容十分丰富，收入药物1 800多种，新增药物3 700多种，医方1万多个，配有插图1 000多幅。书中关于植物的分类方法，也是当时世界最先进的。《本草纲目》是中国药物学研究的总结，已被译成多种文字，被誉为"东方医学巨典"。

徐光启和《农政全书》

徐光启（1562—1633年），上海人，明朝科学家，曾跟随意大利传教士利玛窦（Lìmǎdōu）学习西方的天文、数学、测量、火器等知识。他钻研科学文化知识，在介绍西方自然科学和发展中国

的农业、天文、数学等方面作出了重大贡献。

《农政全书》是一部关于农业科学的著作。在书中，徐光启用科学的方法总结了中国传统的技术，如农具、土壤、水利、施肥等等；他还介绍了欧洲的水利技术。书中有图，有批注，有说明，内容丰富，被称为中国古代的一部农业百科全书。

宋应星和《天工开物》

宋应星（1587—约1666年），江西人，明朝末年科学家。他一生写了许多著作，《天工开物》是其中影响最大的一部书。这本书是明朝农业和手工业生产技术的总结，内容十分广泛，几乎包括了当时社会生活的各个方面，反映了当时的社会发展水平，被誉为"中国17世纪的工艺百科全书"。

徐霞客和《徐霞客游记》

徐霞客（1586—1641年），江苏人，中国17世纪杰出的旅行家和地理学家。徐霞客读了很多书，对地理、历史、游记类的书特别感兴趣。他发现，有些地理书籍的记载是错误的，因而决心对祖国的地理情况进行实地考察。22岁那年，徐霞客开始了他的野外考察生活，直到他逝世的那一年。在30多年的考察生活中，徐霞客几乎跑遍了全中国。

《徐霞客游记》以日记的形式记录了作者旅行考察中的见闻和内心感受。徐霞客以实地考察的第一手资料，记录了中国的山川河流、地形地貌、矿产分布等。《徐霞客游记》是研究中国地貌、水文、动植物分布等的重要参考资料。

	2
1	---
	3

1. 明朝版本《本草纲目》
   Ben Cao Gang Mu (Abriss der Kräutermedi-zin) in einer Auflage der Ming-Dynastie
2. 《农政全书》书影
   Nong Zheng Quanshu (Ein vollständiges Handbuch der Landwirtschaft)
3. 《天工开物》书影
   Tian Gong Kai Wu (Erläuterungen feiner Arbeiten)

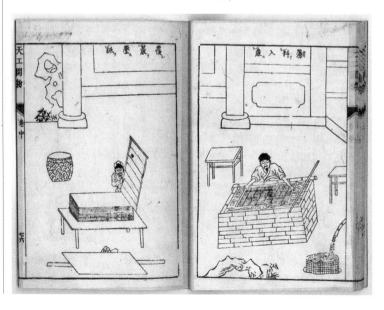

Große Wissenschaftler und ihre Werke

Li Shizhen und das *Ben Cao Gang Mu* (*Abriss der Kräutermedizin*) Li Shizhen (1518–1593), ein hervorragender Mediziner und Experte der Arzneikunde der Ming-Dynastie, wurde in Qizhou (heute Qichun, Provinz Hubei) in einer Familie geboren, die seit Generationen Ärzte hervorgebracht hatte. Die Tradition seiner Familie hat ihn tief beeinflusst. Als er noch klein war, zeigte er schon großes Interesse an der Medizin und beschloss, ein guter Arzt zu werden. Im Alter von 24 Jahren begann er offiziell als Arzt tätig zu werden. Er studierte fleißig und kannte sich hervorragend in der ärztlichen

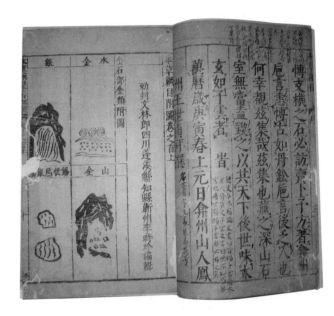

Kunst aus. Er behandelte erfolgreich viele komplizierte Fälle.

Li Shizhen las viele alte medizinische Schriften und stellte bald fest, dass die klassischen Arbeiten über Medizin viele Fehler und Auslassungen aufwiesen. Um ein umfangreiches Arzneibuch zu schreiben, las er viele Bücher, besuchte viele Orte·und sammelte die verschiedensten Kräuter. Nach 30 Jahren, als 60jähriger, beendete er sein bedeutendes Werk *Ben Cao Gang Mu* (*Abriss der Kräutermedizin*), in dem über 1800 bekannte Kräuter, über 3700 bis dato unbekannte Kräuter beschrieben wurden. Das Werk umfasst auch über 10 000 Rezepte sowie mehr als 1000 Abbildungen. Die Klassifizierung der Pflanzen war bis dahin ebenfalls einmalig in der Welt. Das Werk gilt als Zusammenfassung der chinesischen Medizin und Pharmakologie und wurde in vielen Sprachen übersetzt. Lobend wird es als „Medizinisches Meisterwerk im Osten" bezeichnet.

Xu Guangqi und das *Nong Zheng Quanshu* (*Ein vollständiges Handbuch der Landwirtschaft*)

Xu Guangqi (1562–1633), geboren in Shanghai, war ein Wissenschaftler in der Ming-Dynastie. Er studierte Astronomie, Mathematik, Vermessungskunst und Feuerwaffen bei Matteo Ricci, einem italienischen Missionar. Er leistete einen großen Beitrag zur Einführung der westlichen Naturwissenschaften in China und zur Entwicklung der Landwirtschaft, Astronomie und Mathematik Chinas.

Im *Nong Zheng Quanshu (Ein vollständiges Handbuch der Landwirtschaft)* stellt der Verfasser traditionelle chinesische Techniken anhand landwirtschaftlicher Geräte vor, erörtert Bodenqualitäten, Wasserwirtschaft, Düngemittel und stellt im Überblick die europäische Wasserwirtschaft vor. Das Buch ist eine Enzyklopädie der Landwirtschaft, das Abbildungen, Kommentare und praktische Anweisungen enthält.

Song Yingxing und das *Tian Gong Kai Wu (Erläuterungen von feinen Arbeiten)*

Song Yingxing (1587–ca.1666), geboren in der Provinz Jiangxi, war ein Wissenschaftler während der späten Ming-Dynastie. Er verfasste viele Werke, unter denen sein umfassendes Werk *Tian Gong Kai Wu (Erläuterungen von feinen Arbeiten)* hervorragt. Es handelt sich um ein Standardwerk über die Erfahrungen der Chinesen in der Landwirtschaft und im Handwerk mit den zu jener Zeit modernsten Methoden. Das umfangreiche Werk umfasst fast alle Aspekte der Gesellschaft und spiegelt das Niveau der damaligen Entwicklung wider. Es ist als „Chinesische Enzyklopädie der Technologie im 17. Jahrhundert" weltberühmt.

Xu Xiake und das *Xu Xiake Youji (Reiseberichte von Xu Xiake)*

Xu Xiake(1586–1641), geboren in der Provinz Jiangsu, war ein hervorragender Reisender und Geograph des 17. Jahrhunderts. Er war sehr belesen. Besonders interessierte er sich für Schriften über Geographie, Geschichte und für Reiseberichte. Er bemerkte viele Fehler in den Schriften und beschloss, durch das ganze Land zu reisen, um die Fehler zu korrigieren. Als er 22 Jahre alt war, begann er seine Forschungsreisen. In den folgenden mehr als 30 Jahren besuchte Xu Xiake fast alle Orte Chinas.

```
        2
    1 ─┤
        3
```

1. 明朝版本《本草纲目》
   Ben Cao Gang Mu (Abriss der Kräutermedizin) in einer Auflage der Ming-Dynastie
2. 宋应星像
   Porträt von Song Yingxing
3. 徐霞客塑像
   Statue von Xu Xiake

Er machte sich Aufzeichnungen von jedem Ort, den er besucht hatte. So entstand das Buch *Xu Xiake Youji (Reiseberichte von Xu Xiake)*. Der Verfasser schrieb sein Werk in Tagebuchform. Darin sind seine Erfahrungen, seine inneren Gefühle sowie Informationen über die Berge, Flüsse, über die Topographie und die Verteilung der Mineralien in China aufgezeichnet. Das Werk ist vom besonderem Wert für Studien zur Topographie, zur Hydrologie sowie zur Verteilung von Tiere und von Pflanzen in China.

中国近代史

Geschichte der chine-sischen Neuzeit

概 述
Überblick

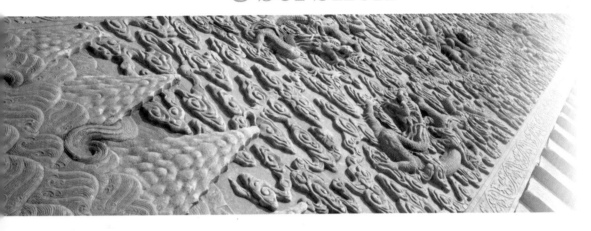

英国于19世纪30年代末在世界上率先完成工业革命，成为当时最强大的资本主义国家。为了扩大工业品的销售市场，占领更广阔的工业原料产地，英国发动了侵略中国的鸦片战争。中国在鸦片战争中战败，被迫与英国签订了中英《南京条约》等不平等条约。从此，中国的主权与领土完整遭到破坏，开始沦为半殖民地半封建的国家。所以，史学界以1840年作为中国近代史的开端，此后110年的历史，是中国的近代史。鸦片战争后的100多年中，列强一次又一次发动对中国的侵略战争，使中国的主权与领土完整继续遭到破坏，使中国人民遭受殖民主义者的欺辱；同时，中国也涌现出许许多多的抵抗侵略、挽救国家危亡的可歌可泣的事迹，如太平天国运动、戊戌变法、义和团运动等，特别是1911年孙中山领导的辛亥革命，推翻了中国两千多年的封建君主专制制度，建立了中华民国；1919年的"五四"运动，为中国共产党的诞生奠定了基础；1921年，中国共产党成立，中国革命出现了新局面。

1949年，在中国共产党的领导下，中国人民赶走了帝国主义侵略势力，推翻了国民党在大陆的统治，结束了中国半殖民地半封建社会的历史，取得了民主革命的胜利。

Ende der 30er Jahre des 19. Jahrhunderts England als weltweit erstes Land die industrielle Revolution und wurde das stärkste kapitalistische Land von damals. Um den Absatzmarkt der Industrieprodukte auszubauen und noch weitere Herkunftsorte für industrielle Rohmaterialien zu erobern, entfachte England den Opiumkrieg gegen China. China wurde besiegt und gezwungen, mit Großbritannien ungleiche Verträge wie

den *Chinesisch-britischen Vertrag von Nanjing* zu schließen. Von da an wurde wiederholt gegen Chinas souveräne und territoriale Integrität verstoßen und China begann, sich in ein halbkoloniales und halbfeudales Land zu verwandeln. Aus diesem Grund gilt für die Geschichtswissenschaftler das Jahr 1840 als den Beginn der Neuzeit Chinas, die 110 Jahre dauern wird. Während dieser Zeit entfesselten ausländische Großmächte verschiedene Aggressionskriege gegen China, verletzten die souveräne und territoriale Integrität Chinas und setzten das chinesische Volk den Schikanierungen der Kolonialisten aus. Um sich der Aggression zu widersetzen und den Staat von der Unterjochung zu retten, gab es in den folgenden Jahrzehnten mehrere Widerstandsbewegungen: Die Bauernbewegung Taiping Tianguo, die Reformbewegung von 1898 und die Yihetuan-Bewegung. Die nennenswerte Xinhai-Revolution im Jahr 1911 mit Dr. Sun Yat-sen an der Spitze, die zum Sturz der absoluten Monarchie der 2000 Jahre langen feudalen Gesellschaft Chinas führte. Die 4. Mai-Bewegung im Jahr 1919 schuff die Grundlage zur Gründung der Kommunistischen Partei Chinas. Die Gründung der KP Chinas im Jahr 1921 war die große Wende in der chinesischen Revolution.

Unter Führung der Chinesischen Kommunistischen Partei vertrieb das chinesische Volk 1949 die imperialistischen Aggressoren, stürzte die Kuomintang-Herrschaft auf dem Festland, schloss die Geschichte der halbkolonialen und halbfeudalen Gesellschaft und beendete siegreich diese revolutionäre Zeit.

林则徐 与虎门销烟

Lin Zexu und die Opiumvernichtung in Humen

1839年6月3日，在广东虎门的海边，许多箱子堆得像小山一样高，周围有成千上万的群众，他们都在激动而兴奋地等待着……

原来，箱内装的都是大烟。大烟正式的名字叫鸦片，是一种毒品，人吸了就会上瘾（shàng yǐn）。常吸大烟的人身体虚弱，精神萎靡（wěimǐ）。从19世纪初开始，英国等西方国家大量向中国偷运走私鸦片，在不到40年的时间里，就使中国

吸鸦片的人数达到200多万。鸦片给英国商人带来巨额的利润，却给中国社会带来了巨大的危害：它不但损害人民的健康，而且使中国的白银大量外流，社会经济受到很大影响。另外，由于军队中吸食鸦片的"大烟鬼"增多，军队的士气和战斗力也大大下降。

面对这种严重的形势，以湖广总督林则徐为代表的大臣们多次向道光皇帝上书，主张严禁鸦片。1839年，皇帝终于下决心派林则徐去广州禁烟。

林则徐（1785—1850年）在1838年任湖广总督时采取有效措施严厉禁止鸦片，成绩显著。林则徐到广州后，与外国烟贩展开了坚决的斗争。他先进行调查，摸清情况，然后命令烟贩们交出全部鸦片，并且保证永远不再走私。外国烟贩们不相信林则徐真能禁绝鸦片。他们不交鸦片，有的还准备逃跑。林则徐派兵抓回逃犯，包围了英国商馆，撤出了

商馆里的中国雇工，断绝了商馆的饮食供应，并且说："鸦片贸易一天没有断绝，我就一天也不离开这里！我发誓要把禁烟进行到底！"烟贩们这下害怕了，知道没有希望了，只好交出鸦片，一共有2万多箱，110多万公斤！

林则徐命令将这2万多箱鸦片全部销毁，于是就发生了开篇的那一幕。由于鸦片数量太多，销烟工作整整进行了23天。

虎门销烟是一件震撼世界的壮举，它向全世界表明了中国人民决心禁烟和反抗外来侵略的坚强意志，林则徐也因此成为中国近代史上的民族英雄。

1	3
	4
2	5

1. 林则徐画像
   Porträt von Lin Zexu
2. 澳门林则徐纪念馆内的虎门销烟塑像
   In der Gedenkhalle für Lin Zexu
   (Erinnerung an die Opium vernichtung
   in Humen) in Macao
3. 吸食鸦片的烟具
   Garnitur für Haschischrauchen
4. 烟膏
   Opiumpaste
5. 罂粟壳和烟膏
   Opiumschale und Opiumpaste

Lin Zexu und die Opiumvernichtung in Humen

Am 3. Juni 1839 stapelten sich am Strand von Humen in der Provinz Guangdong ganze Berge von Kisten, von abertausenden wartenden Menschen bestaunt.

In den Kisten war Opium, ein äußerst gefährliches Rauschgift, das zur Abhängigkeit führen Konnte. Anfang des 19. Jahrhunderts begannen Großbritannien und andere europäische Länder, große Mengen von Opium nach China zu schmuggeln. Innert weniger als 40 Jahren gab es über 2 Mio. Opiumraucher in China. Opium brachte britischen Händlern große Gewinne, fügte aber der chinesischen Gesellschaft enormen Schaden zu. Die Chinesen bezahlten nicht nur mit ihrer Gesundheit, sondern auch mit großen Mengen Silber, was die chinesische Wirtschaft erheblich belastete. Zudem schwächte es den Kampfgeist der Armee, da die Zahl der opiumsüchtigen Soldaten ständig zunahm.

Hohe kaiserliche Beamte, vom Generalgouverneur von Hunan und Hubei Lin Zexu vertreten, richteten in dieser kritischen Lage mehrere Petitionen an Kaiser Daoguang und forderten das rigorose Opiumverbot. 1839 schickte der Kaiser Lin Zexu nach Guangzhou, um das Opiumverbot auszusprechen.

Lin Zexu (1785–1850) 1838 war als Generalgouverneur von Hunan und Hubei sehr erfolgreich mit dem Opiumverbot und kämpfte in Guangzhou weiter entschlossen gegen ausländische Drogenhändler. Er spürte die Händler auf und konfiszierte alle Opiumvorräte. Jeglicher Schmuggel wurde strikt

untersagt. Die ausländischen Opiumhändler widersetzten sich jedoch den Verboten von Lin Zexu und flohen mit dem Opium. Lin Zexu sandte seine Soldaten auf ihre Verfolgung. Außerdem ließ er die britische Handelskammer einkreisen, holte die chinesischen Angestellten raus und schnitt der Handelskammer die Nahrungsmittelversorgung ab. Lin sagte: „Solange der Opiumhandel nicht unterbunden wird, werde ich den Ort nicht verlassen. Ich schwöre, das Opiumverbot bis zum Ende durchzusetzen!" Die Drogenhändler sahen keinen Ausweg mehr und konnten nicht umhin, mehr als 20 000 Kisten Opium mit einem gesamten Gewicht von über 1,1 Mio. Kg abzuliefern.

Lin Zexu gab den Befehl, das Opium unverzüglich zu vernichten, was ganze 23 Tage in Anspruch nahm.

Die Opiumvernichtung in Humen war ein welterschütterndes Ereignis, das der ganzen Welt den starken Willen des chinesischen Volks zum Opiumverbot und gegen die ausländische Aggression bewies. Lin Zexu wurde damit ein nationaler Held der chinesischen Neuzeit.

1	2
	3

1. 林则徐塑像
   Statue von Lin Zexu
2. 广东虎门炮台遗址
   Ruine der Batterie in Humen,
   Provinz Guangdong
3. 虎门炮台的大炮
   Geschütz auf dem Humen-Fort

第一次鸦片战争

Der Erste Opiumkrieg

鸦片生意利润很高，不但英国商人能从中赚很多钱，而且英国政府也能从中得到很大好处。因此，林则徐在广州的禁烟措施，使他们遭受了巨大的损失。1840年6月，英国派出48艘共装备有540门大炮的舰队开到广东海面，发动了侵略中国的第一次鸦片战争。

由于林则徐率广州军民早已严加防备，英军只好沿海岸线北上，攻陷浙江的定海，8月到达天津。道光皇帝非常害怕，派主

张求和的大臣琦善前去谈判，保证只要英军退回广东，清政府就一定惩治林则徐。英军撤退后，朝廷就把林则徐撤职查办。

1841年1月，英军强行占领香港岛。清政府被迫宣战，并派大臣奕山到广州指挥。2月，英军猛攻虎门炮台，守将关天培在没有援军的情况下英勇奋战。炮台失守后，关天培和将士们用大刀和敌人拼杀，最后全部壮烈牺牲。5月，英军进攻广州城，胆小如鼠的奕山举白旗投降。攻下广州的英军作恶多端，激起了人民的反抗。广州郊区三元里人民自发地组织起来，与侵略者展开斗争，保卫家乡，给侵略者以沉重打击。

英军继续扩大侵华战争，进攻浙江的定海、镇海、宁波等地。以葛云飞为代表的沿海爱国军民拼死抵抗，但终因武器落

后，加上朝廷腐败、指挥不利而连连失败。1842年6月，英军进攻上海吴淞口，年近70的老将陈化成率军迎战，虽身受重伤，血染战袍，仍紧握令旗指挥战斗，直到牺牲。吴淞失守后，英军沿长江入侵，8月打到南京。清政府慌忙投降，与英方签订了出卖中华民族权益的《南京条约》，内容有：清政府赔款2 100万银元；割让香港岛，开放广州、厦门、福州、宁波、上海5个城市为通商口岸等等。这是外国侵略者强迫清政府签订的第一个不平等条约。中国从此开始沦为半殖民地半封建国家。

Der Erste Opiumkrieg

Die Opium-Geschäfte waren äußerst lukrativ, nicht nur für die britischen Geschäftsleute, auch die britische Regierung zog daraus großen Nutzen. Die von Lin Zexun in Guangzhou ergriffenen Maßnahmen zum Opiumverbot waren deshalb ein schwerer Verlust für die britische Regierung. Im Juni 1840 schickte Großbritannien eine Flotte von 48 Kriegsschiffen, mit 540 Kanonen ausgerüstet, auf die Gewässer der Provinz Guangdong und entfesselte damit den Ersten Opiumkrieg.

Da die Armee und die Bevölkerung von Guangzhou unter Führung von Lin Zexu bestens auf einen Angriff vorbereitet war, fuhren die britischen Kriegsschiffe die Küste entlang nach Norden und eroberten Dinghai in der Provinz Zhejiang. Im August erreichten sie Tianjin. Der in Panik versetzte Kaiser Daoguang schickte seinen Beamten Qishan zu Verhandlungen. Er versicherte, die Qing-Regierung würde Lin Zexu bestrafen, wenn sich die britische Armee zum Rückzug bereit erkläre. Nach dem Rückzug der britischen Armee wurde schließlich Lin Zexun seines Amtes enthoben.

Im Januar 1841 folgte die gewaltsame Eroberung der Insel Hongkong durch die Briten. Die Qing-Regierung sah sich zum Kampf gezwungen und sandte Yishan zur Leitung der militärischen Angelegenheiten nach Guangzhou. Im Februar griff die britische Armee die Festung von Humen an. Die chinesische Armee kämpfte tapfer und ohne jegliche Verstärkung unter Führung des Generals Guang Tianpei bis zum Fall der Festung. Die Soldaten ließen ihr Leben erhobenen Schwertes. Im Mai griffen die Briten Guangzhou an, wo der feige Yishan eine weiße Flagge hisste. In Guangzhou verübten britische Soldaten alle möglichen Übeltaten und riefen damit Widerstände der lokalen Volksmassen hervor. Die Bewohner von Sanyuanli, einem Vorort von Guangzhou, nahmen spontan an den Kämpfen zum Schutz ihrer Heimat gegen die Aggressoren teil und versetzten den britischen Aggressoren einen schweren Schlag.

Doch die britische Armee weitete ihren Aggressionskrieg aus und griff Dinghai, Zhenhai und Ningbo in Zhejiang an. Die patriotische Armee und die Bevölkerung im Küstengebiet, vertreten durch Ge Yunfei, wehrten sich ohne Rücksicht auf ihr Leben. Aber aufgrund veralteter Waffen, einer korrupten Regierung und infolge fehlerhafter Leitung erlitten sie eine Niederlage nach der anderen. Im Juni 1842 attackierte die britische Armee Wusong bei Shanghai an der Mündung des Yangtse-Flusses. Der 70-jährige General Chen Huacheng leitete die chinesische Armee zum Widerstand. Schwer verletzt hielt der alte General die Fahne fest in der Hand und leitete den Kampf, bis er schließlich von einer Kugel getroffen aufgeben musste. Nach dem Fall von Wusong drangen die Briten entlang dem Yangtse ein und erreichten im August Nanjing. Die Qing-Regierung kapitulierte ohne Widerstand und unterzeichnete mit Großbritannien den *Vertrag von Nanjing*, der die Rechte und Interessen der chinesischen Nation preisgab. Der Vertrag beschloss u. a. eine Wiedergutmachung im Wert von 21 Mio. Silberbarren, die Abtretung der Hong Kong-Insel und die Öffnung der fünf Städte Guangzhou, Xiamen, Fuzhou, Ningbo und Shanghai als Handelshäfen. Das war der erste ungleiche Vertrag der Qing-Regierung, damit begann China, sich in einen halbkolonialen und halbfeudalen Staat zu verwandeln.

1	
2	

1. 广东虎门鸦片战争博物馆，纪念作战牺牲的军民的雕像
   Der Vertrag von Nanjing wurde auf einem Kriegsschiff Großbritanniens unterzeichnet
2. 在英国军舰上签订《南京条约》的场景
   Im Museum für den Opiumkrieg in Humen, Provinz Guangdong

太平天国农民运动

Die Bauernbewegung Taiping Tianguo

鸦片战争以后，清政府的统治更加腐败，社会黑暗，广大劳动人民生活非常贫苦。1843年，一个名叫洪秀全的广东青年受基督（Jīdū）教思想的启发，创立了一个宗教组织——拜上帝会，宣传人人平等的思想，号召人民推翻清朝的统治。拜上帝会得到很快的发展，到1849年，会众已达到1万多人。1851年1月11日，这天正好是洪秀全38岁生日，他领导农民在广西桂平县金田村起义，建号"太平天国"。

太平军作战勇猛，连连打败清军，队伍也从2万人很快扩大到几十万人。1853年3月，太平军攻占南京。洪秀全把南京改名为天京，定为首都。太平天国颁布了《天朝田亩制度》，试图建立一个"有田同耕、有饭同食、有衣同穿、有钱同使，无处不均匀，无人不饱暖"的理想社会。

定都天京后，为了巩固和发展胜利成果，太平军又分别进行了北伐和西征，取得了累累战果。

1856年9月，就在各方面事业都轰轰烈烈地展开的时候，太平天国领导集团内部却为了争夺权力而爆发了自相残杀的"天京事变"。这场历时两个月的变乱大大削弱了太平天国自身的力量，清军则趁机全面反攻，特别是曾国

藩率领的湘军成为太平天国最强大的敌人。虽然洪秀全为了扭转不利局面而选拔任用了陈玉成、李秀成等一批年轻的将领，并取得了一些成效，但最终没能挽救太平天国失败的命运。1863年底，湘军开始围困天京。1864年6月，洪秀全病逝。7月，湘军攻破天京。历时近14年的太平天国农民运动失败了。

1	2
	3

1. 洪秀全塑像
   Skulptur von Hong Xiuquan
2. 南京太平天国天王府石舫
   Das Steinboot in der Residenz des Himmlischen Königs von Taiping Tianguo (Himmlisches Reich des Großen Friedens) in Nanjing
3. 太平天国农民运动图
   Bauernbewegung des Taiping Tianguo

▶ 小资料　Kurzinformation

打败洋枪队

1860年，李秀成率领的太平军占领了上海附近的青浦。美国人华尔组织"洋枪队"，帮助清军攻打太平军。李秀成率领太平军英勇作战，打死洋枪队六七百人，缴获洋枪两千多支，大炮十几门。洋枪队大败，华尔身受重伤逃跑。

Niederlage des bewaffneten ausländischen Regiments

1860 besetzte die Taiping-Armee unter Führung von Li Xiucheng das Dorf Qingpu nahe Shanghai. Das vom Amerikaner Ward geführte „bewaffnete ausländische Regiment" kam der Qing-Armee zu Hilfe und griff die Taiping-Armee an. Die tapferen Kämpfer der Taiping-Armee töteten jedoch über 700 Offiziere und Soldaten des Regiments und erbeuteten 2000 Gewehre und Dutzende von Kanonen. Das ausländische Regiment erlitt eine schwere Niederlage und der verwundete Ward musste fliehen.

Die Bauernbewegung
Taiping Tianguo

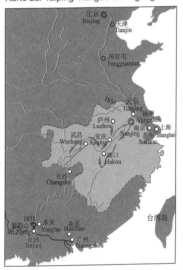

太平天国起义地点
Site of Hong Xiuquan's uprising

太平军从金田到南京进军路线
Taiping army's march on Nanjing from
Jintian Village

北伐进军路线
The route of the northern expedition

西征路线
The route of the western expedition

拜上帝宗教活动地区
The areas of God Worship Society activities

太平主要活动地区
The main areas of the Taiping army's operations

1. 曾国藩像
   Porträt von Zeng Guofan
2. 太平天国朝政宫殿
   Königshof von Taiping Tianguo

Nach dem Opiumkrieg war die Herrschaft der Qing-Regierung korrupter als je zuvor, die Gesellschaft finsterer denn je und das Volk lebte in Not und Elend. 1843 gründete ein junger Mann namens Hong Xiuquan aus der Provinz Guangdong eine religiöse Organisation, die „Gesellschaft zur Verehrung Gottes". Er propagierte die Gleichheit aller Menschen und rief das Volk zum Kampf gegen die Qing-Herrscher auf. Die Gesellschaft zur Verehrung Gottes entwickelte sich schnell, 1849 hatte sie bereits über 10 000 Mitglieder. Am 11. Januar 1851, seinem 38. Geburtstag, rief Hong Xiuquan die Dorfbevölkerung von Jintian im Kreis Guiping der Provinz Guangxi zum Aufstand auf. Er nannte sein Regime „Taiping Tianguo" (Himmlisches Reich des Großen Friedens).

Die kämpferische Taiping-Armee besiegte die Qing-Truppen immer wieder und war inzwischen von 20 000 auf über 100 000 Mann angewachsen. Im März 1853 eroberte die Taiping-Armee die Stadt Nanjing, sie wurde von Hong Xiuquan in Tianjing (Himmlische Hauptstadt) umbenannt und zur Hauptstadt erklärt. Das Himmlische Reich des Großen Friedens erließ das *Bodengesetz des Himmlischen Reichs* und wollte damit eine ideale Gesellschaft errichten, in der „alles Land, alle Nahrung und Kleidung sowie alles Geld unter allen gleichmäßig verteilt werden und alle satt essen und sich warm kleiden können."

Als sich das Himmlische Reich des Großen Friedens rasant entwickelte, kam es im August 1856 zu blutigen Machtkämpfen unter

Führern des Reichs. Diese Streitereien, das „Tianjing-Ereignis" genannt, schwächten die Macht des Himmlischen Reichs erheblich. Die Qing-Armee fasste diese Gelegenheit beim Schopf und ging zum Gegenangriff über, wobei sich die Hunan-Armee von Zeng Guofan als stärkster Gegner auswies. Obwohl Hong Xiuquan einige junge Generäle wie Cheng Yucheng und Li Xiucheng als letzte Rettung einsetzte und mit ihnen auch einige Erfolge erzielte, konnte er das Himmlische Reich nicht vor der Niederlage bewahren. Ende 1863 begann die Hunan-Armee, Tianjing einzukreisen und im folgenden Jahr, nur ein Monat nach Hong Xiuquans Tod, fiel Tianjing im Juli 1864 unter den Angriffen der Hunan-Armee. Die knapp 14 Jahre andauernde Bauernbewegung Taiping Tianguo endete mit einer Niederlage.

▶ 小资料　Kurzinformation

曾国藩（1811—1872年）
中国近代史上最有影响的人物之一。湖南湘乡人，37岁时就担任礼部侍郎。太平天国运动爆发后，曾国藩在家乡训练乡兵，组建了一支规模庞大的湘军，成为镇压太平天国最主要的力量，他本人也成为清朝末年最重要的大臣之一。19世纪60年代，与李鸿章等人共同发起"洋务运动"。

Zeng Guofan (1811 — 1872)
Zeng Guofan war ein hoher Beamter der Qing-Dynastie und gehörte zu den einflussreichsten Persönlichkeiten der neueren Geschichte Chinas. Zeng Guofan wurde in Xiangxiang in der Provinz Hunan geboren. Im Alter von 37 war er stellvertretender Zeremonienmeister am Kaiserhof. Nach dem Ausbruch der Bauernbewegung Taiping Tianguo bildete Zeng Guofan in seiner Heimat Soldaten aus und stellte alsbald die durch und durch gedrillte Hunan-Armee auf, der größte Feind der Taiping Taiguo-Bewegung. In den 60er Jahren des 19. Jahrhunderts leitete er zusammen mit Li Hongzhang die „Verwestlichungsbewegung" ein.

第二次 鸦片战争

Der Zweite Opiumkrieg

1854年，英国要求全面修改1842年签订的中英《南京条约》，以进一步扩大其在中国已经取得的权益。英国的无理要求得到法国、美国的支持，但遭到清政府的拒绝。

1856年10月，英、法组成联军，发动了侵略中国的第二次鸦片战争。1857年12月，联军攻陷广州。随后北上，1858年5月攻占大沽炮台。咸丰皇帝惊慌失措，立即派大学士桂良等前往天津议和，6月，签订了中英、中法《天津条约》，主要内容包括：允许外国公使进驻北京，增开通商口岸，英法等外国人可以到中国内地通商、传教，向英法赔款等。

1859年，英、法两国又提出拆除白河防御等无理要求，再次遭到拒绝。6月，联军舰队突然袭击大沽炮台，中国守军奋起反击，击沉、击伤英法军舰十多艘，打死打伤侵略军600多人。联军狼狈逃窜。

1860年8月，兵力大增的英法联军卷土重来，相继攻占大沽炮台和天津，并进逼北京。咸丰皇帝仓皇逃往热河（今河北承德市）。10月6日，英法联军火烧圆明园。不久，清政府被迫与英、法、俄三国分别签订了《北京条约》，割让九龙，增开天津为商埠（shāngbù），增加赔款。历时4年的第二次鸦片战争仍以中国的失败、签订丧权辱国的不平等条约而告终。

Der Zweite Opiumkrieg

1854 forderte Großbritannien die allseitige Revision des im Jahr 1842 unterzeichneten chinesisch-britischen *Vertrags von Nanjing*, um ihre Rechte in China auszudehnen und ihre Interessen zu vergrößern. Diese unberechtigte Forderung Großbritanniens wurde von den Franzosen und Amerikanern unterstützt, von der Qing-Regierung jedoch entschieden abgelehnt.

Im Oktober 1856 bildeten die Briten und Franzosen alliierte Truppen und entfesselten den Zweiten Opiumkrieg gegen China. Im Dezember 1857 besetzten die alliierten Truppen Guangzhou und rückten nach Norden vor. Im Mai 1858 eroberten sie die Festung Dagu. Die Qing-Regierung, von panischer Angst ergriffen, sandte hastig ihre Leute, darunter den Großsekretär Guiliang, zu Friedensverhandlungen nach Tianjin. Im Juni wurden die *Verträge von Tianjin* mit Großbritannien bzw. Frankreich unterschrieben. Die Hauptpunkte waren: das Niederlassungsrecht für ausländische Gesandte in Beijing, die Öffnung weiterer Handelshäfen, das freie Wirken von ausländischen Missionaren im Landesinneren und die Wiedergutmachungsbeiträge an Großbritannien und Frankreich.

1859 stellten Großbritannien und Frankreich abermals die Forderung auf den Abbau der Verteidigungsanlage Baihe. Auch diese wurde abgelehnt. Im Juni attackierte die Flotte der alliierten Truppen überraschend die Festung Dagu. Bei dem Verteidigungskampf versenkte die chinesische Garnison über zehn feindliche Schiffe und tötete mehr als 600 Aggressoren. Die alliierten Truppen flohen Hals über Kopf.

Im August 1860 starteten Großbritannien und Frankreich gemeinsam einen weiteren Aggressionskrieg. Sie eroberten die Festung Dagu und Tianjin und rückten nach Beijing vor. Der Kaiser Xianfeng floh in aller Hast nach Rehe. Im Oktober drangen die alliierten Truppen in den Sommerpalast Yuanmingyuan im nordwestlichen Vorort von Beijing ein, plünderten Wertgegenstände und brannten skrupellos den weltbekannten „Garten der zehntausenden Gärten" nieder. Kurz danach wurde die Qing-Regierung gezwungen, mit Großbritannien, Frankreich und Russland die *Verträge von Beijing* abzuschließen, und somit Kowloon abzutreten, Tianjin als zusätzlichen Handelshafen zu öffnen und die Entschädigungszahlungen zu erhöhen. Der Zweite Opiumkrieg endete 4 Jahre später erneut mit der Niederlage Chinas und der Unterzeichnung von ungleichen Schandverträgen.

1 | 2

1. 失陷的大沽炮台
   Das eroberte Dagu-Fort
2. 圆明园遗址
   Ruinen des Sommerpalastes Yuanmingyuan

▶ 小资料　Kurzinformation

火烧圆明园

圆明园是清朝皇帝的别宫，位于北京西北郊，是世界著名的皇家园林。第二次鸦片战争期间，1860年10月，英法联军攻陷北京后，闯入圆明园，将园内珍宝抢劫一空，并毁坏了无法运走的珍贵文物。为了掩盖罪行，他们最后放火烧毁了这座举世闻名的「万园之园」。大火延烧三天，烟云笼罩了整个北京城。

Niederbrennung des Sommerpalastes Yuanmingyuan

Yuanmingyuan, die Residenz der Qing-Kaiser, liegt im nordwestlichen Vorort Beijings und war ein welbekannter kaiserlicher Garten. Während des Zweiten Opiumkriegs überfielen die britisch-französischen alliierten Truppen im Oktober 1860 Beijing und drangen in den Yuanmingyuan ein, wo sie unzählige Wertgegenstände raubten und kostbare Kulturschätze, die sie nicht mitnehmen konnten, skrupellos zerstörten. Um ihre Verbrechen zu verbergen, brannten sie schließlich den weltbekannten „Garten der zehntausend Gärten" nieder. Das Feuer brannte drei Tage lang und die Rauchschwaden hüllten ganz Beijing ein.

洋务运动

Die Verwestlichungsbewegung

经过两次鸦片战争和太平天国运动的打击，清朝统治者感到了统治危机在一天天加深。19世纪60年代到90年代，以曾国藩、李鸿章、左宗棠、张之洞等为代表的清政府高层官员主张学习、采用一些西方先进的科学技术，发展生产，"求强"、"求富"，以图挽救清朝的封建统治，历史上称为"洋务运动"。

洋务运动大体分为三个阶段：

第一阶段是兴起阶段，从60年代初到70年代初，约10年时间，清政府以创办军事工业的"求强"活动为中心，安庆军械所、江南制造总局、金陵机器局、福州船政局、天津机器局、西安机器局等相继建立。

第二阶段是发展阶段，从70年代初到80年代中期，约15年时间，在继续创办军事工业的同时，大力兴办民用企业，如轮船招商局、机器织布局等，重心转为"求富"。

第三阶段是衰败阶段，从80年代中期到90年代中期，约10年时间，以"海防"为重点，建立北洋水师等。1895年中日甲午战争北洋水师全军覆没，宣告了历时30多年的洋务运动破产。

洋务运动涉及经济、军事、文化教育、政治、外交等许多领域，虽然没能使中国走上富强的道路，但它引进西方一些近代科学技术，在客观上刺激了中国资本主义的发展，加速了封建生产关系的瓦解，对外国经济势力的扩张也起到了一定的抵

1 | 2

1. 李鸿章像
   Porträt von Li Hongzhang
2. 江南制造总局大门
   Amtssitz zur Erledigung aller Angelegenheiten in Bezug auf die Bewegung
   zur Verwestlichung

Die Verwestlichungsbewegung

Durch die Niederlagen bei den zwei Opiumkriegen und der Bauernbewegung Taiping Tianguo erkannten die Herrscher der Qing-Regierung ihre Existenzgefahr. In den 60er Jahren des 19. Jahrhunderts empfohlen hochrangige Beamte der Qing-Regierung, vertreten durch Zeng Guofan, Li Hongzhang, Zuo Zongtang und Zhang Zhidong, die moderne Wissenschaft und fortschrittliche Technik vom Westen zu lernen und zu übernehmen, mit dem Ziel, die Produktion zu entwickeln, dem Staat zu mehr Stärke und größerem Reichtum zu verhelfen und die feudale Herrschaft der Qing-Dynastie aufrechtzuerhalten. Die historische „Verwestlichungsbewegung".

Die Verwestlichungsbewegung durchlief drei Phasen.

In der ersten Phase, von Anfang der 60er Jahre bis zu Beginn der 70er Jahre, standen die Rüstungsfabriken zum „Starkwerden" im Mittelpunkt. Die Munitionsfabrik in Anqing, die Jiangnan-Werke in Shanghai, die Maschinenbaufabrik in Jinling (heute Nanjing), die Werft in Fuzhou, die Maschinenbaufabrik in Tianjin und die Maschinenbaufabrik in Xi'an wurden in dieser Zeit errichtet.

Anfang der 70er Jahre begann die „Entwicklungsphase" und dauerte bis Mitte der 80er Jahre. In diesen 15 Jahren wurden neben der Weiterentwicklung der Rüstungsindustrie viele Produktionsbetriebe für den zivilen Bedarf gegründet, zum Beispiel die Dampfschifffahrtsgesellschaft und die maschinelle Weberei. Der Schwerpunkt wurde aufs „Reichwerden" verlagert.

Die letzte Phase, Untergangsphase genannt, begann Mitte 80er Jahre und dauerte noch mal zehn Jahre. Der Schwerpunkt lag auf der „Küstenverteidigung", wofür eine nördliche Marine geschaffen wurde. 1894 erlitt die Qing-Regierung im Chinesisch-japanischen Krieg eine schwere Niederlage, bei dem die Marine im Norden vollständig versenkt wurde. Damit endete die 30 Jahre dauernde Verwestlichungsbewegung.

Die Verwestlichungsbewegung betraf die Wirtschaft, das Militär, die Kultur, die Bildung, die Politik und die Diplomatie. Zwar wurden die erhofften Ziele von Stärke und Reichtum für China nicht ganz erreicht, trotzdem wurden einige neue Technologien aus westlichen Ländern eingeführt, was objektiv betrachtet die kapitalistische Entwicklung Chinas stimulierte, den Zusammenbruch der feudalen Produktionsverhältnisse beschleunigte und die wirtschaftliche Expansion ausländischer Mächte in gewissem Maße einschränkte.

▶ 小资料　Kurzinformation

李鸿章（1823—1901年）

中国近代史上最有影响的人物之一。他是曾国藩的得意门生和重要助手，淮军创始人和统帅，洋务运动的主要倡导者。他多次领兵与太平军作战，和湘军一起镇压了太平天国。从19世纪60年代起，积极筹建新式军事工业，分别在上海、南京创立江南机器制造总局和金陵机器制造局等。1888年，建成北洋海军。在对外交涉中表现出严重的"惧外"倾向，始终坚持"委曲求全"的方针，曾多次代表清政府与外国列强签订不平等条约。

Li Hongzhang (1823 — 1901)

Li Hongzhang war ein hoher Beamter der späten Qing-Dynastie und gehört zu den einflussreichsten Persönlichkeiten der neueren Geschichte Chinas. Li Hongzhang war nicht nur der Lieblingsschüler und ein wichtiger Assistent von Zeng Guofan, dem Gründer und Befehlshaber der Anhui-Armee, er war auch ein wichtiger Initiator der Verwestlichungsbewegung. Li Hongzhang kommandierte seine Truppen in den Kämpfen gegen die Taiping-Armee und schlug mit der Hunan-Armee zusammen die Bauernbewegung Taiping Tianguo nieder. Von den 60er Jahren des 19. Jahrhunderts an beschäftigte er sich aktiv mit der Entwicklung moderner Rüstungsindustrie. Er gründete in Nanjing die Shanghaier - und die Jinling- Maschinenbaufabriken und im Jahr 1888 schuf er die Nördliche Marine. In den auswärtigen Beziehungen zeigte er sich äußerst „auslandsängstlich" und verfolgte meistens die politische Richtlinie des Kompromisses. In Vertretung der Qing-Regierung unterzeichnete er viele ungleiche Verträge mit ausländischen Mächten.

中日甲午战争与《马关条约》

Der Chinesisch-japanische Krieg von 1894 und der Vertrag von Shimonoseki

日本是中国的近邻。明治维新以后，日本的资本主义经济得到迅速发展，国力大大增强，侵略扩张的野心也越来越大。1894年（农历甲午年）7月，日本出兵朝鲜，并袭击中国运兵船，中日甲午战争爆发。

战争初期，清朝军队在朝鲜的平壤（Píngrǎng）与日军展开激战，清军战败，日军占领了平壤，战火烧到了中国境内。

9月17日，中国北洋水师10艘军舰在丁汝昌、刘步蟾（Liú Bùchán）的指挥下，与由12艘日舰组成的日本海军在黄海展开激战。虽然敌舰数量多、航速快、速射炮多，但中国海军大部分将士都英勇奋战。"致远"号弹药用尽、船身中炮后，舰长邓世昌命令开足马力撞击敌舰，结果军舰不幸被鱼雷击中沉没，邓世昌和全舰200多名官兵壮烈牺牲。"经远"舰舰长林永升也率领将士战斗到生命的最后一刻。经过几个小时的激战，北洋水师损失严重，日方军舰也受到重创。

11月，日军攻占了大连、旅顺，并在旅顺进行了疯狂的屠杀。在4天时间里，用各种极为残忍的手段杀害了18 000多名中国同胞。

1895年2月，日军攻占威海卫，北洋海军全军覆没。

1895年4月，李鸿章代表清政府与日本签订了丧权辱国的《马关条约》，中国赔偿日本军费白银2亿两，还把辽东半岛、台湾等地割让给日本（由于沙俄等国出面干涉，日本把辽东半岛归还中国。中国则给日本3 000万两白银，作为"赎辽费"）。

甲午战败后，中国半殖民地化的程度进一步加深了。

Der Chinesisch-japanische Krieg von 1894 und der *Vertrag von Shimonoseki*

Die kapitalistische Wirtschaft Japans entwickelte sich nach den Meiji-Reformen sehr schnell und Japan wurde auf internationaler Ebene immer wichtiger. Gleichzeitig wuchsen jedoch auch Japans Ambitionen auf Größe und damit seine Aggressivität. Im Juli 1894 (Jiawu-Jahr im chinesischen Bauernkalender) schickte Japan Truppen nach Korea und attackierte unterwegs chinesische Truppentransport – Schiffe, was schließlich zum Ausbruch des Chinesisch-japanischen Krieges führte.

Zu Kriegsbeginn kämpften die Truppen der Qing-Regierung in Pjöngjang gegen die japanische Armee und erlitten eine große Niederlage. Pjöngjang wurde von den Japanern besetzt. Kurz danach brannten die Flammen des Krieges auch in China.

Am 17. September fuhren auf dem Gelben Meer zehn Kriegsschiffe der Nördlichen Marine unter dem Kommando von Ding Ruchang und Liu Buchang in den erbitterten Kampf gegen zwölf japanische Kriegsschiffe. Die chinesische Marine verteidigte sich heldenhaft, trotz der großen Überlegenheit der feindlichen Kriegsschiffe. Deng Shichang, Kapitän des Kriegsschiffes „Zhiyuan", befahl seinen Matrosen, auch nachdem ihre Munitionen aufgebraucht und das Schiff von Geschossen getroffen war, mit Volldampf gegen ein feindliches Kriegsschiff zu stoßen. Dabei wurde das Kriegsschiff „Zhiyuan" torpediert und versank schließlich im Gelben Meer. Deng Shichang und seine 200 Matrosen ertranken. Auch Lin Yongsheng, Kapitän des Kriegsschiffs „Jingyuan", kämpfte zusammen mit seinen Offizieren und Soldaten bis zum letzten Atemzug in dem mehrere Stunden dauernden Kampf. Die Nördliche Marine musste schwere Verluste einstecken, aber auch die japanischen Kriegsschiffe wurden bei dem Kampf stark beschädigt.

Im November besetzten die japanischen Truppen Dalian und Lüshun. In Lüshun massakierten sie innerhalb von vier Tagen auf brutalste Weise mehr als 18 000 Chinesen.

Im Februar 1895 besetzten die japanischen Truppen Weihaiwei und versenkten die ganze Nördliche Marine.

Im April 1895 unterzeichnete Li Hongzhang in Vertretung der Qing-Regierung den demütigen *Vertrag von Schimonoseki*. Der Vertrag verpflichtete China u. a. dazu, eine Kriegsentschädigung von 200 Mio. Tael Silber an Japan zu entrichten, die Halbinsel Liaodong und Taiwan an Japan abzutreten. Dank dem Eingreifen Russlands und einigen anderen Ländern, wurde die Halbinsel Liaodong jedoch China bald zurückgegeben. Dafür forderten die Japaner aber eine weitere Entschädigung von 30 Mio. Tael Silber als „Lösegeld" für die Halbinsel Liaodong.

Die Niederlage des Chinesisch-japanischen Kriegs verlängerte Chinas Gesicht als Halbkolonie.

	3
1	---
	4
2	

1. 甲午抗日名将丁汝昌塑像
   Statue von Ding Ruchang, einem bekannten General während des Chinesisch-japanischen Krieges von 1894
2. 马关条约谈判现场
   Bei Verhandlungen vor Unterzeichnung des Vertrages von Shimonoseki
3. 山东威海甲午战争纪念馆甲午海战雕塑
   Gedenkhalle für den Chinesisch-japanischen Krieg von 1894 in Weihai, Provinz Shandong
4. 日军在旅顺残杀中国平民
   Japans Armee massakrierte in Lüshun die chinesische Zivilbevölkerung

戊戌变法

Die Reformbewegung von 1898

公元1895年，《马关条约》签订的消息传到北京。当时正在北京参加科举考试的康有为，联合1300多名考生一起给光绪皇帝上书，反对向日本求和，要求变法。上书虽然没有到达皇帝手中，但维新变法思想的影响迅速扩大。历史上称这一事件为"公车上书"。

康有为认为中国的危亡局势都是腐败的制度、落后的思想造成的。"公车上书"后，他和他的学生梁启超一起办报纸、组织强学会，宣传改革旧制、变法维新的新思想，在全国掀起了爱国救亡运动的高潮。

1898年，中国农历叫戊戌（wùxū）年，光绪皇帝终于

下决心重用维新派，在全国实行变法。变法的主要内容有：政治上改革旧机构；经济上保护、奖励工商业；教育上创办新学校，改革科举考试，学习西方的文化和科学技术等等。

以慈禧（Cíxǐ）太后为代表的守旧派不能容忍维新运动的发展，他们要捕杀维新派，并准备废掉光绪皇帝。维新派向手握重兵的袁世凯求救，但是却被袁世凯出卖了。1898年9月21日，慈禧太后发动政变，派人把光绪皇帝关了起来，同时抓捕维新党人。康有为、梁启超逃到了国外。另一位重要的维新党人谭嗣同（Tán Sìtóng）本来也有机会逃走，但他说："各国变法，没有不流血的，而中国还没有为变法而流血的人，所以国家不强盛，今天就从我开头吧。"不久，谭嗣同、康广仁等六人被杀害，历史上称他们为"戊戌六君子"。

戊戌变法从光绪皇帝颁布诏书宣布实行变法到政变发生、变法失败，一共只有103天，所以又叫"百日维新"。

1. 光绪皇帝像
   Porträt des Qing-Kaisers Guangxu
2. 玉澜堂（慈禧太后软禁光绪的地方）
   Das Gebäude Yulantang, in dem die Kaiserinwitwe Cixi den Kaiser Guangxu arrestieren ließ
3. 梁启超像
   Porträt von Liang Qichao
4. 谭嗣同像
   Porträt von Tan Sitong

Die Reformbewegung von **1898**

Als 1895 die Unterzeichnung des *Vertrags von Schimonoseki* in Beijing bekannt wurde, sandte Kang Youwei, der gerade an den Provinzexamen teilnahm, gemeinsam mit 1300 Examenskandidaten eine Petition an Kaiser Guangxu. In der Petition drückten sie ihre Opposition gegen den Vertrag aus und forderten eine Reform. Die Petition erreichte den Kaiser zwar nicht, aber die Reformgedanken hatten sich schnell verbreitet. In der chinesischen Geschichte wird der Vorfall als die „Petition der Kandidaten der Provinzexamen" bezeichnet.

Kang Youwei war der Ansicht, die kritische Lage Chinas sei auf das korrupte System und die rückständige Ideologie zurückzuführen. Nach dem Vorfall der „Petition von den Examenskandidaten" publizierte er mit seinem Schüler Liao Qichao zusammen verschiedene Zeitungen und organisierte eine Akademie (Qiang Xue Hui) zum Studium der Reformen der alten Staatssysteme. So wurde im ganzen Land die Lehre zur patriotischen Rettung des Vaterlands kundgemacht und stieß auf große Begeisterung.

Das Jahr 1898 wird im chinesischen Bauernkalender das Wuxu-Jahr genannt. In diesem Jahr beschloss Kaiser Guangxu schließlich, einige der Reformisten als Beamte einzusetzen und die Reform im ganzen Land durchzuführen. Auf politischer Ebene wurde eine institutionelle Reform eingeführt; im Wirtschaftsbereich wurden das

Handels- und Industriewesen besser geschützt und weiter entwickelt; für das Bildungswesen wurden moderne Schulen gegründet und das ursprüngliche Keju-Prüfungssystem abgeschafft sowie westliche Kulturen, Wissenschaft und Technik ins Bildungsprogramm aufgenommen.

Die Konservativen, vertreten durch die Kaiserinwitwe Cixi, konnten die Reformbewegung nicht dulden. Sie wollten die Reformisten zunichte machen und Kaiser Guangxu entthronen. Die Reformistengruppe wandte sich an Yuan Shikai, der große Truppenkontigente in den Händen hatte, wurde aber von ihm verraten. Am 21. September 1898 inszenierte Cixi einen Palastputsch, ließ Kaiser Guangxu arrestieren und die Reformisten gefangen nehmen. Kang Youwei und Liang Qichao flohen ins Ausland. Ein weiterer wichtiger Reformist Tan Sitong hätte eigentlich auch fliehen können, er meinte aber: „In allen anderen Ländern gab es Leute, die ihr Blut für die Reform hergaben, nur nicht in China. Deshalb ist China nicht stark geworden. Heute wird sich das mit mir ändern!" Kurz danach wurden er und fünf andere Reformisten hingerichtet. In der Geschichte werden sie „die sechs edlen Wuxu-Männer" genannt.

Vom Erlass der kaiserlichen Edikte zur Reformerklärung bis zur Niederlage waren 103 Tage vergangen, daher ging sie als „Reform der hundert Tage" in die Geschichte ein.

▶ 小资料 Kurzinformation

慈禧太后（1835—1908年）
又称西太后。原为咸丰皇帝的妃子。1861年，咸丰去世，6岁的同治皇帝即位。慈禧作为同治皇帝的母亲垂帘听政，掌握了国家大权。1875年同治病死，5岁的光绪皇帝即位，仍由慈禧太后听政。慈禧太后是同治、光绪两朝实际的统治者。

Kaiserinwitwe Cixi (1835—1908)
Kaiserinwitwe Cixi, auch „Kaiserinmutter Xi" genannt, war zunächst eine Konkubine des Qing-Kaisers Xianfeng. 1861 starb Kaiser Xianfeng und Kaiser Tongzhi stieg im Alter von sechs Jahren auf den Thron. Als Mutter des Kaisers Tongzhi erledigte Cixi die Staatsgeschäfte hinter einem Vorhang und hatte de facto die Staatsmacht in der Hand. 1875 starb Kaiser Tongzhi an einer Krankheit, der fünfjährige Guangxu bestieg den Thron. Die Kaiserwitwe Cixi führte weiter hinter dem Vorhang die Regierungsgeschäfte. Sie war die wirkliche Herrscherin in den Regierungszeiten Tongzhi und Guangxu.

1	3
2	

1. 山东青岛康有为故居
   Ehemaliger Wohnsitz von Kang Youwei in Qingdao, Provinz Shandong
2. 康有为像
   Porträt von Kang Youwei
3. 慈禧太后像
   Porträt der Kaiserinwitwe Cixi

义和团 运动

Die Yihetuan-Bewegung

鸦片战争以后，外国传教士凭借不平等条约给他们的特权，强占中国的大量田地、房屋、庙宇，极力扩大教会势力。每当教民与平民发生矛盾时，教会总是无视中国法律，无条件地庇护教民。外国教会与中国平民之间的矛盾越来越尖锐。

1898年，在民间习武组织义和拳的基础上，山东兴起了反教会、反侵略的义和团运动。义和团遭到清军的严厉镇压。1900年，山东、河北两省义和团联合起来向北京进军。由于这场爱国运动得到了人民群众的广泛支持，义和团队伍迅速壮大。慈禧太后害怕继续镇压会危及自己的统治，于是想利用义和团来对付外国势力，暂时承认了义和团的合法地位。义和团先后进入北京、天津城内。

义和团运动的发展引起了外国势力的极大恐慌。他们先是逼迫清政府镇压，后来看到

清政府无法控制局面，就决定出兵。1900年6月，英、美、德、法、俄、日、意、奥八国组成联军向北京进犯。清政府向列强宣战。义和团与八国联军展开了激烈的战斗。但由于清政府缺乏坚定的抗敌决心，而义和团又组织松散，且作战的方式和武器都十分落后，最后只能归于失败。8月，北京陷落。慈禧太后带光绪皇帝逃到西安。八国联军在北京烧杀抢掠，犯下了滔天罪行。

　　为了向列强求和，清政府出卖了义和团，宣布义和团是"拳匪"，并与外国军队勾结一起绞杀义和团运动。1901年9月，列强强迫清政府签订了卖国的《辛丑条约》。从此以后，清政府完全成为帝国主义列强控制中国的工具。

$\dfrac{1 \quad | \quad 3}{2}$

1. 武装起来的义和团员
   Bewaffnete Mitglieder von Yihetuan
2. 八国联军入侵部队在大沽
   Das aggressive Acht-Staaten-Heer in Dagu
3. 被捕后视死如归的义和团民
   Verhaftete Yihetuan-Mitglieder sahen dem Tod ruhig entgegen

Die Yihetuan-Bewegung

Nach dem Opiumkrieg besetzten ausländische Missionare, gestützt auf die ihnen in den ungleichen Verträgen eingeräumten Sonderrechte, große Flächen Ackerfelder, zahlreiche Häuser und Tempel und vergrößerten mit allen Mitteln die kirchliche Macht. Immer wenn es Widersprüche zwischen den Gläubigen und den einfachen Leuten gab, beschirmte die Kirche bedingungslos und ungeachtet der chinesischen Gesetze ihre Anhänger, so dass sich die Widersprüche zuspitzten.

Auf der Grundlage der nichtstaatlichen Wushu-Organisation Yihequan (Faust der Gerechtigkeit und Harmonie) entstand 1898 in Shangdong die Yihetuan-Bewegung, die sich gegen die Kirche und die Aggressionen wehrte. Die Bewegung wurde von den Qing-Truppen mit Gewalt unterdrückt. Im Jahr 1900 marschierten die Yihetuan-Mitglieder aus Shangdong und Hebei gemeinsam nach Beijing. Ihre patriotische Bewegung fand alsbald Unterstützung bei der Bevölkerung und die Zahl der Mitglieder stieg rapide an. Kaiserinwitwe Cixi fürchtete eine Bedrohung ihrer Herrschaft. Sie wollte jedoch Yihetuan zum Kampf gegen ausländische Mächte ausnutzen und anerkannte vorübergehend die legale Stellung von Yihetuan. Die Yihetuan Anhänger fanden Einlass in Beijing und Tianjin.

Die Entwicklung der Yihetuan-Bewegung löste im Ausland große Angst aus. Die ausländischen Machthaber wollten die Qing-Regierung zur Unterdrückung der Yihetuan zwingen, bemerkten aber bald, dass die Qing-Regierung dazu nicht in der Lage war, und beschlossen deshalb eigene Truppen zu entsenden. Im Juni 1900 bildeten die acht Staaten Großbritannien, die USA, Deutschland, Frankreich, Russland, Japan, Italien und Österreich ein gemeinsames Heer und zogen zum Angriff Richtung Beijing. Die Qing-Regierung weigerte sich jedoch, mit den acht Staaten zusammen zu kämpfen. Yihetuan wehrte sich heftige gegen das 8-Staaten-Heer. Da sich jedoch die Qing-Regierung nicht für eine Seite entschließen konnte, Yihetuan eine noch sehr instabile Organisation war und zudem ihre Waffen und Kampfweisen eher rückständig waren, endete ihr Kampf mit einer Niederlage. Im August fiel Beijing. Die Kaiserinwitwe Cixi floh mit Kaiser Guangxu nach Xi'an. Die darauf folgenden Plünderungen der verbündeten Streitkräfte in der Stadt Beijing waren unverzeihliche und unvergessliche Verbrechen.

Um sich mit den 8 Staaten wieder gut zu stellen, verriet die Qing-Regierung Yihetuan, nannte die Yihetuan-Mitglieder „Boxerbanditen" und bat die ausländischen Streitkräfte, Yihetuan zu vernichten. Im September 1901 zwangen die 8 Staatsmächte die Qing-Regierung zur Unterzeichnung des *Internationalen Protokolls von 1900*, wodurch die Qing-Regierung ein Werkzeug der imperialistischen Mächte zur Kontrolle über China wurde.

1 | 2
| 3

1. 签订《辛丑条约》的场景
   Während der Unterzeichnung der *Internationalen Protokoll von 1901*
2. 八国联军在大沽口登陆
   Das Acht-Staaten-Heer landete im Hafen Dagu
3. 战斗中被击毁的清军炮阵地
   Im Krieg zerstörte Artilleriestellung der Qing-Armee

▶ 小资料 Kurzinformation

庚子赔款
根据《辛丑条约》的规定，清政府要向侵略者支付战争赔款4.5亿两白银，分39年还清，本息合计9.8亿两。由于八国联军入侵北京发生在1900年，农历为庚子（gēngzǐ）年，所以这笔巨额赔款又称"庚子赔款"。

Die Boxer-Entschädigung
Gemäß dem *Internationale Protokoll von 1901* hatte die Qing-Regierung innerhalb 39 Jahren eine Entschädigung von insgesamt 450 Mio. Tael Silber an die Aggressoren zu entrichten. Zusammen mit den Zinsen betrug die Gesamtsumme 980 Mio. Tael Silber. Das Jahr 1900, in dem die verbündeten Streitkräfte der acht Staaten in Beijing eindrangen, war nach dem chinesischen Bauernkalender das Gengzi-Jahr, daher wird die Entschädigung auch „Gengzi-Entschädigung" genannt.

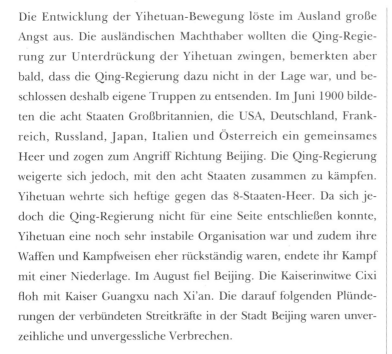

孙中山 与辛亥革命

Sun Yat-sen und die Revolution von 1911

孙中山，1866年出生，广东省香山县（今中山市）人。小时候喜欢听洪秀全的故事，非常崇拜这位敢于反抗清政府、创立新秩序的英雄。12岁时，孙中山到夏威夷，接触和学习到了西方的科学文化知识。通过读华盛顿（George Washington）和林肯（Abraham Lincoln）的传记，他进一步坚定了为国家和民族的大业而奋斗的志向。

1894年，孙中山在檀（tán）香山的爱国华侨中组织了一个反清革命团体——兴中会。1905年，孙中山又在日本联合一些革命团体的成员成立了全国规模的统一革命政党——中国同盟会，立志要推翻清政府，振兴中华，建立资产阶级民主共和国。孙中山还将他的革命理想概括为"民族、民权、民生"的"三民主义"。

孙中山和革命党人秘密组织了多次武装起义，但都失败了。大批革命党人献出了宝贵的生命，但他们的精神激励着国内外的爱国志士继续奋斗。

1911年10月10日，长期在军队中开展革命活动的湖北革命团体文学社和共进会联合发动了武昌起义，取得成功。武昌起义的胜利掀起了革命的高潮，各省纷纷响应。一个多月当中，共有十多个省宣布独立，清王朝的统治迅速崩溃。1911年是中国农历辛亥（xīnhài）年，历史上把这场推翻清朝统治的斗争叫辛亥革命。

1 | 2
　　| 3

1. 孙中山像
   Porträt von Sun Yat-sen
2. 广州黄花岗七十二烈士陵园
   Friedhof für die 72 Märtyrern von Huanghuagang in Guangzhou
3. 江苏南京临时大总统孙中山办公室
   Büro des Provisorischen Präsidenten Sun Yat-sen in Nanjing, Provinz Jiangsu

1911年12月，孙中山回国。由于他对革命事业作出的巨大贡献和他在革命党人当中的崇高威望，孙中山被推选为临时大总统。1912年1月1日，孙中山在南京宣誓就职，中华民国临时政府成立。

中华民国成立不久，袁世凯在帝国主义的支持下，逼走孙中山，窃取了临时大总统的职位，政权落入腐败的北洋军阀（jūnfá）的手中。为了对抗北洋军阀的统治，1912年8月，以中国同盟会为主的6个政治团体在北京合并，成立了中国国民党，孙中山被选为理事长。

▶ 小资料 Kurzinformation

黄花岗七十二烈士
1911年4月，革命党人在广州组织反对清政府的武装起义。起义之前，爱国华侨捐助了大量钱物，有的爱国华侨还回到广州，与国内的革命党人一起组成"敢死队"。起义遭到惨重失败，72人牺牲。烈士的遗体被合葬在广州黄花岗。这次起义也被称为"黄花岗起义"。七十二烈士的精神激励着爱国志士继续进行反清斗争。

Die 72 Märtyrer von Huanghuagang
Im April 1911 organisierten Revolutionäre in Guangzhou einen Aufstand. Patriotische Überseechinesen halfen mit großen Mengen Geld und Material, viele kamen eigens nach Guangzhou zurück. Sie bildeten mit den inländischen Revolutionären zusammen Selbstmordkommandos und beteiligten sich am Aufstand. Nach dem misslungenen Aufstand wurden die 72 Leichen der Märtyrer in einem Gemeinschaftsgrab in Huanghuagang bei Guangzhou begraben. Daher wird der Aufstand als der „Huanghuagang-Aufstand" bezeichnet. Der Geist der 72 Märtyrer spornte jedoch im In- und Ausland patriotisch gesinnte Persönlichkeiten zum weiterkämpfen gegen die Qing-Regierung an.

Sun Yat-sen und die Revolution von 1911

Sun Yat-sen wurde 1866 im Kreis Xiangshan (heute Stadt Zongshan) in der Provinz Guangdong geboren. In seiner Kindheit hörte er gern die Geschichten von Hong Xiuquan und verehrte diesen Helden, der gegen die Qing-Regierung gekämpft und ein neues Reich gegründet hatte. Im Alter von 12 Jahren ging Sun Yat-sen nach Hawaii. Dort bekam er eine westliche Bildung. Die Lieblingsbücher von Sun Yat-sen waren die Biographien von George Washington und Abraham Lincoln. Das Leben und die Denkweise dieser großen Persönlichkeiten festigten seine Ambition, für den Staat und die Einwohner zu kämpfen.

1894 bildete Sun Yat-sen in Honolulu unter den patriotischen Überseechinesen eine revolutionäre Organisation – die Gesellschaft für die Erneuerung Chinas (Xing Zhong Hui), deren Ziele sich gegen die Qing-Regierung richteten. Im Jahr 1905 gründete er mit den Mitgliedern einiger revolutionärer Organisationen in Japan eine vereinte nationale Revolutionspartei, die Chinesische Revolutionäre Liga (Tong Meng Hui). Ihr Ziel war es, die Qing-Regierung zu stürzen, China zu neuem Aufschwung zu verhelfen und eine bürgerlich-demokratische Republik zu gründen. Sun Yat-sens Parole hieß: Nationalismus, Demokratie und Volkswohl.

Sun Yat-sen und andere Revolutionäre organisierten mehrere geheime bewaffnete Aufstände, die aber scheiterten. Viele Revolutionäre verloren dabei ihr Leben. Ihr Geist spornte aber im In- und Ausland patriotisch gesinnte Persönlichkeiten zum weiteren Kampf an.

Am 10. Oktober 1911 starteten zwei revolutionäre Organisationen aus der Provinz Hubei, die Literatur-Vereinigung (Wen Xue She) und die

Gesellschaft für den Gemeinsamen Fortschritt (Gong Jin Hui), einen Aufstand in Wuchang und waren erfolgreich. Der Sieg des Wuchang-Aufstandes brachte neuen Aufschwung der Revolution, so dass in weniger als zwei Monaten mehr als zehn Provinzen ihre Unabhängigkeit erklärten und die Herrschaft der Qing-Dynastie innert kurzer Zeit zusammenbrach. Das Jahr 1911 ist nach dem chinesischen Bauernkalender

das Xinhai-Jahr, daher wird die Revolution, die zum Sturz der Qing-Regierung führte, die Xinhai-Revolution genannt.

Im Dezember 1911 kehrte Sun Yat-sen nach China zurück. Aufgrund der großen Beiträge, die er zur revolutionären Sache geleistet hatte und wegen seines hohen Ansehens unter den Revolutionären wurde Sun Yat-sen zum Provisorischen Präsidenten gewählt. Am 1. Januar 1912 legte er in Nanjing den Eid für das Präsidentenamt ab und verkündete die Gründung der provisorischen Regierung der Republik China.

Kurz nach der Gründung der Republik China zwang Yuan Shikai, mit Unterstützung der Imperialisten, Sun Yat-sen zum Rücktritt und eignete sich das Amt des provisorischer Präsidenten an. Somit fiel die Macht in die Hände der korrupten Nördlichen Militärmachthaber. Zu deren Widerstand wurden im August 1912 in Beijing sechs Organisationen, darunter die Chinesische Revolutionäre Liga zur Gründung der Kuomintang zusammengeschlossen. Sun Yat-sen wurde zum Vorstandsvorsitzenden gewählt.

1 | 2 / 3

1. 武昌起义军政府旧址
   Ehemaliger Sitz der Militärregierung während des Aufstands in Wuchang
2. 秋瑾塑像
   Statue von Qiu Jin
3. 1912年1月1日，孙中山在南京宣誓就职时的誓词
   Sun Yat-sen legte am 1. Januar 1912 in Nanjing den Eid als Präsident ab

▶ 小资料　Kurzinformation

秋瑾

浙江省绍兴人，是中国近代史上最著名的女英雄。她在日本留学时参加了革命党。秋瑾喜欢身着男装，骑马练剑，被人称为"鉴湖女侠"。公元1907年，秋瑾在浙江准备发动起义，不幸被捕，英勇牺牲。

Qiu Jin

Qiu Jin, aus Shaoxing in der Provinz Zhejing, war die berühmteste Heldin in der Geschichte der Neuzeit Chinas. Während ihres Studiums in Japan, wurde sie Mitglied der revolutionären Parte. Qiu Jin trug gerne Männerkleidung, konnte ausgezeichnet reiten und war geübt im Umgang mit dem chinesischen Schwert. Sie wurde auch „die Ritterin Jianhu" genannt. Im Jahr 1907 plante Qiu Jin in Zhejiang einen Aufstand, wurde aber verhaftet und dann getötet.

"五四"运动

Die 4. Mai Bewegung

1918年，第一次世界大战结束，德国战败。1919年，英、法、美等国在巴黎召开"巴黎和会"，中国作为战胜国之一也参加了。会上，中国代表团提出从德国手中收回山东的主权，但是这个合理的要求被拒绝了，列强决定把德国在山东的特权转交给日本，强迫中国代表签字。

消息传来，全国人民万分悲愤。1919年5月4日，北京大学等十几所北京的大专院校的学生在天安门集会，呼喊"还我青岛"、"打倒卖国贼"等口号抗议示威。愤怒的学生还冲进卖国贼曹汝霖（Cáo Rǔlín）的家，痛打了正在曹家的驻日公使章宗祥，并放火烧了曹宅。北洋政府派军警镇压，抓走了30多名学生。

第二天，北京大学生开始罢课，他们走上街头进行爱国讲演和宣传。山东、天津、上海等地的学生也纷纷起来声援。反动的北洋政府逮捕了近千名学生，激起了全国人民更大的愤怒。6月，上海工人首先罢工，支持学生的爱国行为。接着，学

1 | 2

1. 北大红楼（北京大学旧址，现为新文化
   运动纪念馆）
   Das rote Gebäude der Beida (ehemaliger
   Sitz der Peking-Universität, dient heute als
   Gedenkhalle für die Neue Kulturbewegung)
2. 今北京大学校门
   Westtor der Peking-Universität

生罢课、工人罢工、商人罢市
的运动在全国展开。同时，在
巴黎参加和会的中国代表团收
到几千份全国各界群众要求
他们拒签和约的通电。6月28
日，旅居法国的华侨和留学生
还包围了中国代表团的住所，
不让他们在卖国条约上签字。
在巨大的压力面前，北洋政府
只好释放了爱国学生，撤了卖
国贼曹汝霖、章宗祥、陆宗舆
（Lù Zōngyú）的官职，中国
代表团也拒绝在条约上签字，
"五四"运动取得了胜利。

　　"五四"运动的意义不
仅仅在外交方面。在运动发生
前的几年中，具有民主与科学
精神的新思想、新文化在以北
京大学为中心的知识界迅速传
播。"五四"以后，新的政治
力量开始萌芽，中国历史进入
了一个新的阶段。

▶ 小资料　Kurzinformation

北京大学

北京大学的前身是京师大学堂，1898年作为戊戌变法的"新政"措施之一正式建立，
是中国近代最早由国家创办的大学。20世纪初年，北京大学是新文化运动的中心和
"五四"运动的策源地，具有爱国、进步、民主、科学的传统精神和勤奋、严谨、求
实、创新的学风。中华人民共和国成立后，北京大学成为一所以文理基础教学和研究为
主的、著名的综合性大 学，为国家培养了大批人才。

Die Peking-Universität

Die Vorgängerin der Peking-Universität war die 1898 gegründete Jingshi Daxuetang, die erste
staatliche Universität Chinas. Die Gründung der Jingshi Daxuetang gehörte zu den Maßnahmen der
„neuen Politik" während der Reformbewegung von 1898. Die Peking -Universität wurde am Anfang
des 20. Jahrhunderts zum Mittelpunkt der neuen Kultur und Ausgangspunkt der 4. Mai Bewegung. Die
Universität vertrat die traditionellen Methoden des Patriotismus, propagierte den Fortschritt, die Demokratie und die Wissenschaft und legte großen Wert auf Fleiß, Gewissenhaftigkeit, Sachlichkeit und
Aufbau durch Bildung. Nach der Gründung der VR China gab es im ganzen Land Neustrukturierungen
bei den Universitäten und Hochschulen. Die Peking-Universität wurde zu einer Universität, bei der
Geistes-und Naturwissenschaften aber auch die Forschung im Mittelpunkt standen. Große Talente,
anerkannte Fachleute und Spezialisten ganz Chinas wurden an der Peking Universität ausgebildet.

Die 4. Mai Bewegung

1918 endete der Erste Weltkrieg mit der Niederlage Deutschlands und im folgenden Jahr fanden in Paris „Friedensverhandlungen" zwischen Großbritannien, Frankreich, der USA sowie einigen anderen Ländern statt. Unter den Siegermächten war auch China an den Verhandlungen beteiligt, bei denen die chinesische Delegation aufforderte, ihre Rechte in Shangdong von Deutschland zurückzunehmen. Diese verständliche Forderung wurde jedoch abgelehnt. Die westlichen Mächte beschlossen, die Sonderrechte Deutschlands in Shangdong an Japan weiter zu geben, und beharrten darauf, dass die chinesische Delegation diesen Beschluss unterzeichnete.

Der Beschluss der Friedensverhandlungen war für das chinesische Volk unter keinen Umständen akzeptabel und so versammelten sich am 4. Mai 1919 die Studenten von über zehn Universitäten und Hochschulen auf dem Tian'anmen-Platz in Beijing. Sie protestierten heftig gegen den Beschluss und demonstrierten ihren Groll mit Worten wie „Gebt uns Qingdao zurück!" und „Bestraft die Landesverräter!" Die zornigen Studenten stürmten ins Haus des Landesverräters Cao Rulin, verprügelten Zhang Zongxiang, den chinesischen Gesandten in Japan, der sich im Haus von Cao Rulin versteckte. Die Studenten steckten Caos Haus in Brand. Die Regierung der Nördlichen Militärmachthaber schickte Polizisten zur Unterdrückung der Studentenbewegung. Mehr als 30 Studenten wurden festgenommen.

Am nächsten Tag begannen die Studenten Beijings mit dem Unterrichtsstreik. Sie gingen auf die Straßen, hielten patriotische Reden und propagierten ihre Ideen. Sie erhielten Unterstützung von den Studenten in Shangdong, Tianjin und Shanghai. Die reaktionäre Regierung der Nördlichen Militärmachthaber verhaftete nahezu 1000 Studenten, was noch größere Empörung im ganzen Land hervorrief. Im Juni streikten die Arbeiter in Shanghai, um den patriotischen Studenten ihre Unterstützung zu beweisen. Kurz

darauf traten die Studenten, Arbeiter und Kaufleute im ganzen Land
in den Streik. Gleichzeitig erhielt die chinesische Delegation, die an
den Pariser Friedensverhandlungen teilgenommen hatte, mehrere
tausend offene Telegramme, in denen von allen Gesellschaftsschich-
ten die strikte Ablehnung der Unterzeichnung gefordert wurde. Am
28. Juni umstellten Überseechinesen und chinesische Studierende in
Frankreich den Wohnsitz der chinesischen Delegation, um sie an der
Unterzeichnung zu hindern. Auf diese Weise unter Druck gesetzt, sah
sich die Regierung der Nördlichen Militärmachthaber gezwungen,
die verhafteten Studenten freizulassen und die drei Landesverräter
Cao Rulin, Zhang Zongxiang und Lu Zongyu ihrer Ämter zu enthe-
ben. Die chinesische Delegation lehnte auch die Unterzeichnung des
Versaille-Vertrags ab, was den Sieg der 4. Mai Bewegung bedeutete.

Die Bedeutung der 4. Mai Bewegung zeigt sich nicht nur in der
Diplomatie. Schon in den Jahren vor der Bewegung verbreiteten sich
demokratische und wissenschaftliche Ideen einer neuen Zivilisation
in intellektuellen Kreisen mit der Peking-Universität als Mittelpunkt.
Nach der 4. Mai Bewegung entwickelten sich neue politische Kräfte
und die chinesische Gesellschaft trat in eine neue Phase ein.

$$\frac{1\ \left|\ 2\right.}{3}$$

1. "五四"运动时学生使用的纪念章
   Die Gedenkplakette, die Studenten
   während der 4. Mai-Bewegung trugen
2. 北京天安门广场人民英雄纪念碑 "五四"
   运动浮雕
   Relief zum Gedenken an die 4. Mai-
   Bewegung am Denkmal der Volkshelden
   auf dem Tian'anmen–Platz, Beijing
3. "五四"运动中示威游行的青年学生
   Studentendemonstration der 4. Mai-
   Bewegung

中国共产党的成立

Die Gründung der Kommunistischen Partei Chinas

1. 上海中共"一大"会址
   Stätte des 1. Parteitages der KP Chinas in Shanghai
2. 中国共产党建党初期的毛泽东
   Mao Zedong zur Anfangszeit der Gründung der KP Chinas
3. 浙江嘉兴南湖游船内景(中国共产党第一次全国代表大会从上海移到此处举行)
   Der 1. Parteitag der KP Chinas wurde von Shanghai nach Jiaxing verlegt und auf einem Touristenschiff auf dem Nanhu-See fortgesetzt

1917年，俄国发生了十月革命，建立了世界上第一个社会主义国家。十月革命的胜利和社会主义思想引起了中国先进分子的高度关注。中国人民从十月革命的光辉实践中找到了马克思主义这一锐利的思想武器。

1919年，中国工人阶级积极参加"五四"爱国运动，并对斗争取得最后的胜利起到了重要作用，使全社会看到了劳动人民的力量。"五四"运动后，具有初步共产主义思想的知识分子主张以马克思主义为指导，依靠工人阶级，通过革命的方式来推翻旧制度，建立新社会。

1920年8月，陈独秀、李达、李汉俊等在上海发起成立中国第一个共产党组织。10月，李大钊（Lǐ Dàzhāo）、张国焘（Zhāng Guótāo）、邓中夏等在北京成立了共产党组织。此后，湖北、山东、广东、湖南等省也相继成立了共产党组织，甚至在法国的中国留学生也成立了共产党组织。各地共产主义小组都积极进行建立统一的全国性共产党组织的准备工作。

1921年7月23日，毛泽东、何叔衡、董必武等来自全国各地的十多位代表在上海秘密召开中国共产党的成立大会，也是中国共产党第一次全国代表大会。会议讨论通过了中国共产党的纲领，确定中国

共产党的奋斗目标是：以无产阶级的革命军队推翻资产阶级，建立无产阶级专政，废除私有制，最终消灭阶级差别。大会选举陈独秀、张国焘、李达组成中央局，陈独秀为中央局书记。会议进行到7月30日时，会场受到了警察的搜查和密探的注意。为了安全，代表们离开上海，转移到浙江嘉兴南湖的一条游船上继续开会。

这次会议后，在中国的政治舞台上，正式出现了一支崭新的力量——中国共产党，它给灾难深重的中国人民带来了光明和希望。

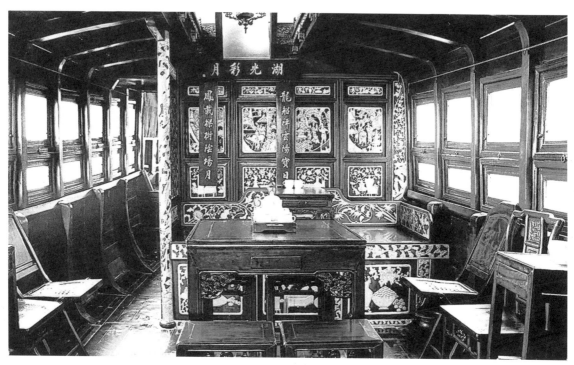

Die Gründung der
Kommunistischen Partei Chinas

1 917 brach in Russland die Oktoberrevolution aus und der erste sozialistische Staat weltweit wurde gegründet. Die chinesischen Verteidiger des Fortschritts schenkten der Oktoberrevolution und der sozialistischen Ideologie große Aufmerksamkeit. Das chinesische Volk entdeckte in der Oktoberrevolution den Maxismus und den Leninismus als starke ideologische Waffe.

1919 nahmen die chinesischen Arbeiter aktiv an der patriotischen 4. Mai Bewegung teil und spielten dank ihrer gemeinsamen Kraft eine bedeutende Rolle auf dem Weg zum Sieg. Nach der 4. Mai Bewegung traten die Intellektuellen mit ihren neuen kommunistischen Gedanken für den Sturz des alten Systems ein und plädierten für einen Aufbau einer neuen Gesellschaft.

Im August 1920 gründeten Cheng Duxiu, Li Da, Li Hanjun und andere in Shanghai die erste kommunistische Vereinigung Chinas und 3 Monate später gründeten Li Dazhao, Zhang Guotao, Deng Zhongxia

und andere auch in Beijing eine kommunistische Vereinigung. Kurz darauf wurden auch in Hubei, Shandong, Guangdong und Hunan kommunistische Gruppierungen ins Leben gerufen. Sogar in Frankreich haben die chinesischen Studierenden eine kommunistische Gruppe gegründet. Sie alle bereiteten aktiv die Gründung einer einheitlichen kommunistischen Partei der Nation vor.

Am 23. Juli 1921 veranstaltete die Kommunistische Partei Chinas insgeheim ihren ersten Parteitag in Shanghai. Mehr als zehn Teilnehmer, darunter Mao Zedong, He Shuheng und Dong Biwu, vertraten die Parteimitglieder aus allen Teilen Chinas. Dabei wurde über die kommunistischen Tätigkeiten in allen Teilen Chinas berichtet. Beim ersten Parteitag wurden die Statuten der Partei niedergeschrieben und von den Anwesenden angenommen. Ihre Ziele waren: Mit Hilfe der proletarischen Revolutionsarmee, die Herrschaft der Bourgeoisie zu stürzen und eine Diktatur des Proletariats zu errichten, das Privateigentum abzuschaffen und schließlich die Klassenunterschiede zu beseitigen. Der Parteitag wählte den von Chen Duxiu, Zhang Guotao und Li Da gebildeten Leitungsapparat mit Chen Duxiu als Generalsekretär. Am 30. Juli wurde der Sitzungsort von der Polizei durchsucht und wurde von da an regelmäßig beobachtet. Sicherheitshalber verließen die Abgeordneten Shanghai und führten die Sitzung auf einem Touristenschiff auf dem Nanhu-See in Jiaxing in der Provinz Zhejiang fort.

Nach dem Parteitag trat auf der politischen Bühne der chinesischen Gesellschaft eine neue Kraft auf – die Kommunistische Partei Chinas. Sie brachte dem in Not und Elend lebenden chinesischen Volk Licht und neue Hoffnung.

2
1

1. 浙江嘉兴南湖
   Nanhu-See in Jiaxing in der Provinz Zhejiang
2. 就义前的李大钊
   Porträt von Li Dazhao

▶ 小资料 Kurzinformation

李大钊（1889—1927年）
李大钊，河北乐亭人，北京大学经济系教授和图书馆主任，《新青年》杂志编辑，中国最早的马克思主义者，中国共产党的创始人之一。1920年在北京组织共产党的早期组织。中国共产党成立后，他负责北方区党的工作。第一次国共合作期间，在帮助孙中山确定联俄、联共、扶助农工三大政策和改组国民党的工作中，起了重要作用。在中国共产党第二、三、四次代表大会上，均当选为中央委员。1927年4月被军阀张作霖逮捕，在北京英勇就义。

Li Dazhao (1889—1927)
Li Dazhao wurde in Leting in der Provinz Hebei geboren. Er war Professor der Abteilung für Ökonomie und Leiter der Bibliothek an der Peking-Universität, Redakteur des Magazins *Neue Jugend*, und zählte zu den ersten Marxisten in China und den Gründern der Kommunistischen Partei Chinas. 1920 gründete er in Beijing eine kommunistische Gruppe. Nach der Gründung der Kommunistischen Partei Chinas war er für die Parteiarbeit Nordchinas verantwortlich. Bei der ersten Zusammenarbeit zwischen der Kuomintang und der Kommunistischen Partei leistete er einen wesentlichen Beitrag bei der Festlegung der drei Großen Politischen Richtlinien-Bündnis mit Russland, Bündnis mit den Kommunisten und Unterstützung der Bauern und Arbeiter, sowie bei der Umstrukturierung der Kuomintang. Auf dem zweiten, dritten und vierten Parteitag wurde er wiederholt als Mitglied des Zentralkomitees gewählt. Im April 1927 wurde Li Dazhao vom Kriegsherren Zhang Zuolin festgenommen und starb als Märtyrer.

第一次 国共合作

Die erste Zusammenarbeit zwischen der Kuomintang und der Kommunistischen Partei

20世纪20年代初，为了推翻北洋军阀和帝国主义在中国的统治，正在苦苦寻找正确革命道路的孙中山，得到了共产国际、苏俄和中国共产党的真诚帮助。他接受共产国际代表马林等人的建议，欢迎中国共产党同他合作，同意共产党员以个人身份加入国民党。中国共产党方面也于1923年6月召开第三次全国代表大会，集中讨论共产党员加入国民党问题，正式确定了国共合作的方针。

经过一系列的准备工作之后，1924年1月，中国国民党第一次全国代表大会在广州召开，李大钊、毛泽东等共产党员也参加了会议。大会正式确立了联俄、联共、扶助农工的三大政策，重新解释了三民主义，改组了国民党，第一次国共合作正式形成。

国共合作的建立，推动了反对军阀黑暗统治的国民革命高潮的到来。

▶ 小资料 Kurzinformation

省港大罢工

1925年5月，英、日帝国主义在上海制造了枪杀中国群众的"五卅"（wǔsà）惨案，激起全国人民的极大愤慨，上海工人举行总罢工，表示抗议。为了支持上海人民的反帝斗争，在中国共产党的直接领导下，6月，广州、香港工人举行了反对英帝国主义的大罢工。这次罢工规模大，时间长，给英帝国主义以沉重打击。香港有25万工人参加了罢工。罢工坚持了16个月。

Der Generalstreik von Guangzhou und Hong Kong

Im Mai 1925 fand in Shanghai das „Massaker des 30. Mai" der britischen und japanischen Imperialisten statt, bei dem viele Chinesen umkamen. Die Gewalttat rief unter der chinesischen Bevölkerung große Empörungen hervor. In Shanghai traten die Arbeiter zum Protest in einen Generalstreik. Um den antiimperialistischen Kampf der Shanghaier Bewohner zu unterstützen, veranstalteten im Juni die Arbeiter in Guangzhou und Hong Kong unter direkter Führung der Kommunistischen Partei einen großen Streik gegen den britischen Imperialismus mit schlimmen politischen und wirtschaftliche Konsequenzen für die Briten. In Hong Kong waren 250 000 Arbeiter am Streik beteiligt und erst im Oktober 1926 endete der 16 Monate dauernde Streik.

Die erste Zusammenarbeit zwischen der Kuomintang und der Kommunistischen Partei

Als Sun Yat-sen Anfang der 20 Jahre des 20. Jahrhunderts verzweifelt nach einem richtigen Revolutionsweg suchte, erhielt er die aufrichtige Unterstützung der Komintern, der Sowjetunion und der Kommunistischen Partei. Auf Rat von Maring und anderen Repräsentanten der Komintern akzeptierte Sun Yat-sen die Zusammenarbeit mit der Kommunistischen Partei und billigte den Beitritt von Kommunisten als Individualmitglieder der Kuomintang. Die Kommunistische Partei hielt im Juni 1923 den dritten Parteitag, bei dem über die Aufnahme von Kommunisten in die Kuomintang diskutiert und die Richtlinien der Zusammenarbeit zwischen der Kuomintang und der Kommunistischen Partei offiziell festgelegt wurden.

Nach einer langen Vorbereitungszeit fand im Januar 1924 der erste Nationalkongress der Kuomintang in Guangzhou statt, mit der Anwesenheit der beiden Kommunisten Li Dazhao und Mao Zedong als Mitglieder der Kuominntang. Bei dem Kongress wurden die Drei Großen Richtlinien – Bündnis mit Russland, Bündnis mit den Kommunisten und Unterstützung der Bauern und Arbeiter – festgelegt, die neu konzipierten Drei Volksprinzipien vorgestellt und die Kuomintang umstrukturiert. Der Kongress markierte den offiziellen Beginn der ersten Zusammenarbeit zwischen der Kuomintang und der Kommunistischen Partei.

Der Beginn der Zusammenarbeit zwischen der Kuomintang und der Kommunistischen Partei trieb die nationale Revolution gegen die finstere Herrschaft der Militärmachthaber voran.

| 1 | 2 |

1. 广州黄埔军校旧址
   Ehemaliger Sitz der Huangpu-Militärakademie in Guangzhou
2. 1924年任黄埔军校政治部主任的周恩来
   1924, Zhou Enlai, Direktor der politischen Abteilung in der Huangpu-Militärakademie

▶ 小资料　Kurzinformation

黄埔军校

国共合作实现后，为了培养军事人才，建立革命武装力量，孙中山在苏联和中国共产党的帮助下，1924年在广州创办了陆军军官学校——黄埔军校。校长由蒋介石担任，周恩来等许多共产党人在军校中担任了重要职务。学员入学后主要学习军事和政治两类课程。军校注重政治教育，培养学生的爱国思想和革命精神。在军事教育方面，主要采用当时苏联最新的军事理论和技术进行分学科的训练。从1924年到1927年，黄埔军校培养了6期共12 000多名毕业生，其中涌现了一批优秀的军事和政治人才，许多人成为国共两党的高级将领。黄埔军校为中国革命作出了巨大贡献。

Huangpu-Militärakademie

Um militärische Fachkräfte auszubilden und revolutionäre Streitkräfte aufzustellen, gründete Sun Yat-sen nach der Realisierung der Zusammenarbeit zwischen der Kuomintang und der Kommunistischen Partei im Jahr 1924 mit Unterstützung der Sowjetunion und der Kommunistischen Partei Chinas in Guangzhou die Huangpu - Militärakademie. Leiter der Akademie war Tschiang Kai-schek, aber auch mehrere Kommunisten, darunter Zhou Enlai hatten wichtige Ämter an der Akademie inne. Die Militärakademie legte großen Wert auf die politische Ausbildung, auf die Förderung des patriotischen Denkens und des revolutionären Geistes der Studenten. In Bezug auf die militärische Erziehung wurden die damals neuesten militärischen Theorien und Techniken der Sowjetunion angewendet, wobei die Studenten in verschiedenen Studienfächern ausgebildet wurden. Von 1924 bis 1927 haben 12 000 Studenten in sechs Lehrgängen an der Huangpu-Militärakademie absolviert, darunter eine Reihe von hervorragenden militärischen und politischen Fachkräften, von denen einige später hochrangige Generäle der Kuomintang und der Kommunistischen Partei wurden.

北伐战争

Der Nordfeldzug

　　1924年国共合作实现后，国共两党以广州为革命基地，准备进行北伐。北伐的目的是要推翻军阀的黑暗统治，打破帝国主义国家对中国的政治军事控制，使中国人民摆脱苦难。

　　1925年，国民党在广州成立广东国民政府。1926年国民政府正式决定北伐。为了全力支持北伐，中国共产党深入工人、农民当中，积极进行宣传和组织工作，为北伐战争打下了广泛而坚实的群众基础。

　　1926年7月，国民革命军在广州誓师，北伐战争正式开始。北伐军先攻占了湖南的省会长沙，接着直逼武汉。敌人在武汉外围选择地势极其险要的地方派重兵防守。北伐军浴血奋战，特别是叶挺领导的、以共产党员为主力的第四军独立团冲锋在前，英勇无比，为第四军赢得了"铁军"的称号。北伐军突破敌人的防线，渡过长江，占领武汉。1927年3月中旬，周恩来率领上海工人武装起义，使北伐军顺利进驻上海。3月下旬北伐军攻占南京。

　　北伐战争得到了全国人民的热烈拥护和支持。出师不到10个月，就消灭了军阀吴佩孚、孙传芳的主力部队，占领了长江以南的大部分地区，沉重地打击了反动军阀，使国民革命的火焰燃遍了半个中国。

Der Nordfeldzug

Nach der erfolgreichen ersten Zusammenarbeit zwischen der Kuomintang und der Kommunistischen Partei im Jahr 1924 benutzten die beiden Parteien Guangzhou als ihren revolutionäres Stützpunkt und bereiteten einen Nordfeldzug vor, um die Militärmachthaber zu stürzen, um die politische und militärische Kontrolle der imperialistischen Länder über China zu durchbrechen und schließlich das chinesische Volk aus dem Elend zu befreien.

1925 gründete die Kuomintang in Guangzhou die Nationalregierung der Provinz Guangdong, die 1926 offiziell den Nordfeldzug beschloss. Zur tatkräftigen Unterstützung des Nordfeldzugs leistete die Kommunistische Partei unter den Arbeitern und Bauern aktive Propaganda- und Organisationsarbeit, und schuf damit eine breite und solide Grundlage für den Nordfeldzug.

Im Juli 1926 wurde die Nationale Revolutionsarmee in Guangzhou vereidigt, damit begann der Nordfeldzug. Die Nordfeldzugsarmee besetzte zuerst Changsha, die Provinzhauptstadt von Hunan, und rückte nach Wuhan vor. Die feindliche Armee war mit großen Truppenkontigenten außerhalb von Wuhan stationiert. Das von Ye Ting geführte Regiment des Vierten Korps, das vorwiegend aus Mitgliedern der Kommunistischen Partei bestand, stürmte zuerst an die Front. Das tapfere Regiment gewann für das Vierte Korps den Titel „Eisenkorps". Nach blutigen Kämpfen durchbrach die Nordfeldzugsarmee die feindliche Verteidigungslinie, überquerte den Yangtse-Fluss und übernahm Wuhan. In der zweiten Märzdekade 1927 organisierten die Arbeiter in Shanghai unter Führung von Zhou Enlai einen bewaffneten Aufstand, während die Nordfeldzugsarmee siegreich nach Shanghai marschierte und Ende März eroberte die Nordfeldzugsarmee Nanjing.

Der Nordfeldzug wurde von der Bevölkerung des ganzen Landes herzlich begrüßt und aktiv unterstützt. Innert zehn Monaten vernichtete die Nordfeldzugsarmee die Hauptkräfte der Militärmachthaber Wu Peifu und Sun Chuanfang, besetzte den Großteil der Gebiete südlich des Yangtse-Flusses und versetzte den reaktionären Militärmachthabern schwere Schläge. Die Flamme der nationalen Revolution brannte in den meisten Landesteilen Chinas.

1. 江苏南京中山陵
   Mausoleum von Sun Yat-sen in Nanjing, Provinz Jiangsu
2. 第四军独立团长叶挺
   Ye Ting, Kommandeur des selbstständigen Regiments der Vierten Armee
3. 广东肇庆阅江楼（叶挺独立团团部旧址）
   Yuejiang-Gebäude in Zhaoqing, Provinz Guangdong, Hauptquartier des selbstständigen Regiments von Ye Ting

▶ 小资料 Kurzinformation

孙中山逝世
1925年3月12日，孙中山先生在北京病逝。北伐胜利 后，国民政府按照孙中山先生生前的愿望，将其遗体从北京运到南京。1929年安葬于中山陵。

Tod Sun Yat-sens
Am 12. März 1925 starb Sun Yat-sen in Beijing nach langer Krankheit. Nach dem Sieg des Nordfeldzugs transportierte die Nationalregierung gemäß dem letzten Willen Sun Yat-sens seine Leiche von Beijing nach Nanjing und begrub sie 1929 im Mausoleum von Sun Yat-sen.

南昌起义

Der Nanchang-Aufstand

北伐战争的胜利打击了封建军阀和帝国主义在中国的统治。但是，随着形势的发展，国民党右派敌视共产党、破坏国共合作的面目日益暴露出来。1927年4月12日，蒋介石在上海发动反革命政变，杀害了300多名共产党员和革命群众，另外还有500多人被捕，数千人失踪。随后，广东、江苏、浙江、湖南等省都发生了屠杀共产党人的惨案。蒋介石叛变革命后，在南京建立了国民政府。7月15日，以汪精卫为首的武汉国民政府也背叛了革命，大规模逮捕杀害共产党人。至此，第一次国共合作彻底破裂，中国出现了白色恐怖的局面。

面对危急的形势，中国共产党人为了挽救革命进行了英勇顽强的斗争。1927年8月1日，周恩来、贺龙、叶挺、朱德、刘伯承等领导并发动了南昌起义。经过4个多小时的激战，起义军打败了国民政府的军队，占领了南昌城。

南昌起义引起了国民政府的恐慌，蒋介石调动军队进攻南昌。起义军撤离南昌，向广东进军，准备重建广东革命根据地。这一计划由于受到敌人的围攻而失败。

南昌起义打响了武装反抗国民党反动派的第一枪，中国共产党从此创建了自己的军队，开始走上独立领导革命、武装夺取政权的新道路。

1 | 2

1. 江西"八一"南昌起义纪念馆
   Gedenkstätte für den Nanchang-Aufstand vom 1. August 1927 in der Provinz Jiangxi
2. 周恩来等人领导的南昌起义
   Der Nanchang-Aufstand, u. a. geführt von Zhou Enlai

Der Nanchang-Aufstand

Der siegreiche Nordfeldzug versetzte der Herrschaft der feudalen Warlods und des Imperialismus in China schwere Schläge. Unter den neuen Umständen kamen die Rechte der Kuomintang auf feindselige Gedanken gegenüber der Kommunistischen Partei und sabotierten die Zusammenarbeit zwischen der Kuomintang und der Kommunistischen Partei immer deutlicher. Am 12. April 1927 inszenierte Tschiang Kai-schek einen konterrevolutionären Putsch in Shanghai, dabei wurden über 300 Mitglieder der Kommunistischen Partei und revolutionäre Bürger ermordet, 500 gefangen genommen und einige tausend wurden vermisst. Kurz danach geschah das gleiche Blutbad in Guangdong, Jiangsu, Zhejiang, Hunan und in anderen Provinzen. Nach dem Verrat Tschiang Kai-scheks an der Revolution bildete er in Nanjing seine „Nationalregierung". Am 15. Juli verkündete Wang Jingwei an der von ihm geleiteten Nationalregierung in Wuhan seinen Bruch mit der Revolution und machte fortan gemeinsame Sache mit Tschiang Kai-schek. Zahlreiche Kommunisten wurden gefangen genommen und ermordet. Auf brutale Weise endete die Zusammenarbeit zwischen der Kuomintang und der Kommunistischen Partei. In China herrschte der Weiße Terror.

Die Kommunistische Partei kämpfte mit allen Mitteln um die Rettung der Revolution. Am 1. August 1927 starteten Zhou Enlai, He Long, Ye Ting, Zhu De, Liu Bocheng und einige andere den Nanchang-Aufstand. Nach einem vierstündigen harten Kampf besiegten sie die Truppen der Nationalregierung und besetzten die Stadt Nanchang.

Der eingeschüchterte Tschiang Kai-schek rief seine Truppen zusammen, und setzte zum Angriff auf Nanchang an. Die Aufständischen zogen sich aus Nanchang zurück und maschierten in Richtung Guangdong in der Absicht, in Guangdong ihren revolutionären Stützpunkt wieder aufzubauen. Der Plan scheiterte jedoch nach dem Angriff feindlicher Truppen.

Der Nanchang-Aufstand war der erste Schuss, den die revolutionären Kräfte gegen die Kuomintang-Reaktionäre abgaben. Die Kommunistische Partei verfügte von da an über ihre eigene Armee und beschritt einen neuen Weg, nämlich die Revolution selbstständig zu führen und sich die Macht mit bewaffneter Gewalt anzueignen.

▶ 小资料　Kurzinformation

"八七" 会议
1927年8月7日，中国共产党中央委员会在武汉召开紧急会议，纠正了前一时期对国民党软弱退让的错误，确立了土地革命和武装反抗国民党反动派的方针。"八七" 会议是一个转折点，它为中国革命指明了新的方向，在中国共产党的历史上有重要意义。

Die 7. August Tagung
Am 7. August 1927 berief das Zentralkomitee der Kommunistischen Partei Chinas in Hankou zu einer dringlichen Tagung ein. Bei der Tagung wurden begangene Fehler berichtigt und die politischen Richtlinien über die Agrarrevolution und den bewaffneten Kampf gegen die reaktionäre Herrschaft der Kuomintang festgelegt. Die 7. August Tagung war ein Wendepunkt für die chinesische Revolution und in der Geschichte der Kommunistischen Partei von großer Bedeutung.

二万五千里长征 *cháng zhēng*

Der 25 000 Li lange Marsch

南昌起义后，毛泽东在湖南领导了秋收起义，并在江西的井冈山建立了第一块革命根据地。此后，共产党领导的革命根据地广泛建立，并得到广大农民的热烈支持和拥护，根据地不断扩大。

1930年到1932年，国民政府调集重兵，对革命根据地发动了四次大规模的"围剿"（wéijiǎo），企图破坏根据地，消灭共产党。共产党领导的红军在根据地人民的支持下，一次又一次地粉碎了敌人的"围剿"。

1933年，蒋介石调集了100万军队开始第五次"围剿"。由于当时共产党中央领导人在斗争中犯了严重的错误，使红军第五次反"围剿"

失败。1934年10月，红军被迫从江西、福建的中央根据地撤退，向西突围，开始了著名的万里长征。

长征的道路十分艰难。红军爬雪山、过草地，没有粮食时就挖野菜，啃树皮，遇到了很多难以想象的困难。在国民党军队的围攻下，红军多次陷入被动挨打的局面。

1935年1月遵义会议以后，红军采取了正确的战略，变被动为主动，打了很多胜仗：四渡赤水、强渡大渡河、飞夺泸定桥……冲破了国民政府军队的围追堵截。1935年10月中央红军到达陕北吴起镇，与刘志丹领导的陕北红军胜利会师。1936年10月，红军三大主力在会宁等地会师，二万五千里长征胜利结束。

$\frac{1}{2}$

1. 贵州遵义会议会址
   Die Stätte der Konferenz von Zunyi in der Provinz Guizhou
2. 红军长征时通过的四川若尔盖水草地
   Die Rote Armee passierte das gefährliche Sumpfland in Ruo'ergai, Provinz Sichuan

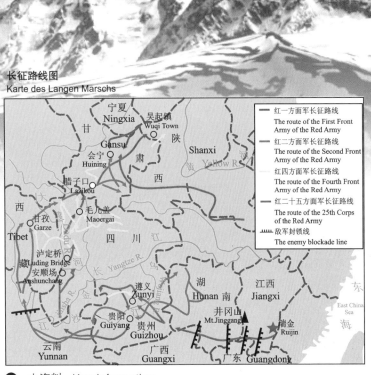

长征路线图
Karte des Langen Marschs

红一方面军长征路线
The route of the First Front Army of the Red Army
红二方面军长征路线
The route of the Second Front Army of the Red Army
红四方面军长征路线
The route of the Fourth Front Army of the Red Army
红二十五方面军长征路线
The route of the 25th Corps of the Red Army
敌军封锁线
The enemy blockade line

▶ 小资料　Kurzinformation

遵义会议

长征初期，由于当时中央领导人的错误领导和指挥，红军人员损失大半，中国革命陷入极大的危机之中。在危急的形势下，1935年1月中共中央在贵州遵义召开政治局扩大会议，及时纠正了第五次反"围剿"和长征以来中央在军事领导上的错误，确立了毛泽东在共产党和红军中的领导地位。遵义会议在危险的时刻挽救了党和红军，挽救了中国革命，成为中国共产党历史上一个生死攸关的转折点。

Konferenz von Zunyi

Zu Beginn des Langen Marschs erlitt die Rote Armee infolge fehlerhafter Leitung Einbußen von mehr als die Hälfte ihrer Kräfte, die chinesische Revolution geriet dadurch in große Gefahr. Aus diesem Grund rief das Zentralkomitees der KPC im Januar 1935 in Zunyi in der Provinz Guizhou zu einer außerordentlichen Tagung. Bei den Verhandlungen wurde auf die militärische Fehlleitung des Zentralkomitees beim fünften Kampf gegen den „Vernichtungsfeldzüge durch Einkreisung" und während des Langen Marschs hingewiesen, sowie die Führungsstellung Mao Zedongs in der Kommunistischen Partei und in der Roten Armee festgelegt. Die Konferenz von Zunyi war die Rettung der Kommunistische Partei, der Rote Armee und der chinesischen Revolution, ein Wendepunkt in der Geschichte der Kommunistischen Partei Chinas.

Der 25 000 Li lange Marsch

Nach dem Nanchang-Aufstand startete Mao Zedong in Hunan den Herbsternte-Aufstand und errichtete am Jinggang-Gebirge in Jiangxi den ersten revolutionären Stützpunkt, viele weitere folgten an verschiedenen Orten. Sie fanden aktive Unterstützung bei den großzügigen Bauern und dehnten ihr strategisch Gebiet immer weiter aus.

Von 1930 bis 1932 rief die Nationalregierung ihre stärksten Truppenverbände zusammen und führte vier groß angelegte „Vernichtungsfeldzüge durch Einkreisung" gegen die revlutionären Stützpunktgebiete durch. Mit Unterstützung der Einheimischen schlug die von der Kommunistischen Partei geführte Rote Armee alle Angriffe zurück.

1933 mobilisierte Tschiang Kai-schek seine Militärmacht von einer Million Mann zum fünften „Vernichtungsfeldzug durch Einkreisung". Wegen einer militär-strategischen Fehlplanung erlitt die Rote Armee eine Niederlage, und im Oktober 1934 wurde die Rote Armee gezwungen, sich vom ihrem Zentralen Revolutionären Stützpunkt Richtung Westen zurückzuziehen. Damit begann der bekannte Lange Marsch.

Der Weg des Langen Marschs war äußert mühsam. Die Rote Armee marschierte über schneebedeckte Berge und durch Sumpfland, ernährte sich von Kräutern und Baumrinden und überwand unvorstellbare Schwierigkeiten. Bei Angriffen der Truppen der Nationalregierung erlitt die Rote Armee mehrmals schwere Verluste.

Erst bei der Konferenz von Zunyi wurde die strategisch richtige Linie wieder gefunden und von da an war die Rote Armee nicht mehr passiv und kämpfte erfolgreich in vielen Schlachten: die 4 Übergriffe am Chishui-Fluss, der gewalttätige Übergriff am Dadu-Fluss, die Erstürmung der Luding-Brücke... jegliche Einkreisung, Verfolgung, Behinderungs- und Abfangmanöver von den Truppen der Nationalregierung wurden von der Roten Armee restlos zerschlagen. Im Oktober 1935 erreichte die Zentrale Rote Armee Wuqi in Nord-Shaanxi und traf mit der von Liu Zhidan geleiteten Roten Armee der Nord-Shaanxi zusammen. Im Oktober 1936 vereinigten sich die drei Hauptkräfte der Roten Armee in Huining, damit endete der 25 000 Li (12 500 km) Lange Marsch mit Erfolg.

$$\frac{1}{2} \bigg| 3$$

1. 1937年，毛泽东、朱德、周恩来、博古（右起）在延安。
   1937, Mao Zedong, Zhu De, Zhou Enlai und Bo Gu (von rechts nach links) in Yan'an.

2. 遵义会议的会议室
   Konferenzraum von Zunyi

3. 四川大渡河上的泸定桥
   Luding-Brücke über den Dadu-Fluss, Provinz Sichuan

▶ 小资料　Kurzinformation

强渡大渡河

大渡河水深流急，地势极为险峻。1863年，太平天国翼王石达开的军队就是在这里遭到清军的前后夹攻，全军覆没。72年后，红军长征来到这里。国民党派重兵围追堵截，企图让毛泽东做"石达开第二"。毛泽东率领的红军英勇善战，打败了国民党军队，并成功地渡过了大渡河。

Die Helden vom Dadu-Flusses

Der sehr tiefe und reißende Dadu-Fluss ist strategisch von wichtiger Bedeutung. 1863 geriet die vom *Flügelkönig des Himmlischen Reichs des Großen Friedens* Shi Dakai geführte Armee am Fluss in einen Zangenangriff der Truppen der Qing-Regierung und ging gänzlich unter. 72 Jahre später marschierte die Rote Armee an die gleiche Stelle. Die Kuomintang benutzten alle möglichen Einkreisungs-, Verfolgungs-und Behinderungsmanöver und wollten Mao Zedong zum „zweiten Shi Dakai" machen. Die von Mao Zedong geleitete Rote Armee verteidigte sich jedoch tapfer und klug. Sie besiegte die Truppen der Kuomintang und überquerte erfolgreich den Dadu-Fluss.

"九一八"事变

Der Zwischenfall vom 18. September

20世纪30年代，中国到处传唱着一首歌："九一八，九一八，从那个悲惨的时候，脱离了我的家乡……""九一八"到底是一个什么日子呢？

从19世纪后期开始，日本多次发动侵华战争，并且武装占领了台湾。但是，日本对这一切并不满足。20世纪日本准备大规模向国外军事扩张，中国是它的主要目标。为了首先侵占中国的东北三省，日本制造了"九一八"事变。

1931年9月18日晚上，沈阳附近的日军在一个叫柳条湖的地方炸毁了一段铁路，反而说是中国军队破坏铁路，想袭击日本军队，随即向中国的东北军大营和沈阳城发起了突然进攻。东北军伤亡很大。一夜之间，日军就占领了沈阳。

"九一八"事变发生时，国民政府正忙于"剿共"（消灭共产党）。蒋介石一再命令东北军指挥官张学良不许抵抗日本的侵略，以免把事情闹大，还说现在不是对日作战的时候，共产党才是最大的敌人。由于中国军队不抵抗，日军仅用了4个多月的时间就轻而易举地占领了中国的东北三省，3 000万同胞沦为亡国奴。

为了稳固统治，日本侵略者在东北三省成立了所谓"满洲国"，让早已退位的清朝末代皇帝溥仪（Pǔyí）来当傀儡（kuǐlěi）皇帝，实际上，权力完全控制在日本人手中。日本的侵略和统治激起了中国人民的激烈反抗，抗日义勇军在十分艰苦危险的环境中与日本侵略军展开了英勇的斗争。

	2
1	3

1. 末代皇帝溥仪像
   Porträt von Puyi, dem letzten Kaiser Chinas
2. 辽宁沈阳"九一八"纪念碑
   Denkmal für den Zwischenfall vom 18. September in Shenyang, Provinz Liaoning
3. 溥仪与日本天皇同乘一辆马车
   Puyi und der Mikado zusammen in einer Kutsche

Der Zwischenfall vom **18**. September

In den 30er Jahren des 20. Jahrhunderts erklang in ganz China dasselbe Lied: „Vom grausamen Tag des 18. September an bin ich von meiner Heimat getrennt...". Was für ein Tag ist eigentlich der 18. September?

Seit dem Ende des 19. Jahrhunderts entfesselte Japan mehrere Aggressionskriege gegen China und eroberte mit bewaffneter Gewalt Taiwan. Aber Japan gab sich mit alldem nicht zufrieden. Im 20. Jahrhundert begann Japan, militärische Expansionen in großem Umfang im Ausland vorzunehmen. China war sein Hauptziel. Bei Japans Versuch, die drei nordöstlichen Provinzen Chinas zu besetzen, kam es zum „Zwischenfall vom 18. September".

Am Abend des 18. September 1931 bombardierten die japanischen Truppen eine Eisenbahnstrecke in der Ortschaft Liutiaohu nahe Shenyang und behaupteten, die chinesischen Truppen hätten die japanischen Truppen anggegriffen. Anschließend unternahm Japan einen Überraschungsangriff auf das Lager der Nordostarmee und die Stadt Shenyang. Die Nordostarmee erlitt große Verluste. Über Nacht wurde Shenyang von den japanischen Truppen eingenommen.

Während des „Zwischenfall vom 18. September" war die Nationalregierung gerade mit der „Ausrottung der Kommunistischen Partei" beschäftigt. Tschiang Kai-schek befahl Zhang Xueliang, den Kommandeur der Nordostarmee, wiederholt, sich den japanischen Aggressionen nicht zu widersetzen, um noch schlimmere Ausweitung zu verhindern. Er behauptete es sei nicht der richtige Zeitpunkt, gegen Japan zu kämpfen, denn der größte Feind sei die Kommunistische Partei. Die Folgen dieser Politik des Nicht-Widerstands waren verheerend, drei nordöstlichen Provinzen Chinas fielen in nur weniger als fünf Monaten den japanischen Aggressoren in die Hände und 30 Millionen Landsleute wurden zu Sklaven.

Um ihre Herrschaft sicherzustellen, gründeten die japanischen Aggressoren in den drei Nordostprovinzen den sogenannten Staat „Manschukuo" und machte den abgedankten Qing-Kaiser Puyi zum Marionettenkaiser. In Wirklichkeit hielten die Japaner die Macht unter Kontrolle. Die Aggression und Herrschaft der Japaner erwiderte das chinesische Volk mit heftigen Kämpfen. Die Antijapanischen Freiwilligentruppen führten in der äußerst harten und gefährlichen Situation heldenhafte Kämpfe gegen die japanischen Aggressoren durch.

▶ 小资料 Kurzinformation

末代皇帝

溥仪（1906—1967年），满族，姓爱新觉罗。1908年光绪皇帝死后，不满3岁的溥仪登上皇位，年号宣统。1912年，中华民国成立，不久，溥仪退位，清朝灭亡。溥仪是中国2 000多年封建社会的最后一个皇帝。

Der letzte Kaiser

Puyi (1906-1967) war Mandschu, sein Familienname war Aisin-Gioro. Als 1908 Kaiser Daoguang starb, bestieg der knapp dreijährige Puyi den Thron. Seine Regierungsperiode wurde Xuantong genannt. 1912 wurde die Republik China gegründet, kurz danach dankte Puyi ab, damit ging die Qing-Dynastie zu Ende. Puyi war der letzte Kaiser der über 2000 Jahre dauernden feudalen Gesellschaft Chinas.

华北事变与"一二·九"运动

Die Nordchina-Ereignisse und die Bewegung des 9. Dezember

1	3
2

1. 北平前门西车站广场的市民大会场
Versammlung von Städtern auf dem Platz vor dem Bahnhof, westlich des Qianmen-Tors in Beiping
2. 学生的游行队伍
Demonstrationszug von Studenten
3. 学生在进行抗日示威
Studenten leisteten antijapanische Propagandaarbeit unter den Volksmassen

1935年5月，日本寻找借口向国民党政府提出对华北统治权的无理要求，并调动日军入关，用武力相威胁。国民党政府妥协退让，使华北主权大部丧失，华北到了最危急的时刻，正如北平学生说的："华北之大，已经放不下一张平静的书桌了！"

8月1日，中国共产党发表"八一"宣言，11月发表《抗日救国宣言》，号召迅速建立抗日民族统一战线，推动了全国抗日民主运动的高涨。

12月9日，北平五六千名学生在中国共产党的领导下，举行了大规模的反日救国示威游行。示威学生遭到反动军警的镇压。学生一边同军警搏斗，一边向群众进行抗日救国宣传。第二天，北平全市学生举行总罢课，抗议反动政府的暴行。12月16日，北平1万多名学生和市民群众举行了更大规模的示威游行。

北平学生的爱国行动得到了全国各地学生、工人和知识分子的广泛响应和支持，全国抗日救亡运动空前高涨。

"一二·九"运动粉碎了日本占领华北进而全面侵略中国的计划，打击了国民党政府的妥协投降政策，进一步推动了全国抗日民主运动，标志着新的民族革命高潮的到来。

Die Nordchina-Ereignisse und
die Bewegung des 9. Dezember

Im Mai 1935 stellte Japan mit unglaubwürdigen Vorwänden die Forderung nach der Herrschaft über Nordchina, zudem bedrohte Japan die Nationalregierung mit bewaffneter Gewalt, indem es seine Truppen nach Nordchina vorrücken ließ. Schließlich einigten sch beide Seiten auf einen Kompromiss, durch den ein großer Teil der Souveränität über Nordchina verloren ging. Die Lage in Nordchina wurde kritisch. Genau wie die Studenten Beipings sagten: „Nordchina ist nun so groß, dass man keinen Platz mehr für einen Tisch zum ungestörten Studieren finden kann!".

Am 1. August gab die Kommunistische Partei die *Erklärung des 1. August* und im November die *Erklärung zum Widerstand gegen die japanische Aggression und zur Rettung des Vaterlands* bekannt, in denen die Bevölkerung zur sofortigen Bildung der nationalen antijapanischen Einheitsfront aufgerufen wurde. Mit den Erklärungen wurde die antijapanische Bewegung im ganzen Land vorangetrieben.

Am 9. Dezember demonstrierten 6000 Studenten Beipings unter der Führung der Kommunistischen Partei gegen die japanische Aggression und zur Rettung des Vaterlands. Sie wurden aber von den reaktionären Truppen und Polizisten blockiert. Die Studenten kämpften einerseits gegen die Truppen und Polizisten und leisteten andererseits antijapanische Propagandaarbeit unter den Volksmassen. Am nächsten Tag streikten die Studenten der ganzen Stadt und protestierten gegen die Gewalttätigkeiten der reaktionären Regierung. Am 16. Dezember fand eine noch größere Demostration von über 10 000 Studenten und Stadtbürgern in Beiping statt.

Der patriotische Kampf der Studenten Beipings fand bei den Studenten, Arbeitern und Intellekturellen in allen Landesteilen Unterstützung und Widerhall. Die landesweite antijapanische Bewegung erlebte einen noch nie dagewesenen Aufschwung.

Die „Bewegung des 9. Dezember" zerschlug den Plan Japans, Nordchina zu erobern und eine Aggression gegen das ganze China zu verüben, versetzte der Kompromis- und Kapitulationspolitik der Kuomintang-Regierung schwere Rückschläge, trieb die antijapanische demokratische Bewegung im ganzen Land weitgehend voran und markierte den Beginn des neuen Höhepunkts der nationalen Revolution.

西安事变

Der Xi'an-Zwischenfall

日本占领中国东北三省后，又不断制造事端，准备侵略华北，形势十分危急。全国人民要求政府停止内战，共同抵抗日本侵略。但蒋介石却顽固地坚持先消灭共产党，再抵抗日本侵略者的政策。

1936年，蒋介石到西安逼迫张学良和杨虎城两位将军继续"剿共"。已经丢失了自己的故乡东北三省的张学良一再表示要去抗日，甚至哭着请求蒋介石不要再打内战了，救国要紧。可是他不但没能感动蒋介石，反而受到蒋的严厉训斥。张学良、杨虎城看到劝说无效，只好另想办法，逼蒋抗日。

12月9日，西安的大学生举行游行集会，他们步行前往蒋介石的住地，要求停止"剿共"，一致抗日。蒋介石大怒，命令张学良派兵把学生挡回去，如果学生不听，就开枪。张学良非常同情学生，他赶到学生们那儿，极力劝他们先回去，并且说用自己的生命作保证，实现大家的爱国愿望。当天晚上，张学良向蒋介石反映学生们的要求，并再一次恳求抗日救国，但仍然遭到拒绝。

12月12日夜里，张学良、杨虎城发动兵变，在临潼（Líntóng）华清池扣留了蒋介石。西安事变发生后，应张学良、杨虎城的邀请，共产党派周恩来到西安，商讨解决问题的办法。经过各方面的努力，终于迫使蒋介石答应停止内战，一致抗日，西安事变和平解决了，为国共两党第二次合作创造了条件。十年内战基本结束。

Der Xi'an-Zwischenfall

Japan besetzte drei Nordostprovinzen und weitere Aggressionen waren geplant. Die Bevölkerung des ganzen Landes verlangte von der Regierung die Einstellung des Bürgerkriegs und einen gemeinsamen Widerstand gegen die japanische Aggression. Doch Tschiang Kai-schek bestand hartnäckig auf seine Politik, zuerst die Kommunistische Partei zu vernichten, dann gegen die japanischen Aggressoren zu kämpfen.

1936 ging Tschiang Kai-schek nach Xi'an und befahl den zwei Generälen Zhang Xueliang und Yang Hucheng die weitere „Ausrottung der Kommunistischen Partei". Zhang Xueliang, dessen Heimat in den drei Nordostprovinzen bereits verloren war, drückte wiederholt seinen Wunsch zum Kampf gegen Japan aus und flehte Tschiang Kai-schek unter Tränen an, den Bürgerkrieg zu beenden und das Vaterland zu retten. Das berührte Tschiang Kai-schek jedoch nicht, er bestrafte Zhang Xueliang. Da Zhang Xueliang und Yang Hucheng einsahen, dass sie Tschiang Kai-schek davon nicht abhalten konnten, beschlossen sie, ihn zum Kampf gegen die japanische Aggression zu zwingen.

Am 9. Dezember versammelten sich die Stundenten Xi'ans und liefen gemeinsam zum Wohnsitz Tschiang Kai-scheks, um die Einstellung der „Ausrottung der Kommunistischen Partei" und einen gemeinsamen Kampf gegen Japan zu fordern. Tschiang Kai-schek war empört und befahl Zhang Xueliang, die Studenten zurückzuweisen und auf sie zu schießen, falls sie nicht aufhörten. Zhang Xueliang hatte Mitleid mit den Studenten und überredete sie zum Rückzug, nachdem er mit seinem Leben dafür bürgte, ihren patriotischen Wunsch zu erfüllen. Am Abend des gleichen Tags übermittelte Zhang Xueliang bei Tschiang Kai-schek die Forderungen der Studenten und bat ihn erneut um den Kampf gegen Japan und die Rettung des Vaterlands. Seine Bitte Wurde wieder jedoch erneut abgelehnt.

In der Nacht des 12. Dezember starteten Zhang Xueliang und Yang Hucheng eine Meuterei und arrestierten am Huaqing-Teich in Lintong nahe der Stadt Xi'an Tschiang Kai-schek. Nach dem Xi'an-Zwischenfall ließ die Kommunistische Partei Zhou Enlai auf Einladung von Zhang Xueliang und Yang Hucheng zur Besprechung der Problemlösung nach Xi'an kommen. Dank den Bemühungen von allen Seiten wurde Tschiang Kai-schek gezwungen, die Einstellung des Bürgerkriegs und einen gemeinsamen Kampf gegen die japanische Aggression zu verkünden. Der Xi'an-Zwischenfall wurde friedlich beigelegt, damit wurden auch die Bedingungen für eine zweite Zusammenarbeit zwischen der Kuomintang und der Kommunistischen Partei geschaffen und der Bürgerkrieg war damit zu Ende.

1 | 2

1. „西安事变" 前，蒋介石在华清池的办公室
   Chiang Kai-sheks Büro am Huaqing-Teich vor dem Xi'an-Zwisch-enfall
2. 张学良（左）和杨虎城（右）像
   Porträts von Zhang Xueliang (l.) und Yang Hucheng (r.)

▶ 小资料　Kurzinformation

„千古功臣"

西安事变和平解决后，为了表示自己的忠诚，张学良亲自陪蒋介石回南京，从此被软禁，失去了人身自由。杨虎城后来被蒋秘密杀害。张学良于2001年病逝于美国夏威夷，享年101岁。这两位将军在民族危急关头为抗日事业作出了巨大的贡献，周恩来后来称赞他们是 „千古功臣"。

„Verdienstvolle Persönlichkeiten"

Nach der friedlichen Beilegung des Xi'an-Zwischenfalls begleitete der treue Zhang Xueliang Tschiang Kai-schek persönlich nach Nanjing, wo er aber von Tschiang unter Hausarrest gestellt und somit seiner Freiheit beraubt wurde. Yang Hucheng wurde insgeheim von Tschiang Kai-schek ermordet. Im Jahr 2001 starb Zhang Xueliang im Alter von 101 Lebensjahren in Hawaii. Die zwei Generäle leisteten der chinesischen Nation enorme Beiträge im Widerstand gegen die japanische Aggression erlangen damit die Hochachtung Zhou Enlais.

"七七" 事变

Der Zwischenfall des 7. Juli

为了实现侵占全中国的企图，日本发动了"七七"事变。1937年7月7日晚上，驻扎在北平（今北京）郊区卢沟桥一带的日本军队举行军事演习。演习结束后，日军借口有一个士兵失踪了，又说好像听到宛平城内（卢沟桥附近）有枪声，要强行进入宛平县城搜查，遭到中国守军的拒绝。日军随即炮轰卢沟桥，向宛平城发起进攻。中国军队奋起还击，驻守卢沟桥的100多名士兵战斗到只剩下4人，其余全部牺牲，终于打退了敌人的进攻。由于这次事件发生在卢沟桥，所以又叫卢沟桥事变。

"七七"事变后，面对危急的形势，中国共产党发出通电，指出"平津危急！华北危急！中华民族危急！"呼吁"只有全民族实行抗战，才是我们的出路！"全国各界群众、爱国党派和团体、海外华侨也纷纷举行集会，强烈要求政府抗战。不少大城市相继组织了"抗敌后援会"，募捐了大量钱物，送往抗日前线，支持和慰劳驻守华北、积极抗日的中国军队。

在严峻的形势和全国人民高昂的抗日热情面前，蒋介石发表谈话，表示了准备抗战的决心。国共两党经过谈判，决定将共产党领导的主力红军改编为国民革命军第八路军，开赴华北抗日前线。另一部分红军被改编为新四军。9月，国共合作宣言发表，全国抗日民族统一战线正式形成。

▶ 小资料 Kurzinformation

卢沟桥

卢沟桥位于北京的西南郊，建于公元1192年，长266.5米，宽约7.5米，由11孔石拱组成。桥的石栏上面有485个精雕细刻、神态各异的石狮子。"卢沟晓月"曾是北京著名的风景点。

Lugouqiao (Marco-Polo-Brücke)

Die Lugouqiao liegt im südwestlichen Vorort Beijings. Die 266.5 m lange und 7.5 m breite Brücke mit elf Bögen wurde im Jahr 1192 gebaut. Auf den Balustraden der Brücke sitzen 485 fein geschnitzte Steinlöwen mit unterschiedlichen Gesichtsausdrücken. „Heller Mond über der Lugouqiao" zählt zu den bekanntesten Sehenswürdigkeiten in Beijing.

1

2

1. 卢沟桥"卢沟晓月"石碑
   Gedenkstein für „Hellen Mond über der Lugouqiao"
2. 卢沟桥
   Lugouqiao (Marco-Polo-Brücke)

Der Zwischenfall des 7. Juli

Um den Versuch, das ganze China zu erobern zu verwirklichen, inszenierte Japan den „Zwischenfall des 7. Juli". Am Abend des 7. Juli 1937 machten die im Gebiet der Lugouqiao (Marco-Polo-Brücke) im Vorort Beipings (heute Beijing) stationierten japanischen Truppen ihr Militärmanöver. Nach dem Manöver behaupteten die japanischen Truppen, ein Soldat werde vermisst und sie hätten Schüsse in der Stadt Wanping (nahe der Lugouqiao) gehört. Sie wollten in die Stadt Wanping zur Durchsuchung eindringen, was von der chinesischen Garnison abgelehnt wurde. Sofort beschossen die Japaner die Lugouqiao und griffen Wanping an. Die chinesische Garnison leistete Widerstand. Von den mehr als 100 Soldaten überlebten nur vier. Schließlich wurde der feindliche Angriff zurückgeschlagen. Da sich der Zwischenfall an der Lugouqiao ereignete, spricht man heute noch vom Lugouqiao-Zwischenfall.

Nach dem „Zwischenfall des 7. Juli" veröffentlichte die Kommunistische Partei ein offenes Telegramm mit den Worten „Beijing und Tianjin in Gefahr!", „Nordchina in Gefahr!", „Die chinesische Nation in Gefahr!" und „unser einziger Ausweg ist der gemeinsame Kampf der gesamten Bevölkerung gegen Japan". Die Bevölkerung, patriotisch gesinnte Parteien und Organisationen sowie Überseechinesen organisierten Versammlungen und forderten ebenfalls den Kampf gegen Japan. In vielen Großstädten wurde die „Gesellschaft zur Unsützung des Kampfs gegen den Feind" gegründet. Sie schickten finanzielle und materielle Hilfe an die antijapanische Front und unterstützen auf diese Weise die in Nordchina stationierten antijapanischen chinesischen Truppen.

Noch vor diesem begeisterten Kampf der chinesischen Bevölkerung gegen die japanischen Eindringlinge hielt Tschiang Kai-schek eine Rede, in der er seine Entschlossenheit zum Kampf gegen die japanische Aggression zum Ausdruck brachte. Nach Verhandlungen von der Kuomintang und der Kommunistischen Partei wurden die von der Kommunistischen Partei geführten Hauptkräfte der Roten Armee zur Achten Route-Armee der Nationalen Revolutionären Armee umstrukturiert und an die antijapanische Front geschickt. Ein anderer Teil der Roten Armee wurde zur Neuen Vierten Armee umorganisiert. Mit der Veröffentlichung der Deklaration über die Zusammenarbeit zwischen der Kuomintang und der Kommunistischen Partei im September kam die Antijapanische Nationale Einheitsfront offiziell zustande.

平型关 大捷

Der Sieg in der Schlacht am Pingxing-Pass

1937年红军改编为八路军后，立即开赴华北战场，积极配合正面战场作战。

1937年9月，华北日军侵入山西，以精锐部队进攻雁门关等长城关隘，企图夺取太原。

国民政府组织太原会战，林彪（Lín Biāo）、聂荣臻（Niè Róngzhēn）率领八路军115师在山西参加会战。平型关地形险要，是晋北交通要道。115师利用平型关的有利地形，于9月25日伏击日军，歼灭日军板垣（Bǎnyuán）师团1 000多人，击毁汽车100多辆，缴获大批军用物资，取得平型关大捷。这是抗战以来中国军队的第一次胜利。平型关大捷粉碎了日军不可战胜的神话，摧毁了日军直取太原的军事计划，支持了国民党军队正在准备的忻口（Xīnkǒu）会战，鼓舞了全国人民抗战胜利的信心。

1. 平型关战斗中八路军115师指挥所
   Die Befehlsstelle der 115. Division der Achten Route-Armee während der Schlacht am Pingxing-Pass
2. 聂荣臻在前线侦察
   Nie Rongzhen bei Erkundungen an der Front
3. 平型关战役缴获日军大批武器
   In der Schlacht am Pingxing-Pass wurden zahlreiche Waffen der japanischen Armee erbeutet

平型关战役形势示意图
Kartenskizze der Schlacht am Pingxing-Pass

Der Sieg in der Schlacht am
Pingxing-Pass

Das 1937 zu „Achte Route-Armee" umbenannte Heer marschierte sofort Richtung Kriegsschauplatz in Nordchina.

Im September 1937 drangen die Japaner in die Provinz Shanxi ein. Ihre Elitentruppen griffen die Pässe der Großen Mauer, darunter den Yanmen-Pass, an, um die Stadt Taiyuan einzunehmen.

Die Nationalregierung bereitete den Kampf bei Taiyuan vor, mit der von Lin Biao und Nie Rongzhen geführten 115. Division der Achten Route-Armee. Der Pingxing-Pass war ein wichtiger Übergang für den Verkehr in Nordshanxi und strategisch von großer Bedeutung. Mit Hilfe der topographischen Vorteile überfiel die 115. Division am 25. September die japanischen Truppen aus dem Hinterhalt, wobei 1000 Feinde vernichtet, 100 Wagen zerstört und zahlreiche militärische Materialien erbeutet wurden. Der Sieg in der Schlacht am Pingxing-Pass war der erste Sieg der chinesischen Truppen seit dem Widerstandskrieg gegen die japanische Aggression. Er zerstört das Märchen der Unbesiegbarkeit der japanischen Truppen, machte den militärischen Plan der Japaner zur Eroberung Taiyuans zunichte, kam den Truppen der Kuomintang bei der Vorbereitung der Schlacht um Xinkou zu Hilfe und erhöhte die Zuversicht der chinesischen Bevölkerung auf den Sieg im Widerstandskampf.

▶ 小资料 Kurzinformation

八路军
卢沟桥事变爆发不久，国共两党合作抗战。1937年8月22日，国民政府宣布，将红军主力部队改编为国民革命军第八路军，简称"八路军"，下辖三个师：第115师、第120师和第129师，朱德任总指挥，彭德怀任副总指挥。

Die Achte Route-Armee
Kurz nach dem Ausbruch des Lugouqiao-Zwischenfalls vereinten sich die Kuomintang und die Kommunistische Partei wieder zum gemeinsamen Kampf gegen die japanische Aggression. Am 22. August 1937 beantragte die Nationalregierung, die Hauptkräfte der Roten Armee zur Achten Route-Armee der Nationalen Revolutionären Armee umzubilden, kurz „Achte Route-Armee" genannt. Der Achten Route-Armee unterstanden drei Divisionen, die 115., 120. und 129. Zhu De war der Oberbefehlshaber und Peng Dehuai der Stellvertreter.

南京大屠杀

Das Massaker von Nanjing

1	3
2

1. 日军刺杀中国平民的情形
   Die japanische Armee attackiert mit
   Bajonetten chinesische Zivilisten
2. 惨遭杀害的中国平民
   Kaltblütig ermordete Chinesen
3. 南京大屠杀遇难同胞纪念馆前的巨型石墙
   Gedenkstätte für die Opfer des
   Massakers von Nanjing

1937年11月12日，日军侵占上海后，下一个攻击目标便是当时中国的首都——南京。12月13日上午，以松井石根为司令官的日军攻入城内，南京沦陷。日军采用极其野蛮的手段，对居民及解除武装的中国军人进行了长达6个星期的血腥屠杀。

日军在南京下关江边、草鞋峡、煤炭港、上新河、燕子矶、汉中门外等地制造了多起集体屠杀事件，还实行了分散屠杀。屠杀之后，日军又采用抛尸入江、火化焚烧、集中掩埋等手段，毁尸灭迹。据调查统计，被日军屠杀的人数总计达30万以上。日军屠杀南京人民的手段极其残忍，主要有砍头、刺杀、枪击、活埋、火烧等，还有惨无人道的杀人比赛。在日本侵略者的屠刀下，南京这座原来和平繁华的大都市，变成了阴森可怕的人间地狱。日军在南京的暴行，为现代世界文明史留下最为黑暗的一页。

1945年8月15日，日本无条件投降。中国军事法庭（于1946年12月设立）及东京军事法庭都对南京大屠杀进行了严肃认真的调查、审理，并作出判决。集体屠杀列为28案，零散屠杀列为858案。东京军事法庭对东条英机等28名日本甲级战犯进行了审判。至此，国际社会对侵华日军南京大屠杀事件定下了铁案。

Das Massaker von Nanjing

Am 12. November 1937 besetzten die Japaner Shanghai. Ihr nächstes Ziel war Nanjing, die damalige Hauptstadt Chinas. Die japanischen Truppen unter Führung von Matusi Iwane drangen in Nanjing ein und massakrierten mit äußerst brutalen Mitteln sechs Wochen lang die entwaffneten chinesischen Soldaten und Zivilisten.

Die Massenmorde der japanischen Truppen am Fluss in Xiaguan, in der Caoxie-Schlucht, am Kohlehafen, am Shangxi-Fluss, an Yanziji und außerhalb des Hanzhong-Tors zeugten von der extremen Grausamkeit der Gegner. Die Leichen wurden in den Fluss geworfen, verbrannt oder in Massengräber geworfen, um jegliche Spuren zu vernichten. Mehr als 300 000 Menschen ließen ihr Leben. Sie wurden geköpft, mit Bajonetten erstochen, bei lebendigem Leib begraben oder verbrannt. Die ursprünglich friedliche und gedeihende Stadt wurde zu einer grauenhaften Hölle auf Erden. Die Gewalttaten der japanischen Truppen in Nanjing sind die dunkelste Seite der modernen Zivilisationsgeschichte der Welt.

Am 15. August 1945 kapitulierte Japan bedingungslos. Das Chinesische Kriegsgericht (gegründet im Dezember 1946) und das Militärtribunal in Tokio hatten das Massaker von Nanjing genauestens untersucht, gerichtlich geprüft und schließlich ein Urteil gefällt. Es gab 28 Fälle von Massenmord und 858 Fälle von Einzel-Tötung. 28 japanische Kriegsverbrecher erster Klasse wie zum Beispiel Hideki Tojo wurden vor das Miitärtribunal gestellt. Die internationale Gemeinschaft verurteilte das Massaker ln Nanjing durch die japanischen Aggressoren.

台儿庄 战役

Der Sieg in der Schlacht von Tai'erzhuang

台儿庄战役示意图
Kartenskizze der Schlacht von Tai'erzhuang

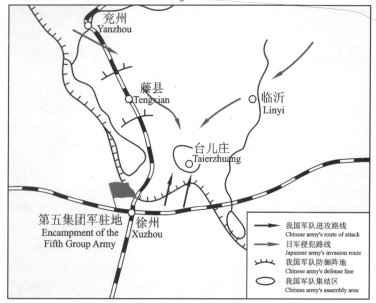

第五集团军驻地
Encampment of the
Fifth Group Army

徐州
Xuzhou

➡	我国军队进攻路线 Chinese army's route of attack
➡	日军侵犯路线 Japanese army's invasion route
⌒⌒⌒	我国军队防御阵地 Chinese army's defense line
⬭	我国军队集结区 Chinese army's assembly area

▶ 小资料 Kurzinformation

李宗仁（1891—1969年）
1891年出生于广西桂林，后成为桂系军阀首领。1948年，他在当时的国民政府选举中当选为副总统，蒋介石下野后任代总统。新中国成立后去美国治病。1965年，在中国政府的关怀帮助下，李宗仁回到北京。1969年去世。

Li Zongren（1891—1969）
Li Zongren wurde 1891 in Guilin, Guangxi, geboren. Er war Militärmachthaber der Guangxi-Armee. 1948 wurde er zum Vize-Präsidenten der damaligen Nationalregierung gewählt und war der amtierende Präsident nach dem Rücktritt Tschiang Kai-scheks. Nach der Gründung des Neuen China ging er in die USA zur Behandlung seiner Krankheit. 1965 kam er unter Anteilnahme und mit Unterstützung der chinesischen Regierung nach Beijing zurück, wo er 1969 starb.

台儿庄战役是国民党军队保卫徐州的一次外围战役。

台儿庄位于徐州东北约50公里处，临近津浦铁路，同时又是运河要道，具有十分重要的战略地位。

1937年12月，日军占领南京以后，为了打通津浦路，连结南北战场，决定先夺取徐州。

1938年春，日军从山东分两路进攻徐州。国民政府第五战区司令长官李宗仁，指挥中国军队作战，将两路日军分别阻挡在山东临沂和台儿庄。

3月23日，日军约4万人进攻台儿庄，池峰城师长率领中国守军坚守半个月之久，将日军主力吸引到台儿庄附近。李宗仁调集大量兵力包围日军，形成内外夹攻之势，在台儿庄消灭日军1万余人，击毁日军坦克30余辆，并缴获大量武器，取得台儿庄大捷，这是抗战以来正面战场取得的最大胜利。台儿庄战役沉重地打击了日军，鼓舞了全国军民的抗战信心。

Der Sieg in der Schlacht von **Tai'erzhuang**

Die Schlacht von Tai'erzhuang fand zum Schutz von Xuzhou durch die Truppen der Kuomintang statt.

Tai'erzhuang liegt etwa 50 km nordöstlich von Xuzhou, nahe der Eisenbahnlinie Jinpu (Tianjin–Pukou) nicht weit vom Großen Kanal. Daher ist die Ortschaft strategisch von großer Bedeutung.

Um die Eisenbahnlinie Jinpu zu besetzen und damit die Kriegsschauplätze im Norden und Süden zu verbinden, beschlossen die japanischen Aggressoren nach der Eroberung Nanjings im Dezember 1937, zuerst Xuzhou einzunehmen.

Im Frühling 1938 maschierten die japanischen Truppen über zwei Routen nach Xuzhou. Der Oberbefehlshaber des fünften Kriegsgebiets der Nationalregierung Li Zongren kommandierte die chinesischen Truppen in dem Kampf, um die Japaner in Linyi und Tai'erzhuang in der Provinz Shandong aufzuhalten.

Am 23. März griffen etwa 40 000 Mann der japanischen Truppen Tai'erzhuang an. Die chinesische Garnison hielt unter Führung des Divisionskommandeurs Chi Fengcheng einen halben Monat lang durch. Li Zongren kreiste mit seinem großen Truppenkontingent die Japaner ein und setzte die japanischen Truppen einem Zangenangriff aus. In der Schlacht um Tai'erzhuang wurden über 10 000 Feinde getötet, 30 japanische Panzer zerstört und zahlreiche Waffen erbeutet. Der Sieg in der Schlacht um Tai'erzhuang war der größte Sieg nach dem Widerstandskrieg gegen die japanische Aggression. Er versetzte den japanischen Truppen nicht nur schwere Schläge, sondern stärkte auch die Zuversicht der chinesischen Truppen und Bevölkerung im Kampf gegen die japanische Aggression.

1 / 2

1. 台儿庄战役图
   Kartenskizze der Schlacht von Tai'erzhuang

2. 指挥台儿庄战役的李宗仁司令长官
   Li Zongren, Oberbefehlshaber der Schlacht in Tai'erzhuang

华侨 与抗日战争

Die Überseechinesen im Widerstandskrieg gegen die japanische Aggression

　　海外华侨有着爱国的光荣传统。孙中山领导的辛亥革命就曾得到广大华侨的积极响应和支持。

　　海外华侨是中华民族抗日战争中的重要力量。从1931年"九一八"事变到1945年抗日战争胜利，他们同祖国人民一起，为世界反法西斯战争作出了巨大的贡献，是中华民族的骄傲、炎黄子孙的光荣，受到世人的称颂。

　　在第二次世界大战期间，德、意、日结成法西斯同盟，支持日本对中国的侵略。侨居海外的广大华侨利用自己侨居海外的便利条件，在欧洲、美

洲、大洋洲以及东南亚纷纷组织起来，成立了各种爱国抗日组织，为抗日战争争取到了广泛的国际同情和援助。

他们积极捐款捐物，支持祖国抗战。他们提供的大量物资，补充了军队的给养和人民的生活费用。

他们还积极宣传抗日，支持团结抗战，反对分裂投降。"九一八"事变后，海外华侨强烈要求全国抗战，实行各党联合作战，成为推动第二次国共合作的进步力量。

美国华侨还成立了航空学校，为祖国培训航空人才。

全面抗战开始后，很多华侨回国参战。1938年10月以后，中国东南的海陆交通被日军切断，新开辟的滇缅（diānmiǎn）公路工程完成后，急需大批汽车司机和修理工。1939年，南侨总会受国民政府委托，招募约3 200名华侨机工回国效力。《南洋商报》、《星洲日报》等10多家侨报的记者联合组织"南洋华侨战地记者通讯团"，于1938年回国进行战地采访。

中国人民经过8年艰苦卓绝的斗争，终于取得了抗日战争的胜利，爱国华侨为祖国抗战作出了巨大的贡献。

1 ｜ 2

1. 爱国华侨领袖陈嘉庚在厦门集美的墓园
   Mausoleum des Führers der patriotisch gesinnten Überseechinesen, Chen Jiageng (Tan Kah-kee), in Jimei, Xiamen
2. 菲律宾华侨组织的军乐队在新四军军部留影
   Auf den Philippinen lebende Chinesen organisierten die Militärkapelle beim Hauptquartier der Achten Route-Armee

Die **Überseechinesen** im Widerstandskrieg gegen die japanische Aggression

Die Überseechinesen pflegen die ruhmreiche Tradition des Patriotismus. Die von Sun Yat-sen geführte Revolution von 1911 stieß bei den Überseechinesen auf großen Widerhall und fand ihre Unterstützung.

Die Überseechinesen bildeten eine wichtige Kraft im Widerstandskrieg gegen die japanische Aggression. Vom „Zwischenfall vom 18. September" im Jahr 1931 bis zum Sieg des Widerstandskriegs im Jahr 1945 leisteten sie zusammen mit der Bevölkerung des Vaterlandes für den weltweiten antifaschistischen Krieg große Beiträge. Sie sind der Stolz der chinesischen Nation und werden weltweit hochgeschätzt.

Nach dem Ausbruch des Widerstandskriegs gegen die japanische Aggression wurden Deutschland, Italien und Japan zu faschistischen Verbündeten, die Japan bei der Aggression gegen China unterstützten. Die USA, Frankreich und Großbritannien und andere Länder verhielten sich „neutral". Die Überseechinesen gründeten in Europa, Amerika und Ozeanien sowie Südostasien patriotisch gesinnte antijapanische Organisationen und gewannen für den chinesischen Widerstandskrieg umfangreiche internationale Anteilnahme und Unterstützung.

Die Überseechinesen spendeten aktiv Geld und Materialien zur Unterstützung des Kampfs des Vaterlands gegen die japanische Aggression. Die von ihnen angebotenen Materialien und Gelder ergänzten den Nachschub der chinesischen Truppen und subventionierten den Lebensunterhalt der Bevölkerung.

Überdies propagierten sie aktiv den Kampf gegen die japanischen Aggressoren, setzten sich für den solidarischen Widerstand ein und waren gegen die Spaltung und die Kapitulation. Nach dem „Zwischenfall vom 18. September" forderten die Überseechinesen die Kuomintang

und Kommunistische Partei wiederholt zum gemeinsamen Kampf gegen die japanische Aggression auf. Sie waren die Kraft, die die zweite Zusammenarbeit zwischen der Kuomintang und der Kommunistischen Partei vorantrieb.

Die Überseechinesen in den USA gründeten eine Fliegerschule, an der Fachkräfte im Bereich Luftfahrt für das Vaterland ausgebildet wurden.

Nach dem Ausbruch des allgemeinen Kampfs gegen die japanische Aggression kamen viele Überseechinesen zur Teilnahme an den Kämpfen ins Vateland zurück. Im Oktober 1938 wurde der Verkehr auf dem Meer und auf dem Land in Südostchina von den japanischen Truppen abgeschnitten. Nach der Fertigstellung der neu angelegten Dianmian (Kunming-Myanmar)-Straße wurden zahlreiche Kraftfahrzeugfahrer und Mechaniker benötigt. 1939 warb die Südostasiatische Gesellschaft des Chinesischen Hilfsfonds im Auftrag der Nationalregierung 3200 Mechaniker an, um fürs Vaterland zu arbeiten. Die Journalisten von mehr als zehn chinesischen Zeitungen Südostasiens wie zum Beispiel *Nanyang Siang Pau Malaysia* und *Sin Chew Jit Poh Malaysia* organisierten gemeinsam den „Verband der Frontkorrespondenten Südostasiens". Sie kamen 1938 nach China zurück und recherchierten in den chinesischen Kriegsgebieten.

Nach achtjährigem Kampf gewann das chinesische Volk schließlich den Widerstandskrieg gegen die japanische Aggression mit der wertvollen Unterstützung der Überseechinesen.

陈嘉庚（1874—1961年）

爱国华侨领袖，福建厦门人。1910年，陈嘉庚（Chén Jiāgēng）在新加坡参加了同盟会，曾募款资助孙中山。陈嘉庚热心兴办华侨和家乡的文化教育事业，先后在厦门的集美创办中小学和师范、航海等专科学校和厦门大学。"九一八"事变后，陈嘉庚召开华侨大会，号召侨胞出钱出力，抵制日货，投身救国运动。全面抗战爆发后，陈嘉庚在新加坡成立"南洋华侨筹赈祖国难民总会"，后来他还亲自到延安慰劳抗日军民。抗战胜利后，他创办《南侨日报》，从事爱国民主活动。毛泽东曾经高度赞扬陈嘉庚先生的爱国主义精神，称他为"华侨旗帜，民族光辉"。

Chen Jiageng (Tan Kah Kee, 1874-1961)

Chen Jiageng aus Xiamen in der Provinz Fujian war Führer der patriotisch gesinnten Überseechinesen. 1910 trat Chen Jiageng in Singapur der Chinesischen Revolutionären Liga (Tong Meng Hui) bei und war einer der Geldgeber Sun Yat-sens. Cheng Jiageng setzte sich aktiv für das Kultur- und Bildungswesen unter den Überseechinesen und in seiner Heimat ein und gründete in Jimei bei Xiamen Grund- und Mittelschulen, Fachschulen für Pädagogie und Seefahrt sowie die Universität Xiamen. Nach dem „Zwischenfall vom 18. September" veranstaltete Chen Jiageng eine Versammlung der Überseechinesen und rief sie zu Spenden, Boykottierung der japanischen Waren und dem Einsatz bei der Rettung des Vaterlandes auf. Nach dem Ausbruch des allgemeinen Widerstandskriegs gegen die japanische Aggression errichtete er in Singapur die „Südostasiatische Gesellschaft des Chinesischen Hilfsfonds". Später ging er persönlich nach Yan'an, um der antijapanischen Armee und Bevölkerung Grüße zu übermitteln. Nach dem Sieg des Widerstandskriegs gründete er die Zeitung *Nam Kew Poo* und beschäftigte sich mit patriotischen, demokratischen Tätigkeiten. Sein patriotischer Geist wurde von Mao Zedong hochgeschätzt, er wurde zum „Flaggenträger der Überseechinesen, Ruhm der Nation".

重庆谈判

Die Verhandlungen in Chongqing

抗日战争胜利后，蒋介石一方面准备发动内战，一方面又受到国内外要求和平、反对内战的舆论压力，于是采取了"假和平，真内战"的策略。1945年8月，蒋介石三次邀请毛泽东去重庆"商讨"国内和平问题。他的真实意图是：如果毛泽东不去，就宣传共产党没有和平诚意，把发动内战的责任加在共产党身上；如果去了，就可以借谈判逼 共产党交出人民军队和解放区政权。

1945年8月28日，为谋求和平，毛泽东、周恩来、王若飞等中共领导人从延安前往重庆，与国民党谈判。国民党派王世杰、张治中、邵力子为谈判代表。

这次谈判共进行了43天。中共代表团提出了和平建国的基本方针，即坚决避免内战，在和平、民主、团结的基础上实现全国统一，建立独立、自由、富强的新中国。蒋介石不得不表面同意结束专制统治，召开各党派政治协商会议，保障民主自由，保障各党派平等合法地位等主张，并于10月10日公布了《国共代表会谈纪要》（即"双十协议"）。

这次谈判，国共双方在解放区的政权问题和军队问题上争论激烈。中共代表团要求承认人民军队和解放区民主政权的合法地位，蒋介石则要求中共交出军队和解放区。为了争取和平，中共代表团作出让步，在普遍裁减全国军队的前提下，将人民解放军减少为24个师，并自动退出广东、湖南等8个解放区。

这次谈判迫使蒋介石承认了和平建国等政治方针。同时也揭穿了国民党假和平、真备战的阴谋，使得中国共产党在政治上取得主动，国民党在政治上陷入孤立。

1	2
	3

1. 1945年9月17日，毛泽东和蒋介石在重庆谈判期间的合影
   Am 17. September 1945 Mao Zedong und Chiang Kai-shek Während der Verhandlung in Chongqing

2. 1945年8月28日，毛泽东、周恩来等人在美国驻华大使赫尔利和蒋介石的代表张治中的陪同下前往重庆与国民党谈判
   Am 28. August 1945 brachen Mao Zedong, Zhou Enlai und andere Mitglieder der Delegation der KP Chinas, begleitet vom US-amerikanischen Botschafter in China Patrick Hurley, und Vertreter von Chiang Kai-shek Zhang Zhizhong nach Chongqing zur Verhandlung mit Guominclang auf

3. 重庆谈判旧址
   Ehemaliger Sitz für die Verhandlungen in Chongqing

Die Verhandlungen in **Chongqing**

Nach dem Sieg im Widerstandskampf gegen die japanische Aggression bereitete sich Tschiang Kai-schek einerseits auf einen Bürgerkrieg vor, andererseits geriet er aber unter den Druck der öffentlichen Meinung, die sich für den Frieden und gegen den Bürgerkrieg äußerte. Tschiang Kai-schek ergriff die strategische Maßnahme des „scheinbaren Friedens und wahren Bürgerkriegs". Im August 1945 lud Tschiang Kai-schek Mao Zedong dreimal zu „Friedensverhandlungen" nach Chongqing ein. Seine wahre Absicht war: Wenn Mao Zedong die Einladung ablehnte, hätte er den Beweis, dass die Kommunistische Partei Friedensverhandlungen ablehnte und er könnte der Kommunistischen Partei die Verantwortung für den Bürgerkrieg zuschieben. Nahm jedoch Mao Zedong die Einladung an, könnte er die „Friedensverhandlungen" nutzen, die Kommunistische Partei zur Übergabe der Macht über die Volksarmee und über die befreiten Gebiete zwingen.

Um den inneren Frieden zu bewahren, traf die Delegation der Kommunistischen Partei mit Mao Zedong, Zhou Enlai und Wang Ruofei am 28. August 1945 zu Verhandlungen mit der Kuomintang in Chongqing ein. Die Verhandlungsvertreter der Kuomintang waren Wang Shijie, Zhang Zhizhong und Shao Lizi.

Die Verhandlungen dauerten 43 Tage. Die Delegation der Kommunistischen Partei stellte die grundlegenden Richtlinien über die friedliche Gründung des Staates auf: Man musste den Bürgerkrieg entschieden vermeiden, auf der Grundlage des Friedens, der Demokratie und der Solidarität das Land vereinigen und ein unabhängiges, freies und mächtiges neues China aufbauen. Tschiang Kai-schek blieb nichts anderes übrig als, die Autokratie zu beenden, die politische Konsultativkonferenz verschiedener Parteien einzuberufen, die Demokratie und Freiheit zu gewährleisten und die gleiche und legale Stellung verschiedener Parteien sicherzustellen. Am 10. Oktober wurde die *Übersicht über die Besprechungen zwischen der Kuomintang und der Kommunistischen Partei*, auch das *Übereinkommen vom 10. Oktober* genannt, veröffentlicht.

Bei den Verhandlungen diskutierten die Kommunistische Partei und die Kuomintang heftig über Fragen wie zum Beispiel, die politische Macht und die Streitkräfte. Die Delegation der Kommunistischen Partei verlangte die Anerkennung der legalen Stellung der Volksarmee und der demokratischen Macht in den „Befreiten Gebieten". Tschiang Kai-schek verlangte aber von der Kommunistischen Partei die Übergabe der Armee und der Befreiten Gebiete. Um des Friedens Willen, machte die Delegation der Kommunistischen Partei Kompromisse: Unter der Voraussetzung der allgemeinen Abrüstung im ganzen Land wurde die Volksbefreiungsarmee auf 24 Divisionen abgebaut und freiwillig aus acht Befreiungsgebieten wie zum Beispiel den in Guangdong und Hunan zurückgezogen.

Durch die Verhandlungen wurde Tschiang Kai-schek zur Anerkennung der politischen Richtlinien über u. a. die friedliche Gründung des Staates gezwungen. Zugleich wurde das Komplott der Kuomintang, das zwar vom Frieden redete, in Wirklichkeit aber den Bürgerkrieg vorbereitete, aufgedeckt. Politisch betrachtet gewann die Kommunistische Partei die Initiative und die Kuomintang geriet in Isolation.

解放战争

Der Befreiungskrieg

1946年6月，蒋介石下令全面进攻解放区，解放区军民奋起抗击，解放战争正式开始。

全面内战爆发时，国民党政府在军事力量上占有明显优势，拥有430多万人的庞大军队，控制着全国所有的大城市和绝大部分交通干线，还得到美国在军事上和财政上的支持。

1947年2月，解放区军民取得了自卫战争的初步胜利。1947年3月起，国民党政府从原来对解放区的全面进攻，改为对陕甘宁和山东两个解放区的重点进攻，但也失败了。到1947年6月，国共双方力量对比已发生了显著的变化。国民党军队总兵力下降到373万人，士气低落。国民党政府在政治上、经济上也陷入严重危机。人民解放军总兵力不断增加，装备也有很大改善，全军士气高涨，开始从战略防御转入战略进攻。

1947年7月起，解放军三支大军先后南下中原，展开进攻。到1948年8月，双方力量对比发生了进一步的变化。人民解放军的人数上升到280万，解放区面积也扩大了。中共中央作好了大决战的准备，先后组织了辽沈、淮海、平津三大战役，基本上消灭了国民党的主力部队，解放了全国大部分地区，加速了全国解放战争胜利的到来。

三大战役以后，国民党政府继续在长江南岸部署兵力，妄图凭借长江天险，阻止人民解放军渡江向南进发。1949年4月21日，毛泽东和朱德下达命令，人民解放军在东起江阴，西至湖口，长达500多公里的战线上，分三路发起渡江战役。23日，人民解放军占领南京，蒋介石集团逃往台湾。

1
2

1. 1949年3月25日，毛泽东在北平西苑机场检阅部队
   Mao Zedong nahm am 25. März 1949 eine Truppenparade auf dem Xiyuan-Flughafen in Beiping (heute Beijing) ab
2. 江苏南京国民党总统府旧址
   Ehemaliger Sitz des Präsidialamtes der Nationalregierung in Nanjing, Provinz Jiangsu

Der Befreiungskrieg

Im Juni 1946 befahl Tschiang Kai-schek eine allgemeine Offensive gegen die Befreiten Gebiete. Die Armee und Bevölkerung in den Befreiten Gebieten antworteten mit heftigen Gegenangriffen. Der Befreiungskrieg begann.

Zu Beginn des Kriegs gewann die Kuomintang-Regierung deutliche Überlegenheit an militärischen Kräften. Sie verfügte über eine Armee von 4,3 Mio. Mann, kontrollierte die Großstädte und einen überwiegenden Teil der Verkehrsadern. Zudem erhielt sie die militärische und finanzielle Hilfe der USA.

Im Februar 1947 errangen die Armee und die Bevölkerung in den Befreiten Gebieten den Sieg im Selbstverteidigungskrieg. Vom März 1947 an stellte die Kuomintang-Regierung ihren allgemeinen Angriff ein und konzentrierte die Offensive schwerpunktmäßig auf die Befreiten Gebiete in Shandong und Shaanxi-Gansu-Ningxia. Doch auch diese Offensive scheiterte. Im Juni 1947 veränderte sich der Kräfteunterschied zwischen der Kommunistischen Partei und der Kuomintang erheblich. Die Zahl der Streitkräfte der Kuomintang sank auf 3,73 Mio. Mann und ihr Kampfgeist war schwach. Außerdem geriet die Kuomintang-Regierung in eine schwere politische und wirtschaftliche Krise. Die Streitkräfte der Volksbefreiungsarmee hingegen wurden immer zahlreicher und stärker. Ihre Ausrüstung hatte sich auch wesentlich verbessert. Mit hoher Kampfmoral ging sie von der strategischen Defensive zur strategischen Offensive über.

Vom Juli 1947 rückten drei Haupttruppen der Volksbefreiungsarmee nach Zentralchina vor und starteten die Offensive. Im August 1948 veränderte sich der Kräfteunterschied weitgehend. Die Zahl der Volksbefreiungsarmee stieg auf 2,8 Mio. Mann und die Fläche der Befreiten Gebiete vergrößerte sich. Das Zentralkomitee der Kommunistischen Partei war bestens auf den großen Entscheidungskampf vorbereitet und führte drei Operationen durch: die Westliaoning-Shenyang-Operation, die Beijing-Tianjin-Operation und die Huai-Hai-Operation. Bei den Operationen wurden die Hauptkräfte der Kuomintang komplett vernichtet. Ein großer Landteil Chinas wurde befreit. Die drei Operationen beschleunigten den Siegeslauf des Befreiungskriegs im ganzen Land.

Nach den drei Operationen verstärkte die Kuomintang-Regierung weiter ihre Streitkräfte südlich des Yangtse-Flusses und wollte gestützt auf die natürliche Schranke des Yangtses den Marsch der Volksbefreiungsarmee nach Südchina aufhalten. Am 21. April 1949 gaben Mao Zedong und Zhu De den Befehl aus, nach dem die Volksbefreiungsarmee auf einer 500 km langen Front von Jiangyin im Osten bis nach Hukou im Westen über drei Routen den Yangtse überquerte. Am 23. eroberte die Volksbefreiungsarmee Nanjing, die Tschiang Kai-schek-Clique floh nach Taiwan.

▶ 小资料　Kurzinformation

总统府

南京国民党总统府旧址位于现在南京市长江路292号。明初这里是汉王府。1912年，孙中山临时大总统也曾在此办公。在抗战前后的14年内，蒋介石把这里作为国民政府办公所在地。

Präsidialamt

Das Präsidialamt liegt heute an der Changjiang-Straße 292 in Nanjing. Zu Beginn der Ming-Dynastie war es die Residenz des Han-Königs. 1912 diente es dem Provisorischen Präsidenten Sun Yat-sen zur Erledigung der Geschäfte. Tschiang Kai-schek benutzte es in den 14 Jahren vor und nach dem Widerstandskrieg gegen die japanische Aggression als Sitz der Nationalregierung, daher wird es das Präsidialamt genannt.

北平和平解放

1949年1月，华北"剿总"总司令傅作义将军与人民解放军经过谈判，签署了和平解放北平的声明。随后，解放军举行了正式的入城仪式，具有悠久历史的文化古都北平宣告和平解放，进而大大推动了全国解放的到来。

Die friedliche Befreiung Beipings

Im Januar 1949 unterzeichnete der General Fu Zuoyi, der Oberbefehlshaber des „Hauptquartiers zur Ausrottung der Kommunistischen Partei" Nordchinas, nach Verhandlungen mit der Volksbefreiungsarmee die Erklärung zur friedlichen Befreiung Beipings. Anfang 1949 veranstaltete die Volksbefreiungsarmee eine offizielle Einmarsch-Zeremonie in der Stadt. Die kulturhistorische Stadt Beiping war befreit, was die Befreiung des ganzen Landes stark förderte.

现代中国

Die moderne Geschichte Chinas

概 述

Überblick

1949年10月1日，毛泽东主席登上雄伟的天安门城楼，向全世界人民庄严宣告：中华人民共和国成立了！中国人民从此站起来了！10月1日就是中国的国庆节，这一天也是中国现代史的开端。新中国成立后，在以毛泽东为核心的第一代中央领导集团的领导下，中国恢复了国民经济，建立了社会主义制度，改善了人民生活，加强了民族团结，发展了对外关系，恢复了中国在联合国和联合国常任理事国的合法席位，政治、经济面貌得到了巨大改观。

从1978年开始，在以邓小平为核心的第二代中央领导集团的领导下，在第三次科技革命的影响和推动下，中国进入改革开放和社会主义现代化建设的新时期，经济发展速度大大加快，科技、教育、文化、体育、卫生事业不断进步，国际地位迅速提高，成功地运用"一国两制"方针解决了香港问题、澳门问题。

以江泽民为核心的第三代中央领导集体，坚持改革开放政策。2001年中国加入了世界贸易组织（WTO），对中国的社会主义现代化建设产生了积极影响。

目前，中国人民正在以胡锦涛为总书记的党中央的领导下，努力构建社会主义和谐社会，加快推进全面建设小康社会的进程。

Am 1. Oktober 1949 stieg der Vorsitzende Mao Zedong auf den majestätischen Torturm über dem Tian'anmen und erklärte feierlich allen Völkern der Welt : „Die Volksrepublik ist gegründet! Das chinesische Volk ist aufgestanden!" Damit wurde der 1. Oktober zum Nationaltag Chinas und zum Anfang der modernen Geschichte Chinas. Nach der Gründung des Neuen Chinas wurden unter Führung der Kommunistischen Partei Chinas und Mao Zedongs, dem wichtigste Regierungsführer der ersten Generation des Neuen Chinas, die Volkswirtschaft wieder hergestellt, das sozialistische System errichtet, die Lebensbedingungen der Bevölkerung verbessert und die Einheit aller Nationalitäten des Landes verstärkt. Darüber hinaus entwickelten sich die Beziehungen mit dem Ausland und Chinas Status in der UNO als ständiger Mitgliedsstaat war wieder hergestellt. Damit hat sich das politische und wirtschaftliche Antlitz Chinas beträchtlich gewandelt.

Unter Leitung der KPCh und der Staatsführung der zweiten Generation des Neuen Chinas mit Deng Xiaoping trat China 1978, infolge der rasanten Entwicklungen in der dritten wissenschaftlichen und technischen Revolution, in eine neue Epoche der Reform und der Öffnung sowie des sozialistischen Modernisierungsaufbaus. Die Wirtschaft entwickelte sich immer schneller und in den Bereichen Wissenschaft und Technik, Bildungswesen, Kultur, Sport und Gesundheitspflege wurden große Fortschritte gemacht. Dank seiner besseren internationalen Stellung hat China mit der Politik „Ein Land, zwei Systeme" die Hongkong-Frage und die Macao-Frage gelöst und wird auch mit dieser Politik die Taiwan-Frage lösen.

Die Führungsgruppe der dritten Generation mit Jiang Zemin als Kern hielt an der Politik der Öffnung nach außen fest. 2001 trat China der Welthandelsorganisation (WTO) bei, was positive Einflüsse auf den sozialistischen Modernisierungsaufbau Chinas ausübt.

Heute bauen Chinesen unter Leitung des Zentralkomitees der KPCh mit Hu Jintao als Generalsekretär mit vollem Einsatz eine harmonische, sozialistische Gesellschaft auf und treiben den allseitigen Aufbau der Gesellschaft mit bescheidenem Wohlstand voran.

毛泽东与新中国的建立

Mao Zedong und die Gründung des Neuen China

1 | 2

1. 1949年10月1日，毛泽东在开国大典上向全世界宣告："中华人民共和国中央人民政府今天成立了！"
   Am 1. Oktober 1949 verkündete Mao Zedong Bei der Gründungs zeremonie der Volksrepublik China feierlich der ganzen Welt: „Die zentrale Volksregierung der Volksrepublik China ist heute gegrün-det!"

2. 毛泽东主席
   Vorsitzender Mao Zedong

1949年9月，中国人民政治协商会议第一届全体会议在北平开幕，会议决定成立中华人民共和国，选举毛泽东为中华人民共和国中央人民政府主席，朱德、刘少奇等人为副主席，决定把北平改名为北京，作为中华人民共和国的首都，以《义勇军进行曲》为国歌，以五星红旗为国旗。

10月1日下午2时，国家领导人宣布就职，任命周恩来为中央人民政府政务院总理。

10月1日下午3时，举行开国大典。北京30万群众齐集天安门广场，毛泽东站在天安门城楼上，向全世界庄严宣告："中华人民共和国中央人民政府成立了！"在礼炮声中，他亲自升起了第一面五星红旗。接着举行了盛大的阅兵式和礼花晚会。

中华人民共和国的成立，标志着100多年来半殖民半封建地的旧中国历史的结束，揭开了中国历史的新篇章，使一个占世界人口近四分之一的大国成为独立自主的国家，人民从此成为国家的主人。

Mao Zedong und
die Gründung des Neuen China

Im September 1949 wurde die erste Vollversammlung der Politischen Konsultativkonferenz des Chinesischen Volkes (PKKCV) in Beiping (heute Beijing) eröffnet. Auf der Versammlung wurden die Gründung der Volksrepublik China beschlossen, Mao Zedong zum Vorsitzenden der zentralen Volksregierung der VR China und Zhu De, Liu Shaoqi u. a. zu den Vizestaatspräsidenten gewählt. Beiping wurde in Beijing umbenannt und zur Hauptstadt der VR China gemacht. Ferner wurde das Lied *Marsch der Freiwilligen* als Nationalhymne und die Rote Fünf-Sterne-Fahne als Nationalflagge bestimmt.

Am 1. Oktober nachmittags um zwei Uhr traten die Staatsführer ihre Ämter an. Zhou Enlai wurde zum Ministerpräsidenten des Staatsverwaltungsrates der zentralen Volksregierung ernannt.

Um drei Uhr nachmittags fand das Gründungszeremoniell des Staates statt. 300 000 Einwohner Beijings versammelten sich auf dem Tian'anmen-Platz. Mao Zedong stand auf dem Torturm über dem Tian'anmen und verkündete der ganzen Welt feierlich: „Die zentrale Volksregierung der Volksrepublik China ist gegründet!" Während Salutschüsse abgefeuert wurden, hisste Mao Zedong persönlich die erste Rote Fünf-Sterne-Fahne. Nach einer imposanten Militärparade wurde am Abend ein gewaltiges Fest mit bunten Feuerwerken veranstaltet.

Die Gründung der Volksrepublik symbolisiert das Ende der mehr als 100-jährigen Geschichte des halbfeudalen und halbkolonialen Alten China. Damit begann ein neues Kapitel in der chinesischen Geschichte. China, ein großes Land, dessen Bevölkerung damals knapp ein Viertel der Weltbevölkerung ausmachte, wurde zu einem unabhängigen und vereinigten Staat. Das chinesische Volk ist seitdem Herr des Staates.

抗美援朝 保家卫国

Der antiamerikanische Widerstandskrieg zur Unterstützung Koreas

▶ 小资料　Kurzinformation

毛岸英牺牲

抗美援朝战争爆发后，毛泽东主席的长子毛岸英主动请求参加志愿军到朝鲜参战。他担任中国人民志愿军司令部俄语翻译和秘书。1950年11月25日上午，美空军轰炸机突然飞临志愿军司令部上空，投下了几十枚凝固汽油弹。在作战室紧张工作的毛岸英壮烈牺牲，长眠在朝鲜的土地上。

Mao Anying opferte sein Leben

Nach Ausbruch des Widerstandskrieges gegen die amerikanischen Agressoren zur Unterstützung Koreas beantragte Mao Anying, der älteste Sohn des Vorsitzenden Mao Zedong, aus eigener Initiative seinen Beitritt zur Freiwilligenarmee. Nach seiner Aufnahme war er als Dolmetscher für Russisch und als Sekretär im Hauptquartier der Freiwilligenarmee des Chinesischen Volkes tätig. Am Vormittag des 25. November 1950 tauchten plötzlich US-amerikanische Bomber am Himmel über dem Hauptquartier der Freiwilligenarmee auf und warfen Dutzende von Napalmbomben ab. Mao Anying, in großer Hast mit den Kriegsangelegenheiten beschäftigt, starb eines heroischen Todes und ruht auf dem Boden Koreas im ewigen Schlaf.

1950年6月25日，朝鲜内战爆发。美国随即出兵干涉朝鲜内政；同时，美国海军侵入台湾海峡。7月7日美国操纵联合国安理会通过了决议，组成以美军为主的"联合国军"，扩大侵朝战争。美国总统杜鲁门任命麦克阿瑟（sè）为"联合国军"总司令。

中国主张和平解决朝鲜问题，对于美国武装干涉朝鲜内政和侵入中国领土、领空表示强烈抗议。

9月15日，美军在朝鲜西海岸登陆，进攻朝鲜人民军，并于10月初越过北纬38度线（简称"三八线"），企图迅速占领整个朝鲜。同时，美军空军不断轰炸中朝边境的中国城乡，海军不断炮击中国船只，中国安全受到严重威胁。

10月初，中国政府根据朝鲜民主主义人民共和国政府的请求，作出"抗美援朝、保家卫国"的决策。中国人民志愿军于1950年10月19日，在司令员彭德怀的率领下，跨过鸭绿江，开赴朝鲜战场，与朝鲜人民军并肩作战，抗击美国侵略者。从1950年10月到1951年6月，连续进行了5次战略性战役，将"联合国军"赶回"三八线"以南，扭转了朝鲜战局。1951年7月，战争双方开始举行朝鲜停战谈判。1953年7月27日，战争双方在朝鲜停战协议上签字，抗美援朝战争结束。

抗美援朝战争粉碎了帝国主义扩大侵略的野心，维护了亚洲与世界和平，提高了中国的国际威望，为新中国的建设赢得了相对稳定的和平环境。

Der antiamerikanische
Widerstandskrieg zur Unterstützung Koreas

Am 25. Juni 1950 brach auf der koreanischen Halbinsel ein Bürgerkrieg aus. Die USA entsandten sofort Truppen, um sich in die inneren Angelegenheiten Koreas einzumischen. Gleichzeitig drang die Marine der USA in die Taiwan-Straße ein. Am 7. Juli manipulierten die USA den Sicherheitsrat der UNO und erreichten damit die Annahme einer Resolution, wonach eine „UN-Armee" mit Truppen der USA als Hauptbestandteil zur Intensivierung des Aggressionskriegs gegen Korea gebildet wurde. US-Präsident Harry S. Truman ernannte Douglas MacArthur zum Oberbefehlshaber der „UN-Armee".

China plädierte für eine friedliche Lösung der Korea-Frage, und protestierte heftig gegen die militärische Intervention der USA in die inneren Angelegenheiten Koreas sowie das Eindringen in den territorialen Luftraum Chinas.

Am 15. September landeten die USA-Truppen an der Westküste Koreas und leiteten einen Angriff gegen die koreanische Volksarmee ein. Anfang Oktober überschritten sie die Linie auf dem 38. Breitengrad (Abkürzung: 38-Linie), mit der Absicht, ganz Korea zu erobern. Zur gleichen Zeit bombardierten die US-amerikanischen Luftstreitkräfte chinesische Siedlungen an der chinesisch-koreanischen Grenze und die amerikanische Kriegsflotte beschoss ununterbrochen chinesische Schiffe mit Artilleriefeuern. Der inneren Sicherheit Chinas drohte große Gefahr.

Anfang Oktober traf die chinesische Regierung auf Bitte der Regierung der Demokratischen Volksrepublik Korea den Beschluss, „gegen die USA zu kämpfen und Korea zu helfen, um das Vaterland zu verteidigen". Am 19. Oktober 1950 überquerte die Freiwilligenarmee des Chinesischen Volkes unter Führung des Oberbefehlshabers Peng Dehuai den Yalu-Fluss und gelangte an die koreanische Front, wo sie gemeinsam mit der koreanischen Volksarmee gegen die amerikanischen Aggressoren kämpften. Zwischen Oktober 1950 und Juni 1951 wurden fünf aufeinanderfolgende Schlachten von strategischer Bedeutung geschlagen.

Die „UN-Armee" musste sich zur „38-Linie" zurückziehen, eine grundlegende Wendung der Kriegslage. Im Juli 1951 nahmen die beiden Gegner Waffenstillstandsverhandlungen auf. Mit der Unterzeichnung des Waffenstillstandsabommens am 27. Juli 1953 wurde der antiamerikanische Widerstandskrieg zur Unterstützung Koreas beendet.

Mit diesem Krieg wurden jegliche imperialistischen Ambitionen zur aggressiven Machtübernahme zunichte gemacht, der Frieden in Asien und der ganzen Welt aufrecht erhalten und Chinas Ansehen in der internationalen Gemeinschaft wesentlich erhöht. Damit war auch ein relativ stabiles und friedliches Umfeld für den Aufbau Chinas geschaffen.

1	
	2

1. 中国人民志愿军跨过鸭绿江，开赴朝鲜战场
   Die Freiwilligenarmee des Chinesischen Volkes marschierte über den Yalu-Fluss an die Front im Ko-reakrieg
2. 1953年7月27日，朝鲜停战协议签字仪式在板门店举行
   Am 27. Juli 1953 wurde das Waffenstillstandsabkommen in Panmunjom unterzeichnet, das den Koreakrieg beendete

周恩来 与新中国外交

Zhou Enlai und die Diplomatie des Neuen China

1 | 2

3

1. 周恩来总理
   Ministerpräsident Zhou Enlai
2. 1971年4月，周恩来会见美国乒乓球代表团
   Im April 1971 empfängt Zhou Enlai die „Pingpong"-Delegation aus den USA
3. 1972年2月21日，美国总统尼克松来华访问，周恩来在机场迎接
   Am 21. Februar 1972 hieß Ministerpräsident Zhou Enlai den US-Präsidenten Richard Nixon auf dem Hauptstadtflughafen in Beijing willkommen

周恩来是一位杰出的政治家、外交家，是中国共产党的重要领导人。他在北伐战争、南昌起义、遵义会议、万里长征、西安事变、重庆谈判，以及中华人民共和国的创建等一系列重大历史事件中都发挥了重要的作用。他是新中国的首任总理兼外交部长，具有高超的外交艺术和人格魅力。他在外交场合的每一次出现，都会给爱好和平的人们带来希望，是成功和胜利的象征。

1954年4月至7月，美国、苏联、中国、法国，还有朝鲜战争和印度支那战争的交战各方，在瑞士日内瓦举行会议，讨论停战问题。这是新中国第一次以大国的身份参加重要国际会议。周恩来率领中国代表团出色地完成了任务，为恢复和平作出了巨大贡献。

周恩来还为中美关系的改善作出了杰出的贡献。新中国成立后，中美两国关系中断了20多年。20世纪60年代末，中美两国政府都决定改善中美关系。1970年10月1日，天安门广场举行国庆节庆祝活动，周恩来邀请美国记者埃德加·斯诺夫妇登上天安门城楼观礼，向美国发出了友好的信息。

1972年2月21日，在和中国没有外交关系的情况下，美国总统尼克松来中国进行友好访问。周恩到在机场迎接。当他们的手握在一起时，周恩来微笑着说："你把手伸过了世界上最辽阔的海洋来和我握手。"中美关系开始走上了正常化的道路。周恩来在其中发挥了关键性作用，在制定和执行这一时期中国对美国的方针方面表现了极大的创造性、灵活性，以及卓越的外交艺术。

Zhou Enlai und die
Diplomatie des Neuen China

Zhou Enlai war ein ausgezeichneter Politiker und Diplomat sowie ein wichtiger Führer der KPCh. Er spielte eine wichtige Rolle in bedeutenden, historischen Ereignissen wie z. B. im Nordfeldzug (1926–1927), im Aufstand am 1. August 1927 in Nanchang, in der Zunyi-Konferenz, beim Langen Marsch, im Xi'an-Zwischenfall am 12. Dezember 1936, bei den Chongqing-Verhandlungen und bei der Gründung der Volksrepublik China . Zhou Enlai war der erste Ministerpräsident und Außenminister des Neuen China. Er besaß ausgezeichnete diplomatische Fähigkeiten und war eine große Persönlichkeit. Bei seinem Erscheinen an diplomatischen Anlässen schenkte er dem friedliebenden Volk stets neue Hoffnung. Er ist heute noch ein Symbol für Erfolg und Sieg.

Von April bis Juli 1954 führten die USA, die Sowjetunion, China, Frankreich und die am Korea-Krieg und am Indochina-Krieg beteiligten Staaten in Genf Verhandlungen zum Waffenstillstand. Das war das erste Mal, dass das Neue China als Großmacht an wichtigen internationalen Konferenzen teilnahm. Zhou Enlai, Leiter der chinesischen Delagation, erfüllte seine Aufgabe ausgezeichnet und leistete einen großen Beitrag zur Wiederherstellung des Friedens.

Ein weiterer großer Verdienst Zhou Enlais ist die Verbesserung der Beziehungen zwischen China und den USA. Nach der Gründung des Neuen China waren die Beziehungen zwischen den beiden Staaten für mehr als 20 Jahre unterbrochen. Ende der 60er Jahre entschieden sich beide Regierungen, die bilateralen Beziehungen zu verbessern. Am 1. Oktober 1970 lud Zhou Enlai den amerikanischen Journalisten Edgar Snow und seine Frau zur Feier des chinesischen Nationaltages ein und bat ihn auf die Ehrentribüne auf dem Torturm über dem Tian'anmen, eine außerordentlich freundliche Geste den USA gegenüber.

Als es bis dahin keine diplomatischen Beziehungen zwischen China und den USA gab und die beiden Länder immer noch als ewige Feinde galten, landete der US-Präsident Richard Nixon am 21. Februar 1972 für einen Freundschaftsbesuch in China. Zhou Enlai hieß ihn auf dem Flughafen willkommen. Beim freundlichen Händedruck sagte Zhou Enlai lächelnd: „Sie strecken ihre Hand über das größte Meer der Welt, um meine Hand zu schütteln." Danach normalisierten sich langsam die Beziehungen zwischen China und den USA. Dabei spielte Zhou Enlai zweifellos eine entscheidende Rolle. Bei der damaligen Durchführung der Richtlinien gegenüber den USA zeigte Zhou Enlai wiederholt seine große Kreativität und Flexibilität sowie seine hervorragenden diplomatischen Fähigkeiten.

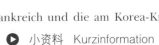

▶ 小资料 Kurzinformation

乒乓外交

1971年4月10日至17日，美国乒乓球代表队来中国进行友好访问和比赛，这是自新中国成立以来，第一个应邀访问中华人民共和国的美国代表团。美国乒乓球队访华在美国引起强烈的反响，掀起一股"中国热"，在国际上也引起了广泛的关注。1972年4月12日至29日，中国乒乓球代表团赴美进行回访。中美两国乒乓球队之间的互访，打开了两国人民友好往来的大门，"小球转动了大球"，推动了两国关系正常化的进程，被国际舆论誉为"乒乓外交"。

Die Pingpong Diplomatie

Vom 10. bis zum 17. April 1971 weilte eine amerikanische Pingpong-Delegation für ein Freundschaftsspiel in China. Nach der Gründung des Neuen China war das der erste Chinabesuch einer Delegation aus den USA auf Einladung der Volksrepublik. Dieser Besuch löste in den USA ein großes Echo aus. China wurde nicht nur zum Tagesthema der Amerikaner sondern sorgte weltweit für Aufmerksamkeit. Vom 12. bis zum 29. April 1972 besuchte dann auch eine chinesische Pingpong-Delegation die USA. Der gegenseitige Besuch der Pingpong-Delegationen öffnete die Schranken zur Freundschaft zwischen beiden Ländern und förderte die Normalisierung ihrer Beziehungen. „Ein kleiner Ball bringt die Welt zum Drehen", und so sprach man in der internationalen Öffentlichkeit von der „Pingpong Diplomatie".

邓小平与改革开放

Deng Xiaoping und seine Reform- und
Öffnungspolitik

中国的改革开放，开始于1978年召开的中国共产党十一届三中全会，经历了从农村改革到城市改革，从经济体制的改革到各方面体制的改革，从对内搞活到对外开放的进程。邓小平是这场改革的主要领导人，是中国改革开放的总设计师。

邓小平提出了"建设中国特色社会主义"的理论：以经济建设为中心，进行现代化建设，在农村实行家庭联产承包责任制，在城市推行打破"大锅饭"的各种经济责任制，建立公有制基础上的社会主义市场经济体制。同时，改革政治体制，如党政分开、下放权力、精简机构、发扬民主等等。

把改革和开放结合起来，设置经济特区。1979年7月，国务院确定广东、福建两省试办经济特区。1980年，正式设立了深圳、珠海、汕头、厦门4个经济特区。又相继开放了沿海十几个城市，在长江三角洲、珠江三角洲、闽东南地区、环渤海地区开辟经济开放区，批准海南建省并成为经济特区。1984年1月，邓小平等人视察了深圳和珠海两个经济特区。1992年，又视察了武昌、深圳、珠海、上海等地，发表了重要讲话，强调改革开放胆子要大一些，要抓住时机，关键是发展经济。

邓小平提出"科学技术是第一生产力"，提出要尊重知识、尊重人才，发展教育事业，加强社会主义精神文明建设。

在解决香港和澳门回归的问题上，邓小平提出了用"一国两制"的方针实现祖国统一的构想，取得了成功。

经过20多年的改革开放，中国在经济、政治、文化、社会建设等领域都取得了巨大的成就，综合国力显著增强，人民生活水平日益提高。

Deng Xiaoping und seine
Reform- und Öffnungspolitik

Chinas Reform- und Öffnungspolitik begann bei der 1978 einberufenen 3. Plenartagung des vom 11. Parteitag gewählten Zentralkomitees der KPCh.

Auf die Landreform folgte die Stadtreform, auf die Wirtschaftsreform folgte die Reform aller Bereiche und auf die Ankurbelung der inländischen Wirtschaft folgte die Öffnung nach außen. Deng Xiaoping war Initiator dieser Reformen und Hauptkonstrukteur der Reform- und Öffnungspolitik Chinas.

Die von Deng Xiaoping vorgelegte Theorie „Aufbau des Sozialismus chinesischer Prägung" enthielt folgende Punkte: der Modernisierungsaufbau mit der Wirtschaft als Mittelpunkt, die Einführung eines vertraglich gebundenen Verantwortlichkeitssystem zur Produktionspflicht der einzelnen Haushalte auf dem Land, Einführung von verschiedenen wirtschaftlichen Verpflichtungsprinzipien in der Stadt zum Bruch der alten Gewohnheit „aus einem Topf essen" (ohne Rücksicht auf seine Leistung denselben Anteil für sich beanspruchen), Aufbau eines sozialistischen Marktwirtschaftssystems, basierend auf dem Volks- bzw. Kollektiveigentum. Eine Reform des politischen System war ebenfalls notwendig. Dazu gehörten die Trennung der Parteifunktionen von denen der Regierung, die Delegierung der Befugnisse an die unteren Ebenen, die Vereinfachung des Verwaltungsapparats und die Förderung der Demokratie.

Man verband die Reform mit der Öffnung und gründete Wirtschaftssonderzonen. Im Juli 1979 beschloss der Staatsrat die versuchsweise Einrichtung von Wirtschaftssonderzonen in den Provinzen Guangdong und Fujian. 1980 wurden die Städte Shenzhen, Zhuhai, Shantou und Xiamen offiziell zu Wirtschaftssonderzonen ernannt. Danach wurden nacheinander über zehn Küstenstädte nach außen geöffnet. Im Yangtse-Delta, im Perlfluss-Delta, im südöstlichen Teil der Provinz Fujian und im Gebiet um das Bohai-Meer herum wurden wirtschaftliche Öffnungszonen erschlossen. Die Insel Hainan wurde zur Provinz bzw. zu einer Wirtschaftssonderzone. Im Januar 1984 inspizierte Deng Xiaoping die beiden Wirtschaftssonderzonen Shenzhen und Zhuhai. 1992 hielt er während seiner Inspektionsreise in Wuchang, Shenzhen, Zhuhai und Shanghai eine wichtige Rede, in der er betonte, dass man bei der Reform und Öffnung noch kühner sein und die guten Gelegenheiten erfassen soll. Der springende Punkt liege in der Entwicklung der Wirtschaft.

Eine andere Theorie Deng Xiaopings lautet: „die Wissenschaft und Technik ist die erste Produktivkraft".

Er forderte mehr Beachtung der Kenntnisse und Fähigkeiten, bessere Entwicklung des Bildungswesen und verstärkte Maßnahmen im Aufbau einer sozialistisch denkenden Zivilisation.

Im Bezug auf die Rückkehr Hongkongs und Macaos stellte Deng Xiaoping eine neue Richtlinie auf: Wiedervereinigung des Vaterlandes unter dem Prinzip „Ein Land, zwei Systeme", was später realisiert wurde.

Nach über 20 Jahren Reform- und Öffnungspolitik hat China in den Bereichen Politik, Wirtschaft und Kultur enorme Erfolge erzielt. China hat sich auf internationaler Ebene einen Platz gemacht und der Lebensstandard der Bevölkerung erhöht sich von Tag zu Tag.

| 2 |
| 1 | 3 |

1. 深圳经济特区
   Wirtschaftssonderzone Shenzhen
2. 邓小平是中国改革开放的总设计师
   Deng Xiaoping war der Chefkonstrukteur der Reform und Öffnung Chinas
3. 1992年1月，邓小平视察深圳先科激光公司。
   Im Januar 1992 inspektierte Deng Xiaoping die Shenzhen Xianke Laser Company

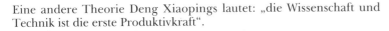

香港回归

Rückkehr von Hongkong

1840年6月，英国挑起侵略中国的鸦片战争。英国在1841年1月26日占领香港。1842年8月29日，清政府被迫与英国签订了屈辱的《南京条约》，将香港割让英国。

1982年9月，邓小平在会见英国首相撒切尔夫人时提出"一国两制"这一解决香港问题的方法，也就是实行"一个国家，两种制度"，"港人治港"、"高度自治"，保持香港原有的资本主义制度和生活方式50年不变。经多次协商，1984年12月19日，中英达成协议，签订了《中华人民共和国与大不列颠及北爱尔兰联合王国关于香港问题的联合声明》，宣告中国政府将于1997年7月1日对香港恢复行使主权，英国将在同时把香港交还中国。

1997年6月30日午夜，中英两国政府香港政权交接仪式在香港隆重举行。7月1日零点，中华人民共和国国旗和香港特别行政区区旗在香港升起，中华人民共和国主席江泽民在香港会议展览中心庄严宣告：根据中英关于香港问题的联合声明，中国对香港恢复行使主权，中华人民共和国香港特别行政区正式成立。之后，香港特别行政区首任行政长官董建华宣誓就职。

英国在香港一个半世纪的殖民统治结束了，香港终于回到祖国的怀抱。

▶ 小资料　Kurzinformation

东方之珠——香港
香港位于珠江三角洲南部、珠江口东侧，是国际尤其是亚太地区的贸易、金融、交通、旅游中心。经济以贸易为主，制造业、金融业、房地产业、旅游业等很发达。维多利亚港是世界上最繁忙的港口之一；大屿山的香港国际机场为世界最先进的机场之一。

Hongkong — Perle im Osten
Hongkong liegt im südlichen Teil des Perifluss-Deltas und am östlichen Rand der Mündung des Periflusses und ist das Handels-, Finanz-, Verkehrs- und Tourismuszentrum der Welt bzw. des asiatisch-pazifischen Gebiets. Hier spielt der Wirtschaftshandel eine führende Rolle. Außerdem sind Produktionsindustrie, das Bankwesen, die Immobilien und der Tourismus hoch entwickelt. Der Victoria Harbour ist einer der weltweit geschäftigsten Häfen und der Hong Konger internationale Flughafen in Dayushan zählt zu den modernsten Flughäfen der Welt.

Rückkehr von Hongkong

Im Juni 1840 brach offiziell der Opiumkrieg zwischen China und Großbritannien aus. Am 26. Januar 1841 eroberte Großbritannien die Insel Hongkong. Am 29. August 1842 wurde die Qing-Regierung gezwungen, mit Großbritannien den erniedrigenden *Nanjing-Vertrag* abzuschließen, demzufolge China Hongkong an Großbritannien abtreten musste.

Im September 1982 schlug Deng Xiaoping der britischen Premierministerin Margaret Thatcher vor, mit der Politik „Ein Land, zwei Systeme" die Hongkong - Frage zu lösen, laut der das kapitalistische System und die aktuellen Lebensformen in Hongkong in den folgenden 50 Jahren beibehalten werden sollen. Hongkong werde von Hongkongern selbst verwaltet und eine große Autonomie behalten. Nach wiederholten Verhandlungen kamen China und Großbritannien zu einer Übereinstimmung und unterzeichneten am 19. Dezember 1984 die *Gemeinsame Erklärung der Volksrepublik China und des Vereinigten Königreichs Großbritannien und Nordirland über die Hongkong-Frage.* Darin wird proklamiert, dass „Großbritannien Hongkong am 1. Juli 1997 an China zurückgeben wird und die chinesische Regierung wieder volle Souveränität über Hongkong ausüben kann."

Um Mitternacht des 30. Junis 1997 fand in Hongkong die feierliche Souveränitätsübergabe Hongkongs von Großbritannien an China statt. Am 1. Juli, um 00.00 Uhr wurden die Nationalflagge der Volksrepublik China und die Fahne der Sonderverwaltungszone Hongkong gehisst. Der Staatspräsident der VR China, Jiang Zemin, erklärte feierlich im Hongkonger Konferenz- und Ausstellungszentrum: „Gemäß der gemeinsamen Erklärung Chinas und Großbritanniens zur Hongkong-Frage veranstalten die Regierungen beider Seiten die Souveränitätübergabezeremonie Hongkongs und proklamieren Chinas volle Souveränität über Hongkong, sowie die offizielle Gründung der chinesischen Sonderverwaltungszone Hongkong." Danach legte der erste Regierungschef der chinesischen Sonderverwaltungszone Hongkong, Dong Jianhua, den Amtseid ab.

Damit wurde die anderthalbes Jahrhundert dauernde koloniale Regierung durch Großbritannien in Hongkong beendet und Hongkong kehrte endlich in den Schoß des Vaterlandes zurück.

```
      | 2
  1 ——+——
      | 3
```

1. 江泽民主席与英国查尔斯王子在香港政权交接仪式上
   Chinas Staatspräsident Jiang Zemin und Prinz Charles, Vertreter Großbritanniens, während der Zeremonie anlässlich der Rückkehr Hong Kongs nach China
2. 香港政权交接仪式现场
   Übergabezeremonie der Souveränität über Hong Kong
3. 香港回归后的夜景
   Hong Kong bei Nacht nach seiner Rückkehr nach China

澳门回归

Rückkehr von Macao

从1553年开始，中国澳门逐渐被葡萄牙殖民者攫取（juéqǔ）了管治权，成为西方殖民者在中国领土上建立的第一个侵略基地。

20世纪70年代末，中葡两国就澳门问题达成了原则协议。1986年至1987年，中葡两国经过和平友好谈判，最终于1987年4月13日签字发表了《中华人民共和国政府和葡萄牙共和国政府关于澳门问题的联合声明》，确认澳门地区是中国领土，中国政府将于1999年12月20日对澳门恢复行使主权。

1999年12月19日23时42分，澳门政权交接仪式正式开始，葡萄牙总统桑帕约等政府要员参加仪式。12月20日零时，中华人民共和国主席江泽民宣告，中国政府对澳门恢复行使主权。而后，澳门特别行政区首席行政长官何厚铧（Hé Hoùhuá）宣誓就职。

1 | 2

1. 澳门政权交接仪式现场
   Übergabezeremonie der Souveränität über Macaoy
2. 澳门大三巴牌坊
   Dasanba-Ehrenbogen in Macao

In den Jahren nach 1553 rissen die portugiesischen Kolonisten allmählich die Verwaltung Macaos an sich. Macao war die erste Aggressionsbasis, die die westlichen Kolonisten auf dem chinesischen Territorium errichteten.

Ende der 70er Jahre des 20. Jahrhunderts trafen China und Portugal eine prinzipielle Vereinbarung über die Macao-Frage. Von 1986 bis 1987 führten beide Seiten friedliche und freundliche Verhandlungen. Am 13. April 1987 wurde schließlich die *Gemeinsame Erklärung der Regierung der Volksrepublik China und der Regierung der Portugiesischen Republik über die Macao-Frage* unterzeichnet und bekannt gegeben. Damit wurde bekräftigt, dass Macao ein Bestandteil des chinesischen Territoriums ist und die chinesische Regierung am 20. Dezember 1999 die Souveränität über Macao wieder ausüben wird.

Rückkehr von **Macao**

Am 19. Dezember 1999 um 23.42 Uhr begann die offizielle Zeremonie der Souveränitätsübergabe Macaos. Dabei erschienen der portugiesische Staatspräsident Jorge Sampaio und andere hohe Beamte der portugiesischen Regierung. Am 20. Dezember um 00.00 Uhr erklärte der Staatspräsident der Volksrepublik China, Jiang Zemin, dass die chinesische Regierung die Souveränität über Macao wieder ausübt. Daraufhin legte der Regierungschef der Sonderverwaltungszone Macao, He Houhua, den Amtseid ab.

▶ 小资料 Kurzinformation

澳门

地处珠江三角洲西岸，面积约23.5平方公里，人口约44万，是一个中西文化交汇的地方。澳门实行的是自由经济制度，近年来，旅游博彩业以及其他服务业正逐步取代制造业而成为主要的经济支柱。

Macao

Am Westufer des Perlfluss-Deltas gelegen, hat Macao eine Fläche von ca. 23,5 qkm und rund 440 000 Einwohner. Hier verschmelzen die chinesische Kultur und die westliche Kultur zu einer harmonischen Einheit. In Macao wird das Freiwirtschaftssystem durchgeführt. In den letzten Jahren lösen jedoch das Glücksspiel für Touristen und andere Dienstleistungsbranchen allmählich die Produktionsindustrie ab und spielen nun in der Wirtschaft Macaos die Hauptrolle.

载人航天飞行的巨大成就

Große Erfolge im bemannten Raumflug

无垠（wúyín）的太空是人类的共同财富，探索太空是人类的共同追求。中国载人航天工程于1992年正式启动实施。这是一项完全出于和平目的的伟大工程，中国人致力于通过开展空间科学实验和技术研究，对人类科学事业与和平事业作出贡献。

在先后发射4艘无人飞船之后，2003年10月15号，神舟五号将中国第一名航天员杨利伟送上太空。飞船绕地球14圈以后安全着陆。神舟五号载人飞船发射成功，标志着我国突破和掌握了载人航天的基本技术，完成和实现了中国载人航天工程第一步的计划和目标。

神舟五号成功实现了中华民族千年的飞天梦想，并使中国成为继前苏联、美国之后世界上第三个能够独立自主开展载人航天的国家。

2005年10月12日，中国自行研制的神舟六号载人飞船成功进入太空，两名航天员费俊龙和聂海胜在顺利完成各项空间试验活动后，于10月17日安全返回地面。

神舟六号的成功标志着中国在发展载人航天技术、进行有人参与的空间试验活动方面取得了又一个具有里程碑意义的重大胜利。

载人航天飞行的成功，对于进一步提升中国的国际地位，增强中国的经济实力、科技实力、国防实力和民族凝聚力，鼓舞全国各族人民紧密团结在党中央周围，不断把中国特色社会主义伟大事业推向前进，具有重大而深远的意义。

1. 神舟五号发射瞬间
   Raumschiff „Shenzhou Nr. 5" beim Start
2. 航天英雄杨利伟
   Yang Liwei, Held des Raumflugs
3. 神州六号返回舱在上海科技馆展览
   Eine Einheit des Raumschiffs „Shen-zhou Nr. 6", ausgestellt im Shanghaier Haus für Wissenschaft und Technik

Große Erfolge im
bemannten Raumflug

D as grenzenlose Universum ist ein gemeinsamer Reichtum der Menschheit.

Es ist auch eine gemeinsame Sehnsucht der Menschheit, den Weltraum zu erforschen und zu erfassen. Chinas Projekt für einen bemannten Raumflug wurde 1992 offiziell gestartet und ist ein großes Projekt mit völlig friedlichen Motiven. Die Chinesen setzen sich dafür ein, durch weltraumwissenschaftliche Experimente und technische Forschung einen wichtigen Beitrag zur Wissenschaft und zum Frieden der Menschheit zu leisten.

Nach dem Start von vier unbemannten Raumschiffen nahm das Raumschiff „Shenzhou Nr. 5" am 15. Oktober 2003 Chinas ersten Kosmonauten, Yang Liwei, mit ins Weltall. Nach 14 Erdumrundungen landete das Raumschiff wieder heil und sicher auf der Erde. Dieser Erfolg zeigt, dass China die Basistechnik für den bemannten Raumflug beherrscht. Damit hat China den ersten Schritt im Projekt für den bemannten Raumflug gemacht.

Der Erfolg des ersten chinesischen bemannten Raumschiffs „Shenzhou Nr. 5" hat den Jahrtausende alten Traum der Chinesen, in den Kosmos zu fliegen, verwirklicht. Damit ist China das dritte Land in der Welt nach der ehemaligen Sowjetunion und den USA, das selbstständig und souverän den bemannten Raumflug durchführen kann.

Am 12. Oktober 2005 ging das von China selbstständig entwickelte bemannte Raumschiff „Shenzhou Nr. 6" erfolgreich ins Weltall. Die beiden Astronauten Fei Junlong und Nie Haisheng kehrten am 17. Oktober heil zur Erde zurück, nachdem sie reibungslos verschiedene Weltraumexperimente vollendet hatten.

Der Erfolg von „Shenzhou Nr. 6" ist ein weiterer Markstein Chinas bei der Entwicklung der bemannten Raumflugtechnik und der Durchführung von Weltraumexperimenten mit Menschen im Einsatz.

Die im bemannten Raumflug erzielten Erfolge sind für den weiteren Aufstieg Chinas auf internationaler Ebene, für die Verbesserung der wirtschaftlichen, der wissenschaftlichen und der technischen

Machtstellung Chinas, sowie für die Verteidigungs- und nationale Kohäsionskraft von großer und weitreichender Bedeutung. Sie tragen auch dazu bei, alle Nationalitäten des Landes zu ermutigen, sich eng um das Zentralkomitee der KP Chinas zu scharen und die große Sache des Sozialismus chinesischer Prägung kontinuierlich voranzutreiben.

▶ 小资料　Kurzinformation

航天英雄杨利伟

随着神舟五号的飞天，全世界都记住了一个中国人的名字——杨利伟。杨利伟是中国第一代航天员。经过几年的训练，他完成了基础理论、航天环境适应性、专业技术等8大类几十个科目的训练任务，以优异的成绩通过了航天员专业技术综合考核，被光荣地选拔为中国首次载人航天飞行首飞梯队成员，成为"中国飞天第一人"。在中国首次载人航天飞行庆祝大会上，杨利伟被授予"航天英雄"光荣称号。

Yang Liwei: „Held des Raumflugs"

Mit dem Start des Raumschiffes „Shenzhou Nr. 5" ist ein Chinese weltbekannt geworden. Sein Name ist Yang Liwei, ein Astronaut der ersten Generation Chinas. Er hat Dutzende von Ausbildungsgängen abgeschlossen, mit je acht Fächern wie z. B. Grundlagetheorie, Anpassungsfähigkeit während des Raumflugs und Fachtechnik. Yang Liwei erhielt ausgezeichnete Noten bei der Gesamtprüfung für Astronauten. Damit wurde er ehrenvolles Mitglied der ersten Staffel für den ersten bemannten Raumflug Chinas. Schließlich war er als erster Chinese im Weltraum. Bei der Festversammlung anlässlich des großen Erfolgs des ersten bemannten Raumflugs Chinas wurde Yang Liwei der Titel „Held des Raumflugs" verliehen.

中国体育走向世界

Chinas Sport wendet sich der Welt zu

　　1924年，在张伯苓（Zhāng Bólíng）、王正廷等人的活动下，中华全国体育协进会成立了。1931年，国际奥委会正式承认中华全国体育协进会为中国奥林匹克委员会。1932年第10届奥运会在美国洛杉矶举行，中国第一次派选手刘长春参加。

　　1960年第17届奥运会，台湾选手参加比赛，杨传广获十项全能银牌，这是中国运动员在奥运史上取得的第一枚奖牌。1968年第19届奥运会，台湾选手纪政获得女子80米栏铜牌，这是中国女运动员在奥运会上首次获得奖牌。

　　1979年国际奥委会恢复了中华人民共和国的合法席位。

　　1984年7月，在第23届洛杉矶奥运会上，中国射击运动员许海峰夺得本届奥运会的第一枚金牌，中国运动员获得的金牌总数居第四位，中国女子排球队取得冠军，实现了世界杯冠军、世界锦标赛冠军、奥运会冠军"三连冠"。

　　中国又相继参加了第24届汉城奥运会、第25届巴塞罗那奥运会、第26届亚特兰大奥运会。

　　2000年9月，在第27届悉尼奥运会上，中国运动员共获得59枚奖牌，总数列第三名。

　　2004年8月，在第28届雅典奥运会上，中国运动员再创佳绩，获得了63枚奖牌，其中32枚金牌。至此中国共参加了14届奥运会的比赛。

　　2001年7月13日，中国申办2008年奥运会获得成功；很快又于9月成功举办了第21届世界大学生运动会，这有力地促进了中国体育事业的发展。同时也显示出中国综合国力的增强，在国际上的地位进一步提高。

1 | 3
2 |

1. 中国第一位国际奥委会委员王正廷
   Wang Zhengting, Chinas erstes
   Mitglied im Internationalen
   Olympischen Komitee
2. 张伯苓像
   Porträt von Zhang Boling
3. 第一位参加奥运会的中国运动员刘
   长春，他是1932年第10届奥运会唯
   一的中国运动员
   1932 fanden die 10. Olympischen
   Spiele in Los Angeles, USA, statt.
   China nahm daran erstmals teil. Der
   einzige Wettkämpfer aus China hieß
   Liu Changchun

▶ 小资料　Kurzinformation

2008年北京奥运会

北京获得第29届奥林匹克运动会的主办权，是中国在提高国际地位方面矗立（chùlì）起的又一座里程碑，是中华民族伟大复兴历程中一大盛事。

按照国际奥委会的要求,第29届奥林匹克运动会组织委员会在中国北京成立。中国人民以极大的热情投入到筹备工作中来。

2003年8月，2008年北京奥运会会徽 "中国印·舞动的北京" 向全世界公布。

2005年6月，2008年北京奥运会主题口号 "同一个世界，同一个梦想" 发布 。

2005年11月，2008年北京奥运会吉祥物公布,吉祥物为5个福娃，名字分别为贝贝、晶晶、欢欢、迎迎、妮妮，连起来谐音为 "北京欢迎你"，寄托了中国人民对于2008年北京奥运会的良好祝愿和喜迎八方来客的信心。

Die Olympiade 2008 in Beijing

Die Tatsache, dass die 29. Olympischen Spiele in Beijing stattfinden werden, ist ein weiterer Markstein in Chinas Bemühungen, seine internationale Stellung zu erhöhen und ein großes Ereignis im Wiederaufbau der chinesischen Nation.

Den Bedingungen des Internationalen Olympischen Komitees entsprechend wurde das Organisationskomitee für die 29. Olympischen Spiele in Beijing gegründet. Liu Qi fungiert als Präsident des Organisationskomitees und die Vorbereitungsarbeiten wurden mit großer Begeisterung aufgenommen.

Inzwischen wurde das Emblem der Beijing-Olympiade, ein chinesischer Siegelabdruck mit dem Schriftzeichen „Beijing" als künstlerisch verspieltes Muster, der Welt bekannt gemacht.

Im Juni 2005 kam der Werbeslogan der Olympiade 2008 in Beijing heraus. Er lautet: „Eine Welt, ein Traum."

Im November 2005 kamen die Maskottchen der Olympischen Spiele 2008 in Beijing auf den Markt, fünf „Fuwa (Glückspuppen)" mit den Namen: Beibei, Jingjing, Huanhuan, Yingying und Nini, was zusammen gleich wie „Bei Jing Huan Ying Ni (Beijing heißt Sie willkommen)" klingt. Das zeigt, dass die Chinesen voller Zuversicht in die erfolgreiche Durchführung der Olympiade 2008 in Beijing sind und die Gäste aus aller Welt mit großer Freude begrüßen.

Chinas Sport wendet sich der Welt zu

Infolge einer Initiative von Zhang Boling und Wang Zhengting wurde 1924 der Nationale Sportverein Chinas gegründet und 1931 vom Internationalen Olympischen Komitee offiziell als Olympisches Komitee Chinas anerkannt.

1932 fanden die 10. Olympischen Spiele in Los Angeles USA statt. China nahm zum ersten Mal teil. Der einzige Wettkämpfer aus China hieß Liu Changchun.

1960 nahmen Sportler aus Taiwan an der 17. Olympiade teil. Yang Chuanguang gewann die Silber-Medaille im Zehnkampf. Das war Chinas erste olympische Medaille. Bei der 19. Olympiade 1968 gewann Ji Zheng, eine Wettkämpferin aus Taiwan, die Bronze-Medaille im 80 Meter-Hürdenlauf der Frauen und wurde somit die erste chinesische Sportlerin, die eine Olympiade-Medaille gewonnen hat.

1979 stellte das Internationale Olympische Komitee den rechtmäßigen Status der Volksrepublik China wieder her.

Im Juli 1984 fand die 23. Olympiade in Los Angeles statt. Der chinesische Schießsportler Xu Haifeng gewann die erste Gold-Medaille dieser Olympiade. In der Gold-Medaillen Rangliste stand China damit auf dem vierten Platz. Die chinesische Frauenvolleyballmannschaft erreichte an dieser Olympiade den Meisterschaftstitel nachdem sie auch schon den World Cup und die Weltmeisterschaft gewonnen hatte.

China nahm nacheinander an den 24. Olympischen Spielen in Seoul, den 25. Olympischen Spielen in Barcelona und den 26. Olympischen Spielen in Atlanta teil.

An der 27. Olympiade, die im September 2000 in Sydney stattfand, gewannen die chinesischen Sportler insgesamt 59 Medaillen und nahmen damit den dritten Platz der Medaillen Rangliste ein.

Während der 28. Olympiade, die im August 2004 in Athen stattfand, erzielten die chinesischen Sportler wieder gute Resultate. Sie erhielten 63 Medaillen, davon 32 Gold-Medaillen. Damit nahm China den zweiten Platz ein. Das war Chinas 14. Teilnahme an Olympischen Spielen.

Am 13. Juli 2001 bewarb China sich erfolgreich um die Durchführung der Olympischen Spiele im Jahr 2008. Im folgenden September fand in China die 21. Universiade statt und war ein großer Erfolg, womit das chinesische Sportwesen tatkräftig gefördert wurde. Gleichzeitig verdeutlichte China damit seinen Anstieg des nationalen Gesamtpotentials und die Erhöhung seiner Stellung in der internationalen Gemeinschaft.

Beijing 2008

$$\frac{1}{2}$$

1. 2008年北京奥运会吉祥物——福娃
   Maskottchen für die Olympiade 2008 in Beijing–die fünf Fuwa
2. 2008年北京奥运会会徽——中国印·舞动的北京
   Emblem der Beijing-Olympiade 2008, ein China-Siegel mit dem tanzenden Schriftzeichen „Beijing" als Muster

▶ 小资料　Kurzinformation

"东方玫瑰"
中国女子足球自20世纪80年代组建国家队以来，在国际比赛中取得了很好的成绩，如1986—1999年女足亚洲杯7连冠；亚运会女足3连冠；1996年亚特兰大奥运会女足亚军；1999年第3届女足世界杯亚军等等，被人们誉为"东方玫瑰"。

„Rosen im Osten"
Seit der Gründung der chinesischen Nationalelf der Frauen in den 80er Jahren des 20. Jahrhunderts, erzielt sie in internationalen Spielen stets hervorragende Resultate.
Zwischen 1986 und 1999 gewann das nationale Frauenfußballteam ununterbrochen siebenmal die Meisterschaft im Asia Cup; bei der Asiade standen die Frauen ununterbrochen dreimal auf dem ersten Platz; 1996 belegten sie an der Olympiade in Atlanta den zweiten Platz; 1999 gewannen sie beim 3. Football World Cup für Frauen die Vizemeisterschaft usw. Ihrer großen Erfolge wegen werden die Spielerinnen der chinesischen Nationalelf lobend „Rosen im Osten" genannt.

附 录
Anhang

中国历史年代简表	Die kurze Chronologie der chinesischen Geschichte	
中国古代史	约170万年前 — 1840年	Chinas Geschichte des Altertums (vor ca. 1,7 Mio. Jahren bis zum Jahr 1840)
旧石器时代	约170万年前 — 约1万年前	Die Altsteinzeit (vor ca. 1,7 Mio. Jahren bis vor ca. 10 000 Jahren)
新石器时代	约1万年前 — 4000年前	Die Jungsteinzeit (vor ca. 10 000 Jahren bis vor 4000 Jahren)
夏	约公元前2070 — 前1600年	Die Xia-Dynastie (ca. 2070 v. u. Z.–1600 v. u. Z.)
商	约公元前1600 — 前1046年	Die Shang-Dynastie (ca. 1600 v. u. Z.–1046 v. u. Z.)
西周	约公元前1046 — 前771年	Die Westliche Zhou-Dynastie (ca. 1046 v. u. Z.–771 v. u. Z.)
春秋	公元前770 — 前476年	Die Frühlings-und Herbstperiode (770 v. u. Z.–476 v. u. Z.)
战国	公元前475 — 前221年	Die Periode der Streitenden Reiche (475 v. u. Z.–221 v. u. Z.)
秦	公元前221 — 前206年	Die Qin-Dynastie (221 v. u. Z.–206 v. u. Z.)
汉（西汉、东汉）	公元前206 — 公元220年	Die Han-Dynastie (die Westliche und die Östliche Han-Dynastie) (206 v. u. Z.–220)
三国（魏、蜀、吴）	公元220 — 280年	Die Periode der Drei Reiche (Wei, Shu, Wu) (220–280)
晋（西晋、东晋）	公元265 — 420年	Die Jin-Dynastie (die Westliche und die Östliche Jin-Dynastie) (265–420)
南北朝	公元420 — 589年	Die Südlichen und Nördlichen Dynastien (420–589)

中国历史年代简表	Die kurze Chronologie der chinesischen Geschichte	
隋	公元581 — 618年	Die Sui-Dynastie (581–618)
唐	公元618 — 907年	Die Tang-Dynastie (618–907)
五代	公元907 — 960年	Die Fünf Dynastien (907–960)
辽	公元907 — 1125年	Die Liao-Dynastie (907–1125)
宋（北宋、南宋）	公元960 — 1279年	Die Song-Dynastie (die NÖrdliche und die Südliche Song-Dynastie) (960–1279)
西夏	公元1038 — 1227年	Die Xixia-Dynastie (1038–1227)
金	公元1115 — 1234年	Die Jin-Dynastie (1115–1234)
元	公元1206 — 1368年	Die Yuan-Dynastie (1206–1368)
明	公元1368 — 1644年	Die Ming-Dynastie (1368–1644)
清（鸦片战争以前）	公元1616 — 1840年	Die Qing-Dynastie (vor dem Opiumkrieg) (1616–1840)
中国近代史	公元1840 — 1949年	Chinas Geschichte der Neuzeit (1840–1949)
清（鸦片战争以后）	公元1840 — 1911年	Die Qing-Dynastie (nach dem Opiumkrieg) (1840–1911)
中华民国	公元1912 — 1949年	Die Republik China (1912–1949)
现代中国	公元1949 —	Chinas moderne Geschichte (1949–)
中华人民共和国	公元1949 —	Die Volksrepublik China (1949–)

《中国历史常识》

主　　编　王　恺

编写人员　李　华　张美霞　徐正龙　夏小芸　钱玉莲
　　　　　赵　玉　王　浩　唐晓丹　薛蓓蓓

责任编辑　金　红

英文编辑　林美琪

美术编辑　阮永贤　刘玉瑜

《中国历史常识》（中德对照）

改编人员　张　轶　贾　宇

中文审稿　叶蓁蓁

德文翻译　周　健　等

德文审稿　Christine Kyburz

策　　划　刘　援　祝大鸣

项目负责　祝大鸣　梁　宇

项目编辑　梁　宇

责任编辑　李锡奎

德文编辑　祝嘉淳

版式设计　高等教育出版社美编室

美术编辑　张志奇　张　志

封面设计　王凌波

责任绘图　朱　静

插图选配　宋亚昆

责任印制　朱学忠

图片来源　高等教育出版社　全景图片公司　ChinaFotoPress

郑 重 声 明

　　高等教育出版社依法对本书享有专有出版权。任何未经许可的复制、销售行为均违反《中华人民共和国著作权法》,其行为人将承担相应的民事责任和行政责任,构成犯罪的,将被依法追究刑事责任。为了维护市场秩序,保护读者的合法权益,避免读者误用盗版书造成不良后果,我社将配合行政执法部门和司法机关对违法犯罪的单位和个人给予严厉打击。社会各界人士如发现上述侵权行为,希望及时举报,本社将奖励举报有功人员。

反盗版举报电话:(010) 58581897/58581896/58581879

传　　真:(010) 82086060

E - mail: dd@hep.com.cn

通信地址: 北京市西城区德外大街 4 号

　　　　　　高等教育出版社打击盗版办公室

邮　　编: 100011

购书请拨打电话:(010)58581118

图书在版编目（CIP）数据

中国历史常识 / 国务院侨务办公室，国家汉语国际推
广领导小组办公室 . —北京：高等教育出版社，
2007.4
　ISBN 978-7-04-020718-7

　Ⅰ. 中... 　Ⅱ.①国...②国... 　Ⅲ.①汉语－对外汉
语教学－语言读物②中国－历史－基本知识－汉、德
　Ⅳ.① H195.5 ② K2

　中国版本图书馆 CIP 数据核字(2006)第 128488 号

出版发行	高等教育出版社	**购书热线**	010－58581118
社　址	北京市西城区德外大街4号	**免费咨询**	800－810－0598
邮政编码	100011	**网　址**	http://www.hep.edu.cn
总　机	010－58581000		http://www.hep.com.cn
		网上订购	http://www.landraco.com
经　销	蓝色畅想图书发行有限公司		http://www.landraco.com.cn
印　刷	北京佳信达艺术印刷有限公司	**畅想教育**	http://www.widedu.com
开　本	787 × 1092　1/16		
印　张	17.75	**版　次**	2007年4月第1版
字　数	400 000	**印　次**	2007年4月第1次

本书如有印装等质量问题，请到所购图书销售部门调换。　　ISBN 978-7-04-020718-7
　　　　　　　　　　　　　　　　　　　　　　　　　　　06500